# 학생참여수업,
## 수업생동감을 만나다

# 학생참여수업, 수업 생동감을 만나다

(행복한 교육을 위한 수업 성장 프로젝트, 공유-지식-참여)

[행복한 교과서®] 시리즈 No. 52

지은이 | 표혜빈
발행인 | 홍종남

2020년 10월 8일 1판 1쇄 인쇄
2020년 10월 15일 1판 1쇄 발행

**이 책을 만든 사람들**
책임 기획 | 홍종남
본문 디자인 | 김성인
표지 디자인 | 김효정
교정 교열 | 박현경
제목 | 구산책이름연구소
출판 마케팅 | 김경아

**이 책을 함께 만든 사람들**
종이 | 제이피씨 정동수 · 정충엽
제작 및 인쇄 | 천일문화사 유재상

펴낸곳 | 행복한미래
출판등록 | 2011년 4월 5일. 제 399-2011-000013호
주소 | 경기도 남양주시 도농로 34, 부영e그린타운 301동 301호(다산동)
전화 | 02-337-8958   팩스 | 031-556-8951
홈페이지 | www.bookeditor.co.kr
도서 문의(출판사 e-mail) | ahasaram@hanmail.net
내용 문의(지은이 e-mail) | hyebin8894@naver.com
※ 이 책을 읽다가 궁금한 점이 있을 때는 지은이 e-mail을 이용해 주세요.

ⓒ 표혜빈, 2020
ISBN 979-11-86463-52-9
〈행복한미래〉 도서 번호 083

# 학생참여수업, 수업생동감을 만나다

| 표혜빈 지음 |

행복한미래

# 선생님의 수업은 안녕하신가요?

"어떤 수업이 좋은 수업일까?"

매일 아이들을 만나면서 끊임없이 자신에게 묻고 또 묻던 질문입니다. 처음에는 아이들이 수업 속에서 재미를 느끼게 해주고 싶은 마음이 가장 컸던 것 같습니다. 공부가 그저 지루하기만 한 건 아니라고, 배우는 것도 노는 것만큼 재미있다고 알려주고 싶었습니다.

겉으로 느껴지는 즐거운 시간에 취하다 보니 어느 순간 내가 지금 실천하고 있는 이 수업 방식이 껍데기는 화려하지만 속은 빈 것은 아닌지 고민되기 시작했습니다. 아이들에게 의미와 배움이 있는 것인지 의심하게 되었고, 그때부터 그 질문에 대한 답을 찾기 위한 여정이 시작되었습니다.

수업이란 교사와 학생 모두에게 당연한 일상일지도 모르겠습니다. 하지만 교실이라는 한 공간에서 만나 공동의 주제를 갖고, 서로 다른 경험과 생각이 연결되며 배움을 만든다는 것이 그냥 당연한 걸까요? 아이들과 만나는 수업이 그저 당연한 일상이며, 지루하게 견뎌내야 하는 그런 시간이 되지 않게 하고 싶다는 욕심이 생겼습니다.

고민하면 고민할수록 제게 수업은 너무나도 어려운 의무처럼 느껴졌습니다. 아이들이 눈을 반짝이며 수업에 참여하면 의욕이 샘솟고, 아이들이 총기 없는 눈을 보이면 의욕이 떨어졌습니다. 어렵더라도 차라리 정답과 매뉴얼이라도 있으면 좋으련만. 어제, 오늘, 내일도 다를 것 같은 이 수업이 어떻게 될지 예측할 수 없어 불안했습니다. 어떤 아이들과 만나고, 어떤 교과, 어떤 주제, 어떤 방법을 선택하느냐에 따라서 늘 예측할 수 없는 것이 수업의 장점이자 단점이니까요.

제게 수업은 시대의 변화에 발맞춰 움직여야 하는 교사의 책임처럼 느껴졌습니다. 제가 학생이었던 때와 지금 아이들이 살아가는 오늘은 정말 다릅니다. 4차 산업혁명, 인공지능 등 이전과는 다른 시대적 변화를 온몸으로 느끼며 기존의 수업방식을 고수하기 어렵다고 생각했습니다. 미래를 살아갈 아이들에게 교사로서 내가 할 수 있는 작지만 의미 있는 배움을 주고 싶었습니다.

다른 한편으로 수업은 교사로서의 창조적 본능을 깨우는 대상이기도 했습니다. 교사로서 저를 살아있게 해주었습니다. 내일 할 수업이 기다려지고, 아이들의 반응을 상상하며 설레던 날들이 생각납니다. 수업은 교사 스스로 만들어야 더욱 의미가 있고 배움이 깊어지며, 학생들에게도 교사의 창조적 본능이 전이되어 이전과는 다른 새로운 수업 분위기를 만날 수 있다는 것을 느꼈습니다.

단순한 의문에서 시작된 고민에 연구가 거듭될수록 수업에는 왕도가 없다는 것을 깨닫습니다. 길은 많지만 어떤 것이 아이들에게 최선인지 알 수 없어 어렵지요. 그러나 분명한 것은 수업을 잘할 수 있는 쉬운 방법은 없지만, 성장은 무궁무진하다는 것입니다. 그동안 '생동감'이라는 주제로 학생 모두가 즐겁게 참여하면서도 지적으로도 성장할 수 있는 수업방법을 고민했습니다. 그 과정에서 피아제, 비고츠키, 프레이리 등 여러 교육학자의 이론을 바탕으로 '공유와 나눔, 협력, 사고, 지식의 재창조' 등 수업에 생동감을 주기 위한 요소들을 정리했습니다. 또 실제 수업에 부담 없이 적용할 수 있는 방법들도 찾았습니다. 그렇게 모아진 구체적인 수업사례를 포함한 수업연구 결과들을 모아 이 책을 만들 수 있게 되었습니다.

수업에 대해 고민하는 선생님들께 조금이나마 성장의 기회가 되고, 도움이 될 수 있으면 좋겠습니다. 수업이 그저 그런 일상이 아니라 선생님과 학생 모두에게 오늘의 특별한 일상이 되면 좋겠습니다. 수업이 선생님과 학생 모두에게 생동감을 느끼는 시간이 되면 좋겠습니다. 그리고 선생님들께 수업에 대한 안부를 묻고 싶습니다.

'오늘 선생님의 수업 생동감, 안녕하신가요?'

# 1부. 수업 생동감, 그것이 알고 싶다

# 2부. 공유, 지식, 참여 활동의 베이스캠프 : 수업이 달라졌어요!

# 3부. 공유共有 :
## 즐거움은 커지고 배움은 깊어지다

# 4부. 지식知識 :
# 창의력을 높이고 몰입을 유도하다

# 5부. 참여參與 :
## 설명을 줄이고 활동을 키우다

# 6부. 수업 생동감, 작은 변화로 수업을 디자인하다

| 1부 |

# 수업 생동감,
# 그것이 알고 싶다

# 1

# 수업에 발랄함이 없는 아이들

처음 초등 교육 현장에 나왔을 때입니다. 임용고시에 막 합격한 병아리 선생님인 저는 학생들을 만나 즐겁게 수업할 생각에 들떠 있었습니다. '내가 원한 수업 분위기는 이게 아닌데…….' 첫 수업이 끝난 후 고개를 갸웃거리던 제 모습이 아직도 생생합니다. 현실과 이상은 다르니까요.

어쩌면 당연한 일상으로 받아들일 수 있었을지도 모릅니다. 모든 학생에게 학교가 공부하러 오는 곳은 아닐 테고, 초등학교 아이들에게 수업을 '듣는' 일은 빨리 끝내고 싶은 숙제 같은 것일 수도 있으니까요. 하지만 당시 저는 받아들일 수 없었습니다. 왜 쉬는 시간에는 생기발랄하게 웃고 떠드는 아이들의 모습이 수업 시간만 되면 사라지는지, 왜 수업은 힘들고 버텨내야만 하는 시간인지. 수업이 그런 거라면 수업 시간이 대부분인 이 학교가 아이들에게 어떤 곳이 될까요? 학생들이 수업 속에서도 쉬는 시간처럼 생기발랄하기를, 또 그 생기발랄함이 쉬는 시간과는 '결'이 다른 의미 있는 수업을 만들고 싶었습니다. 어디서 그 '결'을 찾아야 할까요?

교육심리학 동기 이론 중 '몰입 이론'이라는 것이 있습니다. 미하이 칙센트미하이에 의하면, 몰입이란 '어떠한 수행에 몰두하여 시간이나 피로뿐만 아니라 수행 그 자체 외의 다른 아무것도 느끼지 못하는 최적 경험의 상태'이며, 그중에서도 학습 상황에서의 몰입이란 '학습자가 학습 과제를 수행하는 데 있어 학습 활동에 완전히 빠져들어 몰두한 상태'를 말합니다(Steele & Fullagar, 2009). 이때의 몰입은 단순히 집중하는 것과 다릅니다. '고차적 학습 과정'이 포함되고 높은 수준의 '집중과 참여'가 촉진된 상태이자 학습자 스스로에게도 만족감을 주고 '내재적 동기'가 부여된 모습입니다.

시대가 변하고 교육에 대한 관점도 달라졌습니다. 현재 학생 중심, 배움 중심 등 혁신이라 불리는 모든 수업, 그리고 교사가 지식을 전달하고 학생은 그 지식을 그저 받아들이는 전통적인 수업 방식인 교사 중심의 수업조차도 학습자가 학습을 잘할 수 있도록 하기 위한 것입니다. 수업 방식이 무엇이든 학생들이 완전히 몰입했을 때 의미가 있다고 생각합니다. 아무리 학생 중심으로 수업을 설계했어도, 정작 학생이 완전히 몰입하지 못한다면 배움이 일어났다고 볼 수 없기 때문입니다.

쉬는 시간과는 다른 생기발랄함의 '결'을 만드는 핵심이 바로 몰입이라고 생각합니다. 이 몰입을 더 하여 '학생들이 생기 있게 살아 움직이면서 학습 활동에 몰입하도록 만드는 수업비법'. 그것이 바로 '수업 생동감'입니다. 수업 생동감이 수업에서 조화롭게 일어날 때 학생들에게는 배움의 희열을, 교사에게는 수업의 희열을 가져다줄 수 있을 것입니다. 앞으로 '수업 생동감'을 일으킬 수 있는 활동들을 이 한 권의 책으로 소개하고자 합니다. 먼저 수업 생동감을 만드는 5가지 원칙을 알아볼까요?

## 2

## 수업 생동감의 5가지 원칙(1):
# 스스로 생각하는 수업

몰입이란 단순히 집중한다는 것 그 이상으로 고차원적이고 학습자의 '내면'에서 '활발한 사고 작용'을 포함하는 상태를 의미합니다. 수업의 존재 이유이자 수업 목표도 결국 학생들의 지적 성장 즉, 배움에 있습니다. 수업 생동감의 제1원칙은 바로 지적으로도 생기 있는 수업, 학생들이 스스로 생각하는 수업이 되어야 한다는 것입니다. 이는 오늘을 살아가는 학생들에게 꼭 필요한 수업이기도 합니다.

현재 시대 흐름을 가장 잘 설명해 주고 있는 단어들로 4차산업혁명, 인공지능 등이 있습니다. 오늘을 살아가고 있는 우리에게 필요한 것은 단순 나열식 지식보다는 넘쳐나는 정보속에서 필요한 정보을 골라 어떻게 가공하고 구성하는지가 더 중요해졌습니다. 수많은 문제에 직면하여 그 문제를 해결하고, 최선의 선택을 하며, 합리적인 사고를 발전시키는 것, 즉 지식보다는 역량이 중요해지고 있다는 뜻이지요. 당장 우리가 생활 속에서 만날 수 있는 것들이 모두 그런 것입니다. 여러 가지 제품 중, 가장 최선의 제품을 선택하는 똑똑한 소비자가 되는 것,

수백, 수천 개의 정보가 쏟아질 때, 진실과 가짜를 구분하고, 최선의 결단을 내리고, 미래를 예측하는 것 등 말입니다. 이러한 시대적 흐름이 미래 교육 방향성에 영향을 끼쳐 2015 개정 교육과정은 역량 중심 교육과정임을 분명하게 강조하고 있습니다.

이 교육과정이 추구하는 인간상을 구현하기 위해 교과 교육을 포함한 학교 교육 전 과정을 통해 중점적으로 기르고자 하는 핵심역량은 다음과 같다.

가. 자아정체성과 자신감을 가지고 자신의 삶과 진로에 필요한 기초 능력과 자질을 갖추어 자기주도적으로 살아갈 수 있는 자기관리 역량

나. 문제를 합리적으로 해결하기 위하여 다양한 영역의 지식과 정보를 처리하고 활용할 수 있는 지식정보처리 역량

다. 폭넓은 기초 지식을 바탕으로 다양한 전문 분야의 지식, 기술, 경험을 융합적으로 활용하여 새로운 것을 창출하는 창의적 사고 역량

라. 인간에 대한 공감적 이해와 문화적 감수성을 바탕으로 삶의 의미와 가치를 발견하고 향유하는 심미적 감성 역량

마. 다양한 상황에서 자신의 생각과 감정을 효과적으로 표현하고 다른 사람의 의견을 경청하며 존중하는 의사소통 역량

바. 지역·국가·세계 공동체의 구성원에게 요구되는 가치와 태도를 가지고 공동체 발전에 적극적으로 참여하는 공동체 역량

출처: '2015 개정 교육과정 총론' 중

이러한 역량을 키우기 위해서 공통으로 교사가 수업 속에서 학생들에게 가르쳐야 할 것은 지식을 전달하는 것이 아닌 사고하는 힘을 키우는 것입니다. 사고하는 힘은 금세 만들어지는 것이 아닙니다. 지식을 많이 알고 있다고 해서 활발한 사고를 할 수 있는 것도 아니지요. 모든 일에는 숙련된 경험이 필요하듯이 사

고하는 능력 역시 그러합니다. 그렇다면 학생들 스스로 사고(생각)하는 수업이 되려면 어떻게 해야 할까요?

수업 속에서 학생들에게 생각할 거리를 자꾸 만들어 주고 스스로 지식을 재창조하는 과정을 맛보게 해야 합니다. 그리고 자기 생각을 능동적으로 표현하게 해야 합니다. 학생들이 수동적으로 지식을 받아들이는 과정은 뇌를 활발하게 움직이게 하는 생동감을 부여할 수 없습니다. 지식이나 정보를 기억하고 처리하는 능력에서도 수동적으로 교사의 설명을 받아들이는 때와 질적으로 차이가 나지요.

동물과 다르게 인간이 가진 본능이 있습니다. 바로 창조적 본능입니다. 교육의 고전이라 불리는 《페다고지》를 저술한 파울로 프레이리는 자신의 세계에 순응하는 동물과 다르게 인간은 자신의 존재와 세계에 관해 탐구하는 실존적 존재라고 보았습니다. 역사적으로 인간은 사고와 언어를 통해 문화와 역사를 창조하고 세계를 창조하는 존재입니다. 수업 과정도 마찬가지입니다. 수업 속에서 창조적 본능을 깨워 학생들 스스로 지식을 만들어보고 능동적으로 표현하는 과정은 학생들에게 생각하는 힘을 길러줄 수 있습니다.

3

# 수업 생동감의 5가지 원칙(2):
# 모두가 주인공인 수업

수업은 교사와 학생이 함께 만들어나가는 시간입니다. 그리고 학급에 소속되어 있는 '모든' 학생들이 함께 만들어나가는 시간이지요. 미하이 칙센트미하이에 의하면, 몰입은 활동에 대한 학생들의 주체적인 참여가 필요합니다. 현재 교육에서 추구하는 배움도 '각자 경험과 생각이 다른 동등한 협력자들이 모여 함께 수업을 만들어나갈 때 이루어질 수 있다고 보고 있습니다. 따라서 수업 생동감의 제2원칙은 바로 모두가 생기 있게 만나는 수업 즉, 학생들 '모두가 주인공인' 수업이 되어야 한다는 것입니다.

이 원칙은 매우 당연한 것 같으면서도 실제로 수업 시간에 '모든' 학생이 주인공이 되어 참여하는 모습을 보기는 매우 어렵습니다. 《모두가 참여하는 수업에는 법칙이 있다》를 쓰신 한형식 교수님도 수업에서 흔히 볼 수 있으나 바로잡아야 할 모습 중 하나로 소수 학생의 응답을 중심으로 수업이 전개되는 점을 수업의 문제점으로 지적하고 있습니다. 수업을 하다 보면 순발력이 빠른 학생, 배경지식이 많은 학생, 이미 예습하여 지식적인 부분에 대해 알고 있는 학생들 중심

1부. 수업 생동감, 그것이 알고 싶다 | 21

으로 수업이 진행될 때가 많습니다. 이런 수업 모습에서 모든 학생이 수업에 참여한다고 볼 수 없습니다. 물론 다른 학생의 발표를 듣는 것도 공부가 되겠지만 집중하여 듣는 학생은 실제로 많지 않습니다. 그리고 다른 학생의 발표를 열심히 들었다고 해도 그 부분에 대한 기억 지속력은 짧을 수밖에 없지요. 이렇게 소수 학생을 중심으로 수업이 전개되면 다수의 학생은 점점 수업에 참여하고자 하는 의지를 잃고 수업에서 멀어지게 됩니다.

그렇다면 모두가 수업의 주인공이 되게 하려면 어떻게 해야 할까요? 모든 학생이 각자 나름대로 생각을 하게 해야 합니다. 그리고 각자의 생각을 공유하고 나누어야 합니다. 모든 학생이 수업에서 주인공이 되려면 내 것이 있어야 하고, 내 것이 다른 사람들로부터 주목받을 시간이 필요합니다. 그리고 내 것과 다른 친구 것의 다른 점을 발견해야 합니다.

실제로 교실에서 학생들을 관찰하면 각자 자기만의 생각과 영역이 존재할 때 더욱 애착을 갖고 활동하는 것을 볼 수 있습니다. 선생님이 의도하지 않았는데도 자연스럽게 어느새 친구와 공유하는 모습을 보입니다. 자신은 어떻게 만들 것이다, 너는 무엇을 만들고 있냐, 이렇게도 할 수 있다, 친구 생각이 좋으면 자기도 그렇게 해야겠다고 말하면서 자기 생각을 더 좋게 발전시키기도 합니다. 선생님이 어느 한 친구가 잘 하고 있다고, 좋다고 칭찬해 주면 관심 있게 보고 교사가 말하지 않아도 어느새 자기들끼리 누가 멋진 생각을 하고 있는지 등을 공유하며 칭찬하기도 합니다.

학생들이 자기 생각을 표현하는 과정이 포함된다면 각자 나름대로 생각을 갖고 공유하는 활동이 부드럽게 진행될 수 있습니다. 만약 이런 과정이 없다면 아이들은 생각하는 시간이 늘어지고 참여하지 않은 학생이 생겨나기 때문입니다. 생각의 결과물이 드러나야 합니다. 또한 쓰면서 자신이 생각한 부분을 다시 생각하고 자신이 쓴 답이 맞는지 검증하는 과정을 자연스럽게 갖게 됩니다.

# 수업 생동감의 5가지 원칙(3):
# 학생을 고려하는 수업

선생님께서는 언제 수업에서 진땀을 빼시나요? 저는 수업하다 보면 어려우면 어려워서, 쉬우면 쉬워서 수업이 재미없게 끝났을 때였습니다. 학생들이 수업에 몰입하는 조건 중 하나로 활동을 수행할 수 있는 능력과 활동 수준이 알맞을 때 학생들은 더욱 흥미를 느끼고 집중한다고 합니다. 수준에 맞지 않는 교수-학습과 활동은 오히려 학생들의 흥미도와 몰입도를 떨어뜨립니다. 그리고 자연스럽게 수업 참여도도 낮아지게 되지요. 그렇다면 어떻게 학생들을 고려한 수업을 할 수 있을까요?

지금까지 많은 학자가 학생의 발달 단계, 발달 수준에 관해 연구해왔고 학생의 발달 수준에 맞는 교수학습을 설계할 것을 제안해왔습니다. 아동의 발달 단계를 구분하고 특징을 정리한 대표적인 학자로 장 피아제와 레프 비고츠키가 있습니다. 피아제와 비고츠키 이론을 통해서 학생들의 수준을 고려한 수업방법의 실마리를 찾을 수 있습니다.

《피아세의 인지발달이론》에 의하면, 초등학생들은 대부분 인지발달 수준이

'구체적 조작기'에 해당됩니다. 구체물을 통해 현상이나 개념을 이해하는 단계입니다. 조작 활동 과정이 있다면 상위 단계의 형식적 조작기에서 다루는 추상적 개념도 충분히 이해할 수 있습니다. 예를 들어, 학생들은 분수 개념을 학습할 때 색칠하기, 그리기, 배열하기 등과 같은 조작 활동을 통해서 개념을 이해하고 형식화하는 과정까지 나아갑니다.

《관계의 교육학, 비고츠키》에 의하면, 초등학생들을 '학령기'로 구분하였습니다. 학교에서 교수-학습(비고츠키는 교수와 학습을 합하여 '오브체니'라고 명명했습니다.)이 중요해지는 시기로 아동기 때 무의식적, 비의도적으로 알고 있었던 개념이나 지식을 교수-학습을 통해 의식적, 의도적으로 사고하며 보다 정확한 개념이나 지식을 학습하게 됩니다. 이를 위해 글말학습(글쓰기)과 더불어 피아제처럼 다양한 구체물을 매개로 의식적인 학습을 수행할 것을 강조합니다.

그러나 활동의 다양성에 대해서 대부분 중요하게 생각하지 않는 경우가 많습니다. 창의성과 같은 고등 사고 기능은 특정 수업방법을 통해 훈련된다는 생각 때문이지요. 학생들이 향상해야 할 창의적 사고, 논리적 사고, 문제해결 사고 등의 사고 기능(역량)들은 총체적인 특성을 가져 글쓰기, 토의, 그리기 등 다양한 활동을 통해 고등 정신 기능을 향상할 수 있다는 것이 비고츠키의 입장입니다.

학자들의 이론을 종합해 보면 구체물을 매개로 직접 조작하고 체험해 보는 구체적 조작 활동 그리고 글쓰기, 말하기, 그리기, 셈하기 등 다양한 활동을 통해 학생들의 고등 사고 기능을 향상할 수 있으면서도 학생들 수준에 적절한 수업을 할 수 있음을 알 수 있습니다.

더 나아가 적당한 도전감이 있는 학생 수준에 맞는 과제를 제시해준다면, 학생들이 더욱 주체적으로 사고하고 자기의 생각을 다양한 방식으로 표현하며 다른 학생들과 적극적으로 공유하고 나눌 수 있습니다.

# 수업 생동감의 5가지 원칙(4):
# 상호작용하는 수업

1:1 과외 또는 소수의 수업과 다르게 다수의 학생이 함께 배우는 교실 수업의 장점이 무엇이라고 생각하시나요? 저는 교실 수업의 가장 큰 장점은 같은 수준이지만 서로 다른 경험과 생각을 가진 친구들로부터 배울 수 있다는 점이라고 생각합니다. 교사와 한 명의 학생 단 둘 뿐이라면 교사가 학생에게 더 많은 에너지와 시간을 쏟아 더 많은 것을 가르쳐 줄 수 있다고 생각할지도 모르겠습니다. 하지만 서로 다른 생각과 의견이 만나 얻은 깨달음은 일방적인 가르침보다 배움의 깊이와 폭이 훨씬 더 깊고 넓으며 학생들에게 더 오래 기억에 남습니다. 교사가 학생들에게 가르치는 내용은 단순한 지식이 아닙니다. 그것보다 훨씬 심오하고 다양하며 세상을 바라보는 눈과 생각을 교실이라는 공간에서 배우고 있는 것입니다.

그렇다면 어떻게 교실 수업의 장점을 극대화할 수 있을까요? 학생들의 상호작용이 활발하게 일어나도록 해야 합니다. 서로의 의견을 듣고 말하며 다양한 의사소통 방식으로 표현하고 공유해야 합니다. 민주주의 교육, 경험 중심 교육과정의 대가인 존 듀이는 누구보다도 '의사소통'과 '공동체'를 강조한 학자였습니다. 존 듀이는 "모든 일 가운데서 의사소통이 가장 놀라운 것이다. …… 더군다나 의사소통을 통해 참여하는 것은 서로에게 가진 것을 나누는 놀라운 일이다"라고 했습니다(《혁신교육, 존 듀이에게 묻다》. 존 듀이의 영향을 받은 《페다고지》에서 파울로 프레이리 역시 '참된 사고는 고립된 상아탑 속에서 생겨나는 것이 아니라 상호 간의 의사소통 속에서만 생겨난다.'라고 했습니다.).

학생들이 서로 의사소통하며 배움을 얻는 데 필요한 것은 경쟁이 아닌 협력입니다. 실제로 협력은 경쟁보다 학생들에게 훨씬 더 많은 배움을 선사합니다. 비고츠키는 '오늘 협력을 통해 할 줄 아는 것을 배우는 것을 내일은 혼자서 할 줄 알게 될 것이다.'라고 했습니다. 학생들은 학교에서 새로운 것을 다양하게 접하지요. 이때 교사의 도움뿐 아니라 친구의 도움을 받아 새로운 것을 익히는 것이 더 효과적입니다.

비고츠키가 강조한 근접발달영역은 '실제적 발달 수준과 잠재적 발달 수준 사이의 거리'를 말하는 것으로, 혼자가 아닌 교사와 또래 친구들의 협력에 의해 창출되는 영역입니다. 이렇게 협력은 경쟁보다 더욱 학생들의 발달을 효과적으로 이끄는 역할을 합니다.

경쟁에서 오는 생동감과 협력에서 오는 생동감은 다릅니다. 경쟁과 협력 모두 외적으로 보기에는 생동감을 일으킬 수 있습니다. 그러나 경쟁은 학급에 있는 다른 친구들을 이겨야 자신이 승리를 쟁취합니다. 경쟁은 과열을 만들고 자기 생각을 우기기도 하며 다른 친구들을 깎아내리기까지 합니다. 경쟁은 학생들에게 도전적으로 만들지만 때로는 부정적인 생동감을 낳기도 합니다.

반면 협력에서 오는 생동감은 서로 도와주고자 하는 분위기를 형성합니다. 도움이 필요한 친구를 이끌어주고 협력의 끝에서 오는 성취감은 경쟁에서 오는 성취감보다 큽니다. 교사마저도 협력에서 오는 긍정적인 생동감을 느낄 수 있습니다. 협력적 상호작용에서 오는 생동감은 학생들에게 활기를 부여하고 즐겁게 배울 수 있도록 돕고 더 많은 것을 배울 수 있도록 돕습니다.

# 6

## 수업 생동감의 5가지 원칙(5):
# 배움이 즐거운 수업

　선생님께서는 학생들에게 어떤 말을 들을 때 가장 뿌듯함을 느끼나요? 저는 학생들이 수업 시간에 "선생님, 벌써 끝났어요?", "언제 시간이 이렇게 지나갔어요?"라는 말을 들을 때입니다. 학생들이 학습 활동에 집중하여 시간 감각이 왜곡되어 시간의 흐름을 빨리 인식한 것이지요. 실제로 몰입 이론에 따르면 학습 몰입을 경험하는 학생들은 학습 활동에 완전히 몰두하면 시간 감각이나 주변 상황을 전혀 인식하지 못하고 즐거움과 재미를 수반하는 상태가 된다고 합니다.

　수업 생동감의 마지막 원칙은 바로 학교에서 배움 과정이 학생들에게 즐거워야 한다는 것입니다. 배움 과정에서 즐거움을 느끼는 것은 단순히 학생들이 자극적인 영상을 시청하거나 재미있는 게임을 했을 때와는 '질적으로 다른' 즐거움을 말하는 것입니다. 배움에서 스스로 발견의 희열을 느꼈을 때의 즐거움입니다. 배움 과정이 즐거우면 사고하는 것이 즐거워집니다. 배움 과정이 즐거우면 수업에 참여하고 싶어집니다. 배움 과정이 즐거우면 아무리 난이도가 있는 과업이라도 친구와 함께 협력하여 해결해나가고 싶은 욕구가 생깁니다. 배움 과정이 즐거우면 교사와 학생의 생동감이 모두 살아납니다.

하지만 학생 중에서 스스로 배움의 욕구가 있어 교실에 앉아 있는 학생은 거의 없습니다. 그렇다면 어떻게 배움이 즐거운 수업을 만들 수 있을까요? 학생들의 흥미와 호기심을 자극하는 수업소재 또는 활동을 구성해야 합니다. 학생의 흥미와 호기심을 자극하는 방법은 무궁무진합니다. 학습소재 자체가 학생들과 밀접한 관련이 있는 것 선택하기, 놀이 활용하기 등 다양한 방법들이 있습니다.

그런데 저는 무엇보다 학생들이 직접 실제로 해보고 느끼는 과정이 가장 중요하다고 생각합니다.

학생들이 직접 참여한 자체만으로 학생들에게 배움의 즐거움을 느끼게 하기 때문입니다. 뿐만 아니라 모두가 주인공이 되게 하며 학생과 학생, 교사와 학생의 상호작용을 촉진해줍니다. 이러한 과정을 경험하면 학생들이 자기 나름대로 의견을 만들어내고 사고하는 어려운 과정이 쉽게 느껴집니다.

일차적으로 즐거움으로 배움 과정에 초대했다면 이차적으로 그 즐거움을 지속시키는 일도 필요합니다. 그 방법은 학생들의 내재적 동기를 일으키는 것입니다. 학생들에게 협력했을 때 즐거움, 목표를 이뤄냈을 때 성취감, 교사와 동등한 협력자의 격려와 칭찬 등으로 학생의 내재적 동기를 일으켜 계속 배움으로 이끌어나가야 합니다.

모든 학생이 서로 다른 욕구가 존재하고 배움의 욕구가 분명한 상태로 교실에 앉아 있지 않았지만, 모든 학생에게는 고차원적인 욕구도 있습니다. 무언가를 배우고 이해하고자 하는 인지적 욕구, 다른 사람들의 인정을 받고자 하는 욕구, 자신의 잠재력을 발휘하고 싶은 욕구 등도 분명 존재합니다. 이러한 학생들의 숨겨진 고차원적 욕구를 충족시킬 수 있는 곳은 바로 교실이 아닐까요? 학생들의 숨겨진 고차원적 욕구를 발현시키기 위해서는 무엇보다도 배움의 즐거움을 맛보게 하는 것이 먼저 교사가 해야 할 역할입니다.

| 2부 |

# 공유, 지식, 참여 활동의 베이스캠프
## : 수업이 달라졌어요!

# 0

# 아이들의 관계를 높이는 수업 활동

수업 생동감을 만들기 위한 첫 번째 베이스캠프는 팀 빌딩 활동입니다. 매슬로는 인간의 욕구를 5단계로 구분했고 다음과 같습니다.

이후 매슬로우는 존경과 자아실현의 욕구 사이에 인지적 욕구, 심미적 욕구를 더해 인간의 욕구 피라미드를 7단계로 세분화하였습니다.

수업에서 학생들에게 느끼게 해줘야 할 욕구는 자기 자신과 자신이 사는 세계에 관해 탐구하고자 하는 인지적 욕구입니다. 그리고 궁극적으로 학생들이 자신의 역량을 발휘하고자 하는 자아실현의 욕구 단계까지 나아가도록 해야 합니다.

학생들이 인지적 욕구를 느끼도록 하려면 먼저 안전 욕구, 애정과 소속의 욕구, 존경(존중)의 욕구를 충족시켜야 합니다. 교실에 있을 때, 학생들은 불안감을 느끼지 않고 안정감을 느끼며 학급 내에서 소속감을 느끼고 원만한 사회적 상호작용을 할 수 있어야 합니다. 교실 안에서 자신이 존중받는 느낌이 들 때, 비로소 학생들은 배움에 집중할 수 있게 됩니다.

따라서 수업 생동감을 만들기 위해서 가장 먼저 해야 할 일은 교사와 학생, 학생과 학생이 긍정적인 관계를 형성하여 협력을 끌어내고, 서로 가르쳐주고, 배울 수 있는 학급 분위기를 만들어야 합니다. 지금부터 긍정적이고 협력적인 관계 맺기를 도와줄 활동을 소개합니다.

## 1

## [수업 활동 01]

# 긴장을 풀어주는 교실 놀이: 당신의 이웃을 사랑하십니까?

이 놀이 활동은 3월 2일 개학 첫날에 부담 없이 즐길 수 있는 아이스 브레이킹 활동입니다. 모두가 처음 만난 첫날은 몇몇 친구를 자세하게 아는 것보다 우리 반에 어떤 친구들이 모였는지 서로의 얼굴과 이름을 익히면서 놀이를
통해 즐거움과 내적 친밀감을 형성하는 것이 좋습니다. 이때 간단하게 할 수 있는 놀이로 '당신은 당신의 이웃을 사랑하십니까?' 활동을 추천합니다. 공동체 놀이로 아주 유명하여 레크레이션 활동으로 많이 활용하는 놀이입니다.

**활동 순서**

❶ 모든 학생들이 서로 얼굴을 볼 수 있도록 책상을 한쪽으로 밀고, 원 형태

로 둘러앉게 합니다.

❷ 전체 인원에서 의자 한 개가 모자라도록 의자 하나를 뺍니다.

❸ 한 명이 술래가 되어 질문하고 싶은 친구 앞에 서서 "당신은 당신의 이웃을 사랑하십니까?"라고 말합니다. 질문을 받은 학생은 "예" 또는 "아니오"로만 대답합니다.

❹ "예"로 대답할 경우, 질문받은 학생의 양쪽에 앉은 학생이 동시에 일어나 자리를 바꿔 앉습니다. 그 사이에 질문한 술래도 얼른 빈 의자에 앉습니다. 세 사람 중 의자에 앉지 못한 사람은 술래가 되어 앉아 있는 다른 학생에게 질문합니다.

❺ "아니오"로 대답할 경우, 술래는 "그럼 어떤 이웃을 사랑하십니까?"라고 질문합니다. 질문을 다시 받은 학생은 "저는 ~한/하는 이웃을 사랑합니다"라고 말합니다. 이때 생김새를 묘사하거나 자신이 좋아하는 것을 말합니다. 예를 들어, "저는 안경을 쓴 이웃을 사랑합니다, 저는 축구를 좋아하는 이웃을 사랑합니다"처럼요.

❻ 자신에게 해당하는 말일 경우, 모두 일어나 다른 자리에 가서 앉아야 합니다. 술래도 얼른 빈자리를 찾아 앉아야 합니다. 앉지 못한 학생은 술래가 되어 다른 학생에게 질문합니다.

❼ 시간제한을 주어 정해진 시간에 술래가 된 친구에게 간단한 벌칙을 주거나, 게임을 변형하여 활동에 변화를 줍니다.

❽ 마무리로 놀이 소감을 말하고, 놀이를 변형할 수 있는 아이디어가 있다면 말하게 합니다.

❶ 놀이를 시작하기 전에 앉은 순서대로 자기 이름을 말하고, '기분을 다섯 글자로 표현하기'처럼 간단한 자기소개를 하도록 합니다. 순서대로 말할 때는 토킹피스를 활용하는 것이 좋습니다.

❷ 이미 모두 자기소개를 끝냈거나 개학날이 아닌 학기 중에 할 경우, 학생들이 성별이나 친한 친구와 상관없이 흩어져 앉도록 미션을 줍니다. 예를 들어, 각자 자기 생일을 돌아가며 말한 뒤 제한 시간 안에 침묵하면서 생일 순서대로 서게 하는 것이지요.

❸ 교사가 놀이에 참여하면 학생들이 재미있어 하고, 의자를 빼지 않고도 놀이를 진행할 수 있습니다.

❹ 자기소개 또는 미션부터 놀이 활동까지 총 40분이면 충분합니다. 놀이를 통해 긴장감을 풀고, 어떤 이웃을 사랑하는지 질문하면서 서로의 공통을 찾거나 어떤 것을 좋아하는지 알게 되므로 학급 친구들에 대해 관심을 갖는 계기가 될 수 있습니다.

2

## [수업 활동 02]
# 친구의 이름을 부르는 놀이:
# 팬클럽 가위바위보

학급에서 긍정적인 관계를 맺고 서로 협력하는 관계를 만들려면 서로에 대해 잘 알고 친밀감을 높이는 것이 중요합니다. 이와 함께 소속감과 자아존중감이 있어야 합니다. 학급에 있을 때 안정감을 느끼고, 적극적으로 학급 생활 및 수업에 참여하고, 친구들과 긍정적으로 상호작용하려면 소속감이 필요합니다. 또한 자기 의견을 자신 있게 말하고, 스스로가 학급에 필요한 사람이라고 믿기 위해 자아존중감도 필요하지요. '팬클럽 가위바위보'는 학생들에게 학급 내 소속감과 친밀감을 높이고, 자아존중감을 키우는 놀이 활동입니다. 이 놀이는 제가 신규교사 직무 연수로 회복적 생활교육과 관련한 연수를 받는 자리에서 만났던 엄태선 선생님께 배운 것입니다.

❶ 책상과 의자를 모두 교실 끝에 배치하여 학생들이 돌아다니는 데 장애물이 없도록 합니다.

❷ 돌아다니다가 교사의 신호가 들리면 한 친구와 만나 가위바위보를 합니다. 가위바위보에서 진 학생은 이긴 학생의 뒤를 따르며, 이긴 학생의 팬이 된 것처럼 이름을 응원하듯 외칩니다.

❸ 진 학생이 이긴 학생의 뒤를 따르는 형태로 두 학생이 짝지어 돌아다니다가 교사의 신호가 들리면 다른 친구들과 만나 가위바위보를 합니다. 가위바위보에서 진 학생은 자신을 따르는 학생과 함께 이긴 학생의 뒤를 따르며 이긴 학생의 팬이 된 것처럼 이름을 응원하듯 외칩니다.

❹ 학급 전체가 두 팀으로 나눠질 때까지 계속 진행하다 두 팀이 만들어지면 마지막까지 이긴 학생 두 명이 가위바위보를 합니다. 가위바위보를 하고 최종적으로 승리한 학생의 이름을 전체 학급 학생들이 팬이 된 것처럼 응원하듯 외치고 박수쳐 줍니다.

❶ 놀이를 시작할 때 최종적으로 승리한 학생이 나오면 친구가 기뻐할 만큼 진심으로 축하하고 환호하듯이 박수쳐 주자고 미리 약속합니다.

❷ 활동을 변형하여 가위바위보에서 진 학생이 이긴 학생의 이름을 부르면서, 이긴 학생의 행동도 함께 따라하는 규칙을 추가할 수 있습니다. 이긴 학생은 다양한 행동이나 포즈를 취하고, 진 학생은 이긴 학생의 뒤를 따

르며 행동이나 포즈를 즐겁게 따라 합니다.

❸ 놀이 한 판에 많은 시간이 소요되지 않으므로 놀이를 여러 번 진행함으로써 많은 학생들이 다른 친구들이 자신의 이름을 불러주는 경험을 갖도록 합니다.

❹ 놀이가 끝난 후에는 가위바위보에 이겼을 때 어떤 기분이 들었는지 자유롭게 이야기하도록 하면서 긍정적으로 마무리합니다.

## 3

[수업 활동 03]

# 친구와 나의 공통점을 찾는 놀이: 친구 찾기

학생들은 자기와 공통점이 많고 관심사가 비슷한 친구들과 더 많이 친해집니다. 그러나 학년 초에는 어떤 친구가 나와 공통점이 많은지, 관심사가 비슷한 친구가 누구인지 알기 어렵지요. 학생들이 자신과 마음이 통하는 친구를 찾을 수 있게 도와주는 활동을 소개합니다.

## 활동 순서

❶ 교사는 학생들에게 활동지를 나누어 주고, 자신이 좋아하는 것을 선택하여 옆 칸에 적습니다.

❷ 자리에 일어나 돌아다니며 자신과 같은 대답을 적은 친구를 찾아 이름을 적습니다.

❸ 제한시간이 되면 제자리에 앉습니다. 친구 이름의 개수를 세어 나와 가장

마음이 통하는 친구가 누구인지 찾아봅니다.

❶ 활동하다 보면 이미 친한 친구, 익숙한 친구에게만 물어보는 학생들이 있습니다. 이를 피하기 위해 '최소 10명의 친구를 만나야 한다'처럼 다른 친구를 만날 수 있도록 조건을 제시합니다.

❷ 자신과 같은 대답을 적은 친구를 찾았을 때, 친구의 활동지에 서로 이름을 적어주도록 합니다.

| 나와 마음이 통하는 친구 찾기! | | | |
|---|---|---|---|
| 3학년 5반 이름 : (   )<br>나와 공통점이 많은 친구를 찾아볼까요? | | | |
| 1. 내가 좋아하는 것을 선택하여 적습니다.<br>2. 돌아다니며 나와 좋아하는 것이 같은 친구를 찾습니다.<br>3. 나와 좋아하는 것이 같은 친구의 이름을 적습니다.<br>4. 한 친구를 반복해서 만나도 되지만 한 번 만날 때 1가지 질문만 하도록 합니다.<br>5. 최소한 10명의 친구를 만나도록 합니다. | | | |
| 질문 | 내가<br>좋아하는 것 | 친구<br>이름1 | 친구<br>이름2 |
| 치킨, 피자 중 좋아하는 음식은? | | | |
| 강아지와 고양이 중 좋아하는 동물은? | | | |
| 산과 바다 중 좋아하는 자연은? | | | |

| | | | |
|---|---|---|---|
| 콜라와 사이다 중 좋아하는 음료수는? | | | |
| 사과와 딸기 중 좋아하는 과일은? | | | |
| 사랑과 우정 중 더 좋아하는 것은? | | | |
| 신나는 음악과 잔잔한 음악 중 좋아하는 음악은? | | | |
| 4계절 중 좋아하는 계절은? | | | |
| 무지개 색깔 중 좋아하는 색깔은? | | | |
| 내가 가장 좋아하는 과목은? | | | |
| 내가 좋아하는 놀이(게임)은? | | | |

## 4

# [수업 활동 04]

# 친구의 장점을 찾아주는 활동: 칭찬 릴레이

학생들에게 서로 칭찬하거나 고맙다고 말할 수 있는 기회를 많이 줍니다. 서로 칭찬을 주고받다 보면 긍정적인 학급 분위기가 형성되고, 학생들이 소속감과 자존감도 함께 형성되기 때문이지요. 서로의 좋은 점을 알면 서로 존중하고 이해하는 데도 도움이 됩니다. 이를 위해 평소에 잘 활용할 수 있는 '칭찬 릴레이' 활동을 소개합니다. 저는 일주일에 한 번 학생들과 학급회의를 하는데 먼저 이 활동을 하고 시작합니다. 「학급긍정훈육법」에서 학급회의 전에 도입하는 '칭찬릴레이' 활동을 참고했습니다.

❶ 의자를 가져와 원으로 둘러앉고 칭찬하고 싶거나 고마운 친구가 누구인지 생각합니다.

❷ 먼저 발표하고 싶은 학생을 정합니다.

❸ 앉은 순서대로 칭찬하고 싶은 친구가 누구인지, 어떤 점을 칭찬하고 싶은지 말합니다.

❹ 칭찬을 받은 친구는 간단하게 고맙다고 인사합니다.

**활동 팁**

❶ 칭찬 릴레이 활동을 할 때는 토킹피스로 활용할 수 있는 물건을 가져와 토킹피스를 가진 학생만 말할 수 있도록 하고, 다른 학생들은 꼭 경청할 것을 당부합니다.

❷ 칭찬 릴레이 활동을 하다 보면 키가 크다거나 귀엽다 등 외모를 칭찬하는 경우가 있는데, 외모보다는 성격이나 생활하면서 고마웠던 점 등을 말하도록 합니다.

❸ 칭찬 릴레이 활동이 익숙해지면 친한 친구들만 계속 칭찬하거나 고맙다고 하는 경우도 있습니다. 이럴 때는 '칭찬 조건'을 제시하여 자기와 친한 친구들 외에 다른 친구들도 칭찬할 수 있도록 합니다.

❹ 평소 자신과 친하지 않았던 친구의 장점을 말해주거나 고마운 점을 말하는 친구가 있으면 교사가 긍정적인 피드백을 해주며 다른 학생들에게 동기 부여가 될 수 있도록 합니다.

❺ 교사도 함께 참여하여 학급 학생들의 칭찬을 합니다. 학생들은 선생님이 학생들의 장점을 알고 있고, 긍정적으로 보고 있다는 걸 의식하게 됩니다.

❻ 변형 활동 1 '내가 칭찬받고 싶은 일'

다른 사람의 칭찬도 좋지만 내가 스스로 나의 장점을 찾아내 다른 사람들에게 소개하는 건 어떨까요? 내가 칭찬받고 싶은 일을 말합니다. 내 옆에 앉은 사람은 내 말을 그대로 옮겨 똑같이 말하면서 칭찬해 줍니다. 나는 고맙다고 인사합니다. 이 과정을 반복합니다.

❼ 변형 활동 2 '사과 릴레이'

칭찬 대신 친구와 있었던 일 중 사과하고 싶었지만 미처 말하지 못했던 시간을 갖는 것도 좋습니다. 활동하기 전에 미리 친구에게 사과하는 말과 행동은 용기 있는 것이며, 아무나 할 수 있는 일이 아니라고 말해주면 좋습니다. '사과 릴레이'를 하고 나면 서로의 마음이 몽글몽글해지고 따뜻해지는 것을 느낄 수 있습니다.

❽ 변형 활동3 '칭찬 샤워 포스터'

책상을 밀고 의자를 옮기는 활동이 번거롭다면 매주 칭찬할 친구를 정하여 아침 활동 시간을 활용하여 칭찬 쪽지를 쓰도록 합니다. 칭찬 쪽지를 채우면 칭찬 받은 학생을 나오게 하여 어떤 칭찬이 가장 마음에 드는지 묻습니다. 한 주 동안 교실에 게시한 뒤 집에 가져가게 합니다.

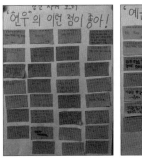

## 5

# [수업 활동 05]
# 내 친구를 소개합니다: 내친소 놀이

앞서 소개했던 칭찬 릴레이 활동처럼 칭찬으로 친구에 대한 긍정적인 인식을 심어주는 활동입니다. 친구를 칭찬하면서 말하는 사람과 듣는 사람 모두 다 기분이 좋아지는 '내친소(내 친구를 소개합니다)' 활동은 학년 초보다 서로에 대해 좀 더 알게 되었을 때에 적합합니다.

## 활동 순서

❶ 칭찬할 친구를 뽑기로 정합니다. 한 명이 나와 번호를 뽑으면 그 친구에 대해 칭찬할 내용을 생각합니다. 단, 누구에게도 자신이 뽑은 친구에 대해 알려주면 안 됩니다.

❷ 쪽지에 각자 자신이 뽑은 친구의 장점, 칭찬할 점, 고마운 점 등을 3가지 이상 적도록 합니다.

❸ 먼저 발표하고 싶은 학생이 앞으로 나와 자신이 쓴 것을 말합니다. 나머지 학생은 발표하는 친구가 말하는 내용만으로 어떤 학생인지 추측하여 손들고 말합니다.

❹ 릴레이 형식으로 손들고 정답을 말한 친구가 나와 자신이 쓴 내용을 발표합니다.

활동 팁

❶ 각자 칭찬하고 싶은 친구를 정하라고 하면 소외되는 학생이 있을 수 있으므로 뽑기처럼 무작위로 칭찬할 친구를 정할 수 있도록 합니다.

❷ 외모에 대한 칭찬이나 단점은 쓰지 않도록 합니다.

❸ 바로 정답을 맞히지 않아도 발표하는 친구가 칭찬 대상이 나라고 생각하면 서로 기분이 좋아집니다. 문제를 낸 친구가 생각한 친구가 아니더라도 자기 이름이 불리면 자신이 그 칭찬을 받은 기분이 들기 때문입니다.

## 6

## [수업 활동 06]
# 1:1 질문 데이트: 너의 목소리가 들려

한 학급에서 1년을 지내지만 막상, 자기와 친한 몇몇 외에 다른 친구들에 대해 알 수 있는 시간은 적습니다. 학년 초에 학생들이 서로에 대해 질문하고 알아갈 수 있는 '1:1 질문 데이트' 활동을 소개합니다.

### 활동 순서

❶ 1:1 질문 데이트를 할 때 어떤 질문을 하고 싶은지 몇 가지 적도록 합니다. 교사가 꼭 해야 할 공통 질문으로 몇 가지를 제시해도 좋습니다. 친구에 대해 알고 싶은 부분이라면 다소 엉뚱한 질문도 허용해 줍니다.

❷ 책상은 교실 가장자리로 옮기고 1:1로 서로 마주볼 수 있도록 안쪽, 바깥쪽 두 개의 원을 만들어 의자를 배치합니다. 의자 없이 바닥에 앉아도 됩니다.

❸ 내 앞에 마주 보는 친구가 첫 번째 데이트 상대입니다. 3~4분 내외로 서로 차례대로 하고 싶은 질문을 하고 답합니다. 혹시 시간이 남으면 끝말잇기, 묵찌빠 등 둘이 할 수 있는 놀이나 게임을 하면서 기다리도록 합니다.

❹ 시간이 다 되면 바깥쪽 원에 앉아 있는 학생이 시계 방향으로 자리를 옮겨 새로운 데이트 상대를 만납니다. 3~4분 내외로 서로 차례대로 하고 싶은 질문을 하고 답합니다.

❺ 활동이 끝나면 새롭게 알게 된 점이나 인상 깊었던 친구, 나랑 비슷한 생각을 하는 친구가 누구였는지 발표하며 마무리합니다.

### 활동 팁

❶ 질문지를 작성할 때는 개인의 기호나 취향을 묻는 질문부터 평소에 갖고 있던 생각이나 미래를 가정하는 질문까지 다양한 질문을 작성하도록 합니다. 친구에 대해 알게 되는 질문이라면 다소 엉뚱한 질문이라도 허용합니다.

❷ 질문 예시

• 가장 좋아하는 음식은?

• 가장 좋아하는 놀이는?

• 주말에 주로 하는 일은?

• 내가 가장 재미있게 본 영화와 그 이유는?

- 만약 동물이 될 수 있다면 되고 싶은 동물과 그 이유는?
- 내 인생에서 가장 중요한 3가지는?
- 만약 어른이 되면 가장 먼저 하고 싶은 일은?
- 내 인생에서 가장 행복했던 사건은?
- 만약 램프의 요정 지니가 3가지 소원을 들어준다고 한다면?

## 7

# 협력의 역할을 높이는 팀 빌딩 활동

수업에 생동감을 싹 틔우기 위한 기초 작업의 두 번째는 팀 빌딩 활동입니다. 모둠 협력을 성공적으로 끌어내기 위해 먼저 해야 할 일은 팀 빌딩 활동입니다. 팀 빌딩 활동 목적은 처음 만나는 모둠원들에게 느끼는 불필요한 심리적 장벽을 깨고 서로에게 친밀감을 형성하도록 하는 데 있습니다. 궁극적으로 집단의 구성원들이 협조적인 관계를 형성하여 일의 효율화를 도모할 수 있게 하는 것이지요 《팀빌딩교육이 조직의 유효성에 미치는 영향, 정태경, 2007》).

팀 빌딩 활동 여부는 학급 분위기를 바꿉니다. 팀 빌딩 활동으로 학급 내에서 학생들이 서로 신뢰하고 존중하며 협력하는 분위기를 만들 수 있습니다. 협력이 경쟁을 앞서는 가치임은 자명한 사실이지요. 발달 단계에 머물러 있는 학생들에게 경쟁보다 협력이 학생들을 훨씬 더 많이 배우게 합니다. 팀 빌딩 활동을 통해 학생들이 경험한 협력과 성취감은 학생들이 수업 시간에 모둠 수행 과제를 만났을 때 긍정적인 도전감과 모둠원들과 함께 해결하고자 하는 의지를 만들어 주기도 합니다.

팀 빌딩 활동은 학급에 안정적인 분위기를 만들 수 있습니다. 학생들이 수업에 몰입하기 위해서는 무엇보다도 자신이 인정받을 수 있고 자신을 표현하는데 안정감을 갖고 있어야 합니다. 협력하고 지지하는 분위기 속에서 학생들은 더 안정감을 느끼고 수업에 몰입하며 자신을 표현합니다.

학급 내에서 팀 빌딩 활동의 주요 내용은 '모둠의 공동 지향점을 설정하기', '친밀감을 높일 수 있는 놀이 활동하기', '서로에 대한 이해를 통한 협력도를 높이기'입니다. 이때 놀이는 놀이할 때 순간의 재미를 위한 활동을 하기보다는 협력할 수밖에 없는 놀이 과제를 제시하는 것이 좋습니다. 놀이를 마쳤을 때는 협력에서 오는 즐거움과 성취감을 느낄 수 있어야 합니다.

## 8

# [팀 빌딩 01]
# 너네 팀 이름은 뭐니?

자리를 바꾸고 처음 모둠 친구들과 만났다면 모둠 이름과 역할, 모둠 내에서 지켜야 할 규칙을 정하도록 합니다. 이러한 과정은 모둠 내 소속감을 높이고 학생들에게 책임감을 느끼고 활동에 참여할 수 있도록 합니다.

## 1. 모둠 이름 정하기

친구들과 모둠 이름을 함께 정하게 하는 것은 공동체 의식을 갖게 하는 첫 번째 단계입니다. 모둠 이름은 학생들이 자율적으로 정할 수 있도록 하고 다소 엉뚱한 이름이어도 허용해 줍니다. 그리고 교사는 모둠을 부를 때마다 1모둠, 2모둠이 아닌 모둠 이름으로 불러줍니다. 모둠 이름으로 모둠을 불러준다면 학생들이 더 뿌듯해하며 소속감을 느끼는 것을 볼 수 있습니다.

## 2. 모둠 역할 정하기

　모둠 역할은 학생들이 모둠 활동을 할 때 자신이 어떤 역할을 해야 하는지 책임감을 부여해 줍니다. 역할별로 어떤 행동을 해야 하는지 구체적으로 알려주거나 스스로 생각해 보게 할 수도 있습니다. 행동과 더불어 자신의 역할을 표현하는 말도 정하는 것이 좋습니다. 새로운 모둠원을 만났을 때 자신이 이전에 했던

| | |
|---|---|
| 모둠짱 | 사회자 역할을 하도록 합니다. 필요하다면 모둠 친구들에게 발언권을 주는 역할을 하도록 합니다.<br>모둠 활동에서 해야 할 일을 정확하게 전달하고 모둠 친구들이 비과제 행동에 집중하지 않도록 돕습니다.<br>☞ "우리 이제 ~하자."<br>☞ "이것을 해결하기 위한 좋은 방법으로 무엇이 있을까?" |
| 협동 도우미 | 모둠 활동 중 갈등이 생겼을 때 중재하는 역할을 합니다.<br>갈등 중재 외에도 필요할 때 교사에게 도움을 요청하는 역할을 합니다.<br>☞ "지금 이렇게 말하는 것은 우리에게 별로 도움되지 않아."<br>☞ "잠깐 네 마음을 가다듬어 봐."<br>☞ "선생님께 도와달라고 할까?" |
| 기록이 | 모둠 활동을 과정 또는 결과물을 기록하는 역할을 합니다. 기록하는 역할을 담당했더라도 아이디어가 있으면 적극적으로 친구들에게 말하도록 합니다.<br>☞ "어떻게 정리하면 좋을까?"<br>☞ "네가 이야기한 것 다시 한 번 말해줄래?" |
| 칭찬이 | 모둠 친구가 아이디어를 냈을 때, 서로 협동할 때 등 칭찬하는 역할을 합니다.<br>모둠 활동을 할 때 다양한 아이디어 발산을 돕도록 하는 역할을 하기도 합니다.<br>☞ "더 재미있는 생각은 없을까?"<br>☞ "그거 좋은 생각인데?"<br>☞ "오늘은 지은이가 의견을 많이 내는 구나." |

역할 외에 다른 역할을 맡도록 하여 골고루 역할을 수행해보게 합니다. 학생들 수준에 따라 교사가 모둠에서 필요한 역할의 종류와 할 일을 제시해 주거나 직접 학생들이 모둠 역할과 이름을 생각해 보게 할 수도 있습니다.

이러한 모둠 역할은 수업에서 모둠 활동이 끝날 때마다 학생들이 자신의 역할을 성실하게 수행했는지 간단하게 거수로 반성하고 확인하는 시간을 갖게 하는 것이 좋습니다.

## 3. 모둠 규칙 정하기

모둠 역할을 정한 뒤, 모둠에서 꼭 지켜야 할 규칙을 세 가지 이상 정하도록 합니다. 모둠 규칙을 정하면 학생들 스스로 의식적으로 지키려고 노력하기 때문입니다. 어떤 모둠에서 모둠 규칙으로 '다수결로 의견 정하기'를 적은 학생들이 있었습니다. 이 모둠에서 의견 차이로 갈등이 있어 선생님과 상담을 했을 때 한 학생이 다수결로 의견을 정하기로 모둠 규칙을 정했다고 말해주었지요. 이 부분에 대해 학생들에게 확인하니 자기주장을 내세우던 학생이 모둠 규칙을 인정하고 규칙을 따르는 모습을 보였습니다. 아이들 스스로가 만든 규칙이기 때문에 더욱 지키려고 노력하는 것을 볼 수 있었습니다. 이처럼 규칙은 학생들에게 한 번

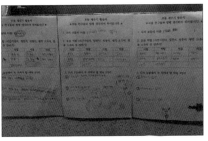

더 생각하게 만들고 주체적으로 행동하도록 만드는 기준이 되고 한 단계씩 성장하도록 만듭니다. 모둠 세우기를 위한 이름, 역할, 규칙을 정한 내용은 활동지에 정리하여 모둠을 바꿀 때까지 교실에 게시하여 학생들이 잊을 때마다 다시 확인할 수 있도록 하는 것이 좋습니다.

## 9

## [팀 빌딩 02]

# 집단지성의 힘을 느끼다(숨은그림찾기)

숨은그림찾기 놀이는 학생들이 익숙하면서 재미있고, 간단하게 즐길 수 있는 놀이입니다. 숨은그림찾기 놀이는 혼자 했을 때 보다 모둠 친구들과 같이했을 때 더 좋은 성과를 낼 수 있음을 깨닫도록 할 수 있습니다. 이 놀이의 목적은 학생들이 각자 과제를 수행했을 때와 모둠 친구들과 함께 과제를 수행했을 때를 비교해 봄으로써 집단지성의 힘을 느끼게 하는 것입니다.

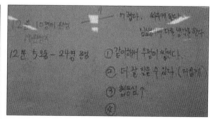

❶ 각자 개인별로 숨은그림찾기 활동지를 나누어줍니다. 제한 시간을 주어 활동지를 풀도록 합니다.

❷ 시간이 다 되면 숨은 그림을 모두 찾은 학생이 몇 명인지 확인합니다. 숨은 그림을 모두 찾은 학생만 칭찬하고 보상해줍니다.

❸ 모둠별로 숨은그림찾기 활동지를 나누어줍니다. 제한 시간을 주어 활동지를 풀도록 합니다.

❹ 시간이 다 되면 숨은 그림을 모두 찾은 모둠이 몇 팀인지 확인합니다. 숨은 그림을 모두 찾은 모둠 전부를 칭찬하고 보상해줍니다.

❺ 학생들에게 다음과 같은 놀이와 관련된 핵심 질문을 합니다.

· 첫 번째 활동과 두 번째 활동 중 어느 활동이 더 좋았는가?

· 왜 두 번째 활동이 더 좋았는가?

· 두 번째 활동처럼 모둠 친구들이 서로 힘을 합쳤을 때 무엇이 좋은가?

❶ 처음 개인 활동으로 숨은그림찾기를 할 때, 최대한 짝이나 모둠 친구들 것을 보지 않고 자기 것에 집중할 것을 약속합니다.

❷ 처음 개인 활동으로 숨은그림찾기를 할 때, 완벽하게 숨은 그림을 모두 찾은 학생들만 지나치게 칭찬해 줍니다. 나중에 모둠 활동을 통해 얻은 성취감과 뿌듯함을 더욱 더 크게 느낄 것입니다.

## 10

## [팀 빌딩 03]

# 배려의 힘을 느끼다(도전! 종이컵 옮기기)

'도전! 종이컵 옮기기'는 학생들이 직접 움직이면서 즐기는 놀이로 모둠 친구들이 함께 협력해야 하고 도전감 있는 과제이기 때문에 학생들이 긴장감 있게 참여할 수 있습니다. 서로 양보하고 상대방에게 맞춰주지 않으면 빠른 시간 안에 성공할 수 없는 놀이이기 때문에 학생들에게 배려와 양보의 힘을 느끼게 할 수 있습니다.

### 활동 순서

❶ 두 모둠씩 짝을 짓고 놀이에 참여할 순서를 정합니다.

❷ 두 모둠이 앞으로 나와 모둠원들끼리 한 줄로 설 수 있도록 합니다. 모둠 안에서 줄을 서는 순서는 미리 정하도록 합니다.

❸ 입에 젓가락을 물고 젓가락을 이용하여 자기 옆에 있는 친구의 젓가락에

종이컵을 옮겨줍니다.

❹ 왕복으로 종이컵을 먼저 옮기는 모둠이 승리합니다.

❺ 모든 학급 학생들이 한 번 이상 놀이에 참여하게 하고 놀이가 끝나면 제한 시간 안에 모든 모둠이 종이컵을 옮기기를 성공해야 하는 학급 전체 미션을 줍니다.

❻ 학급 전체 미션을 성공할 경우, 학급 전체 보상을 해주거나 칭찬합니다.

❼ 첫 번째 모둠끼리 경쟁할 때와 두 번째 학급 전체가 협력해서 미션을 성공해야 할 때 중 어느 활동이 더 재미있었고, 좋았는지 이야기 나누며 협력과 배려의 중요성을 강조합니다.

### 활동 팁

❶ 놀이를 시작하기 전에 모둠 친구들끼리 전략을 짤 수 있도록 연습 시간을 주는 것이 좋습니다.

❷ 두 모둠씩 짝을 지어 놀이를 진행하여 자칫 경쟁적 분위기를 형성할 수 있으므로 절대로 친구를 비난하지 않기로 약속하고, 마지막 놀이를 할 때는 학급 전체 미션을 주어 서로 응원하고 도와줄 수 있도록 합니다.

11

# [팀 빌딩 04]

# 협력의 힘을 느끼다(도전! 풍선 띄우기)

'풍선 오래 띄우기'는 '도전! 종이컵 옮기기'와 마찬가지로 학생들이 직접 움직이면서 참여하는 놀이입니다. 모둠 친구들이 협력하지 않으면 안 되는 놀이 활동으로 학생들에게 협력에 대한 의지와 도전감을 부여하여 즐겁게 참여할 수 있습니다. 이 놀이는 PDC 퍼실리테이터 최선주, 임소연 선생님의 자율 연수에서 직접 참여한 경험을 참고했습니다.

### 활동 순서

❶ 모둠원이 원 형태로 서로 손을 잡고 섭니다.
❷ 풍선을 위로 띄우고 풍선이 아래로 내려올 때 서로 맞잡은 손으로 풍선을 위로 쳐서 풍선이 바닥으로 내려오지 못하게 합니다.
❸ 풍선을 손으로 위로 띄운 개수가 가장 많은 모둠이 승리합니다.

❹ 모든 학급 학생들이 한 번 이상 놀이에 참여하게 하고 놀이가 끝나면 모든 모둠이 풍선을 친 횟수를 합하는 목표 개수를 학급 전체 미션으로 줍니다.

❺ 학급 전체 미션을 성공할 경우, 학급 전체 보상을 해주거나 칭찬합니다.

❻ 첫 번째 모둠끼리 경쟁할 때와 두 번째 학급 전체가 협력해서 미션을 성공해야 할 때 중 어느 활동이 더 재미있었고, 좋았는지 이야기 나누며 협력의 중요성을 강조합니다.

## 활동 팁

❶ 놀이를 시작하기 전에 모둠 친구들끼리 전략을 짤 수 있도록 연습 시간을 주는 것이 좋습니다.

❷ 반드시 친구와 맞잡은 손으로 풍선을 쳐야 하며, 혼자 손으로 치거나 발 또는 머리를 이용하여 풍선을 친 것은 무효로 처리합니다.

❸ 모둠끼리 자칫 경쟁적 분위기를 형성할 수 있으므로 절대로 친구를 비난하지 않기로 약속하고, 마지막 놀이를 할 때에는 학급 전체 미션을 주어 서로 응원하고 도와줄 수 있도록 합니다.

## 12

# [팀 빌딩 05]
# 협력의 즐거움을 느끼다(몸으로 표현해요)

'몸으로 표현해요'는 교사가 말하는 제시어를 모둠 친구들과 협력하여 표현하는 활동입니다. 친구와 서로 몸을 기대고 붙잡아 주면서 공동의 미션을 수행하기 위해 노력하게 되므로 학생들 사이에 긍정적인 상호작용을 기대해 볼 수 있습니다. 움직이면서 활동하기 때문에 즐거우나 조심하여 활동할 수 있도록 학생들에게 미리 주의를 시키는 것이 필요합니다.

## 활동 순서

❶ 노래가 나오면 자유롭게 돌아다니거나 춤을 춥니다.

❷ 노래를 멈추고 교사가 제시어를 말하면 제한 시간 안에 학생들은 모둠 친구들과 함께 제시어를 표현하고 얼음인 상태로 멈추어 있습니다.

❸ 교사는 돌아다니며 각 모둠이 어떤 걸 표현했는지 질문합니다.

❹ 다시 노래가 나오면 자유롭게 돌아다니거나 춤을 춥니다. 2번과 3번을 반복합니다.

❺ 놀이가 끝난 후 어떤 점이 재미있었는지, 모둠 친구 중 어떤 친구를 칭찬하고 싶었는지 등을 질문하며 활동을 마무리합니다.

**활동 팁**

❶ 사전에 놀이할 때 위험한 장난을 하거나 다치지 않도록 안전 지도를 꼭 하도록 합니다.

❷ 학생들이 몸으로 표현할 제시어는 우주, 별, 학교 등 몸으로 표현할 때 어렵지 않은 것으로 제시합니다.

❸ 변형 활동

• 몸으로 표현한 제시어를 맞추는 퀴즈 활동도 가능합니다. 모둠에서 한 친구가 문제를 맞히는 역할을 하고 다른 모둠 친구들은 협력해서 제시어를 몸으로 표현하는 것입니다. 너무 경쟁 위주의 놀이 활동이 되지 않도록 학급 전체가 목표를 달성하는 협력 위주의 놀이 활동을 넣어 분위기를 완화하면 좋습니다.

• 이 외에도 컵 쌓기, 도미노 쌓기, 젓가락으로 콩 옮기기 등 모둠이 함께 협력해서 미션을 수행하거나 표현해야 하는 놀이라면 무엇이든지 활용할 수 있습니다. 중요한 것은 학생들이 친구들과 협력했을 때 즐거

움과 성취감이 무엇인지 알고 모둠 친구들과 친밀감과 소속감을 형성하는 것입니다. 이를 위해 놀이가 끝난 후에는 모둠 내에서 칭찬하고 싶은 친구, 미안한 친구, 활동 중 재미있었던 점 등을 이야기하는 시간을 갖도록 하는 것이 좋습니다.

## 13

## [팀 빌딩 06]
# 너의 생각을 말해 줘(카드로 말하기)

학생들과 함께 1년을 지내다 보면 의외로 자기 생각이나 감정을 제대로 표현하지 못하는 학생들이 많습니다. 모둠 활동을 할 때도 놀이 활동 시간보다 자기 생각이나 감정을 진지하게 꺼내서 말하는 시간이 현저하게 적지요. 서로 진지하게 자기 생각이나 감정을 말하는 시간을 가지면 모둠원들끼리 서로 이해하고 친밀감을 높이는 시간을 가질 수 있습니다. 이때 자기 생각이나 감정을 말하는 데 카드를 활용하면 학생들이 자기 생각을 더 잘 표현하고 전달할 수 있습니다.

### 활동 순서

❶ 모둠별로 카드 한 세트씩 갖도록 합니다.

❷ 교사가 말하기를 할 주제를 제시합니다.

❸ 제한 시간 동안 말하기 주제와 관련해 각자 3가지 이상의 카드를 고르게

합니다.

❹ 돌아가면서 모둠 친구들에게 자신이 고른 카드와 그 카드를 고른 이유를 함께 말하도록 합니다.

❺ 카드를 이용한 자기 생각이나 감정 말하기가 끝나면 자기 생각이나 감정을 말하고 나서 든 생각, 느낌이나 자신이 들었던 친구의 말 중 인상 깊었던 내용 등을 서로 이야기하고 앞으로의 다짐이나 서로 칭찬하고 싶은 점을 나누며 활동을 정리하도록 합니다.

## 활동 팁

❶ 활동을 시작하기 전에 왜 이러한 활동을 하는지 이유를 학생들에게 분명하게 설명해 주는 것이 좋습니다. 교사의 설명으로 학생들에게 진지하게 활동에 참여할 것을 당부할 수 있습니다. 진지한 분위기가 형성되지 않으면 자신의 솔직한 감정과 생각을 표현하지 않을 수 있기 때문입니다.

❷ 말하기 주제 예시

- 내가 요즘 느끼는 기분이나 감정은?
- 나는 언제 즐거움, 행복감을 느끼는가?
- 나는 언제 슬픔, 외로움을 느끼는가?
- 우리 모둠이 서로 협력하고 배려하는 데 필요한 것은?
- 우리 모둠에게 칭찬하고 싶은 것이 있다면?

❸ 카드는 감정에 관해 설명하는 감정 카드, 여러 가지 그림들이 있

는 이미지 카드 등을 활용하도록 합니다.

❹ 변형 활동

- 감정 카드, 이미지 카드 등이 없다면 색종이를 활용하거나 감정의 느낌
을 색칠하기로 나타내어 자신의 감정을 표현해 보는 것도 가능합니다.
색깔을 선택한 이유를 적절하게 말로 표현할 수 있다면 최고의 감정 수
업이 될 수 있습니다.

## 14

# [팀 빌딩 07]
# 팀 빌딩의 완성(굿바이! 친구사용설명서)

　자리를 바꿔 새로운 짝과 모둠원들을 만나기 전에 마지막 활동으로 내 친구가 만날 다음 모둠 친구들에게 알려줄 친구 사용 설명서를 쓰는 활동을 합니다. 새로 만날 짝과 모둠원들에게 내 친구를 부탁한다는 의미이지요. 가능하면 긍정적인 말, 좋은 말을 쓰도록 하고 새로운 모둠원들을 만날 준비를 합니다.

### 활동 순서

❶ 모둠 활동을 함께 하면서 발견한 친구의 장점과 친구가 싫어하는 말이나 행동 그리고 앞으로 만날 새 모둠 친구들에게 친구를 부탁하는 말을 쓰도록 합니다.

❷ 정해진 순서에 따라 종이를 돌려 모둠원들끼리 서로 바꿔 쓰도록 합니다.

❸ 친구 사용 설명서를 완성하면 선생님께 제출합니다.

❹ 자리를 바꾸고 나서 새 모둠 친구들과 친구 사용 설명서를 서로 돌려 읽고, 새 친구에게 하고 싶은 말을 활동지 뒷장에 쓰도록 합니다.

❺ 남은 시간에 모둠 세우기 활동으로 모둠 이름, 역할, 규칙을 정하도록 합니다.

**활동 팁**

❶ 장난치지 않고 진지하게 생각해서 쓰도록 합니다.

❷ 앞 친구가 쓴 내용은 될 수 있으면 반복해서 쓰지 않도록 이야기합니다.

❸ 외모보다는 친구가 잘하는 것, 모둠 활동을 같이했을 때 좋았던 점, 칭찬하고 싶은 성격 등을 쓰도록 합니다.

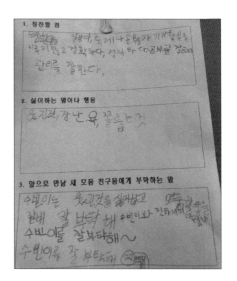

## 15

# 교실 속에서 교실 밖에서,
# 과제 집중 행동 프로젝트

수업 생동감을 싹 틔우기 위한 베이스캠프의 마지막은 과제 집중 행동을 위해 여러 가지 학급 경영 장치들을 마련해두는 일입니다. 원활하고 의미 있는 수업을 진행하려면 성취 기준을 분석해야 하고, 배움 목표를 알아야 하고 그에 적절한 의미 있는 활동을 구성하고 평가까지 잘 연결될 수 있도록 해야 합니다. 하지만 아무리 교사가 열정적으로 수업을 계획했다 하더라도 수업의 주체인 학생들이 받아들일 준비가 되어 있지 않으면 힘들겠지요.

학급 일과 및 학급 규칙이 바로 세워지지 않으면 학생들은 배움에 불안함을 느끼고 집중할 수 없게 됩니다. 학급 규칙으로 수업 시간과 쉬는 시간을 분명하게 구분할 줄 알게 해야 합니다. 수업 시간에 학생들이 해야 할 일을 분명하게 알려주고 습관이 되도록 해야 합니다.

학급 일과와 규칙 세우기의 가장 큰 목적은 수업 시간에 학생들의 비과제 행동을 최소화하고 올바른 과제 행동을 유도하는 것입니다. 수업 시간에 학생들이 다른 곳 보고 있기, 친구와 잡담하기, 책에 낙서하기 등 비과제 행동을 할 수 있는 여지가 있다면 학생들은 수업보다 더 흥미로운 비과제 행동에 집중하게 됩니다. 따라서 학생들이 과제 행동에 몰입할 수 있도록 여러 가지 규칙이나 약속을 수업 전에 미리 정하는 것이 좋고, 수업 중에도 마찬가지로 지속해서 관리해야 하며, 활동이 끝난 후에도 수업에 적극적으로 참여했는지 반성하는 시간을 가져야 합니다.

## 16

## [과제 집중 행동 01]
# 학급 일과 알려주기

특별한 행사가 없는 한 학급 일과는 매일 반복됩니다. 학급 일과란, 교시마다 몇 시부터 몇 시까지 진행되는지, 점심은 언제 먹는지, 하교는 언제 하는지 등 학교에서 반복적으로 이루어지는 생활 절차들입니다. 학생들에게 학급 일과를 안내할 때, 수업 전, 중, 후로 구분하여 학생들이 실천해야 할 행동들을 함께 넣어 자세하게 가르쳐줍니다. 당연하고 사소해 보일지라도 의외로 학생들에게는 당연하지 않고 사소하지 않으며 어떻게 해야 할지 잘 몰라 벌어지는 상황들도 있습니다. 따라서 일과에 대해 가르쳐줄 때는 아주 자세하게 가르쳐주는 것이 좋습니다. 학년 초부터 가르치고 연습하게 하고 진행 과정에서 잘 지켜지지 않으면 다시 보여주며 자신의 행동을 다시 점검하게 해야 합니다.

학급 일과에서 수업과 관련된 중요한 사항은 다음과 같습니다.
첫째, 아침에 오면 오늘 필요한 교과서를 미리 준비해두는 것입니다. 아침에 오늘 시간표를 확인하고 사물함에서 오늘 필요한 교과서만 옮겨 책상 서랍 속에

넣어두도록 합니다. 또한 수업이 시작되면 미리 교과서를 책상 위에 놓아두도록 합니다. 교사로서는 당연하고 말하지 않아도 꼭 지켜져야 할 행동이라고 생각할 수 있지만, 학생으로서는 당연하지 않고 쉽지도 않은 일입니다. 그리고 교사가 생각하는 것만큼 학생들에게 중요한 행동이 아닐 수 있습니다. 처음부터 시작하지 않으면 중간에 학급 일과를 바꾸기란 힘들어서 학년 초부터 강조하고 습관이 되도록 해야 합니다.

둘째, 가능한 행동과 불가능한 행동을 분명히 구분하여 알려주어야 합니다. 수업 시간에 가능한 행동과 불가능한 행동, 그리고 쉬는 시간에 가능한 행동과 불가능한 행동을 자세하게 알려주어야 합니다. 의외로 학생들은 모르고 하는 행동들이 있습니다. 그 행동에 대해 다그치기보다는 먼저 분명하게 알려주는 것이 필요합니다. 이때 조정할 부분이 있다면 학생들과 함께 이야기하며 합의점을 찾도록 하고 동의한다는 의미로 서명을 하도록 합니다.

## 17

# [과제 집중 행동 02]
# 학급 규칙 정하기

 학년 초에 가장 먼저 하는 일은 학급 규칙을 정하는 일일 것입니다. 학급 학생들과 학급 규칙을 정하는 과정은 「학급긍정훈육법」을 참고했습니다. 학급 규칙에는 학급 생활을 포함하여 수업 중 비과제 행동을 최소화하기 위한 규칙도 포함하여 자세하게 정하도록 합니다. 물론 규칙을 정하는 과정이 교사가 직접 제시하는 것보다 학생들이 필요한 규칙을 정하도록 하는 것이 좋겠지요. 그래야 책임감을 느끼고 스스로 규칙을 지키려는 자세를 가질 수 있기 때문입니다.

**활동 순서**

❶ 그동안 학교생활 하면서 수업 중 불편을 주거나 방해가 되었던 행동이 무엇인지 먼저 생각해보게 하고, 이러한 행동들이 수업 중 계속된다면 어떻게 될지 예상해 보고 발표하는 시간을 갖습니다.

❷ 학생들에게 1년 동안 우리 학급에 필요하고 꼭 지켜야 할 가치로 무엇을 정하면 좋을지 생각하게 합니다. 그리고 포스트잇에 써서 칠판에 붙이도록 합니다.

❸ 학생들이 가장 필요하다고 생각하는 가치 5~6개를 정합니다.

❹ 모둠별로 한 개의 가치를 맡게 하고 도화지를 나누어줍니다. 맨 위에는 '우리 반이 최고의 반이 되는 데 필요한 가치는 (      )이다'를 쓰게 합니다.

❺ 어떻게 학급 내에서 실천할지 '이렇게 말해요', '이렇게 행동해요'를 써보도록 합니다. 그리고 왜 그 가치가 필요한지도 쓰도록 합니다.

❻ 모든 모둠이 쓰기를 완성하면 칠판에 붙이고 이대로 학급 규칙을 정할 것인지 투표로 결정합니다.

❼ 규칙을 모두 정하고 나면 스스로 책임감을 느끼도록 동의한다는 서명을 하도록 합니다.

❽ 서명하기 전에 고치고 싶은 규칙이 없는지, 동의하지 않는 부분이 있지는 않은지 꼭 확인하도록 합니다.

❾ 학급 규칙을 정리한 포스터를 학급에 게시하도록 합니다.


**활동 팁**

❶ 학생들에게 우리 학급에 필요한 가치를 생각하게 할 때, 우정, 행복, 배려, 협력, 도전, 열정 등 구체적인 예시를 들어주는 것이 좋습니다.

❷ 규칙을 정하고 게시할 때는 '~하지 않는다'와 같은 부정적인 언어보다는 가능하면 긍정적인 언어로 진술하여 적는 것이 좋습니다.

여기서 더 나아가 만약 규칙을 지속적으로 지키지 않은 친구들이 있을 때 어떠한 방식으로 자신의 행동을 책임질 것인지 미리 정하면 좋습니다. 단, 책임 있는 행동이 벌처럼 여겨지지 않도록 학생들에게 잘 안내해야 합니다. 수업 중 방해가 되는 행동을 했고, 그 행동이 친구들에게 피해를 주었기 때문에 이에 대해 내가 할 수 있는 행동을 하는 책임의 소재로 생각하도록 해야 합니다.

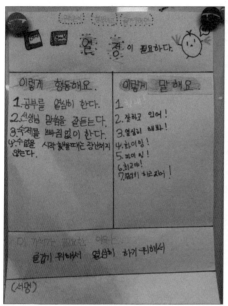
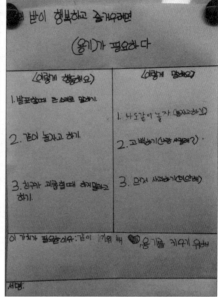

## 18

## [과제 집중 행동 03]
# 지속적으로 과제 집중 프로젝트 알려주기

학급 일과를 정하고, 학급 규칙을 정하여도 시간이 지나면 풀어지기 마련입니다. 3월의 적응 기간이 지나 긴장감은 풀어지고, 어느새 질서와 경청이 없어진 학급의 분위기를 다시 한 번 실감할 수 있습니다. 이는 학생들이 학교와 교실에 적응했다는 긍정적이면서도 당연한 현상입니다.

그렇다고 이를 당연시하고 그대로 내버려 둔다면, 점점 수업 시간에 아이들이 집중하지 못하는 현상이 발생합니다. 적응 기간이 지나고 약간은 풀어지더라도 비과제 행동은 수업 시간에 하지 않도록 지속적으로 관리되어야 합니다. 교사가 말하지 않아도 학생들이 알아서 비과제 행동을 하지 않으면 얼마나 좋을까요? 이미 수업에서 하지 말아야 할 행동과 해야 할 행동을 분명하게 알고 있으면서 말이지요. 발달심리학적 측면에서 보았을 때, 집중하지 못하고 비과제 행동을 반복적으로 하는 학생들은 자기통제 및 자기관리 기능을 제대로 수행하지 못하기 때문으로 보고 있습니다. 수업 중 지속적으로 비과제 행동을 관리하는 것 역시 교사의 지도가 필요한 부분이겠지요.

학생들의 비과제 행동을 줄이는 방법은 다양하며, 학생들 수준에 따라, 교사 성향에 따라 달리 적용될 수 있을 것입니다. 이때 비과제 행동을 관리하는 방법으로 주의할 점들이 있습니다.

첫째, 교사는 지속적이고 일관된 방법을 사용하여야 합니다. 교사가 일관되게 하지 않으면 학생들은 선생님의 허점을 발견하고 비과제 행동을 늘려나갈지도 모릅니다. 일관되게 행동해야 '선생님에게는 이 행동이 통하지 않구나.' 하고 더 이상 비과제 행동을 하려는 마음가짐을 덜 갖게 될 것입니다.

둘째, 부정적인 언행은 비과제 행동을 줄이는 데 도움이 되지 않습니다. "선생님이 항상 이야기하잖니?", "~하지 말라고 했지?" 등의 부정적인 말투는 아이들에게 잔소리로만 들립니다. 학생들도 수업 시간에 삼가야 할 행동이 무엇인지 잘 알고 있습니다. 잘 알고 있는 부분에 대해 자세하게 설명을 늘어놓으면 오히려 학생들은 듣기 싫은 잔소리라고 생각하게 됩니다. 물론 계속 지켜지지 않으면 왜 이러한 행동을 수업 시간에 삼가야 하는지 다시 설명을 해주어야 할 때도 있습니다. 그러나 매일 설명하고 부정적인 언어로 지도한다면 오히려 역효과가 날 수 있습니다.

셋째, 짧은 언어와 간단한 수신호 그리고 행동을 활용하는 것이 좋습니다. 짧고 쉬우면서 간단해야 교사가 일관되게 실천하기가 쉽겠지요. 또한 학생들에게 잔소리로 들리지 않고 자신의 행동을 스스로 고칠 수 있도록 만들 수 있습니다.

넷째, 학생들에게 자신의 행동을 스스로 조절할 기회를 주어야 합니다. 학생이 자신의 행동을 조절하기는 쉽지 않지요. 그러므로 자기조절력을 갖도록 지도하는 것이 교사의 역할이기도 합니다. 자신의 행동을 스스로 고칠 수 있도록, 선생님이 억울하게 나를 지적했다고 생각하지 않도록 자신의 행동을 스스로 조절할 기회를 주는 것이 좋습니다.

다섯째, 비과제 행동을 관리하는 방법을 사용하기 전에 이에 대해 학생들에게 충분한 설명을 해주어야 합니다. 선생님이 이러한 방법을 쓰는 것은 벌을 주기 위함이 아니라 스스로 행동을 고치고 수업을 듣는 다른 친구들에게 피해가 가지 않게 하기 위함이라고 말입니다.

마지막으로 비과제 행동을 관리하는 모든 언어나 수신호, 교사의 행동은 공식적이고 단호하게 보여야 합니다. 단호한 말투와 표정, 그리고 경어를 써서 공식적으로 교사가 말하고 있다는 상황을 보여야 학생들은 자신의 행동을 되돌아보고 의식하게 됩니다. 구체적인 과제 집중 행동 프로젝트는 다음과 같습니다.

## 1. 공식적인 약속, 제도 만들기

저의 경우, 「1, 2, 3 매직」을 참고하여 타임아웃 제도를 활용합니다. 책에서 제시된 타임아웃 제도에 따르면,

❶ 수업이 시작하고 어느 학생이 비과제 행동을 하는 것을 발견했을 때, 한 마디만 해야 합니다. "(단호하게 웃음기 없는 표정으로) 광수(이름), 하나예요."

❷ 이 학생이 비과제 행동을 하는 것을 또 발견했을 때에도 한 마디만 해야 합니다. "(단호하게 웃음기 없는 표정으로) 광수(이름), 둘이에요."

❸ 이 학생이 비과제 행동을 하는 것을 또 발견하면 "(단호하게 웃음기 없는 표정으로) 광수(이름), 셋이에요. 타임아웃."이라고 말합니다.

❹ 타임아웃을 받으면 교실 뒤로 나가 3분 동안 서 있게 됩니다. 자신의 행동에 대해 생각할 기회를 주는 것이지요. 3분이 지나면 다시 아무 일 없었던 것처럼 다시 자기 자리로 돌아오게 합니다.

일단 타임아웃을 받은 학생이 있더라도 교사는 학생의 비과제 행동을 수정하는데 피로감을 덜 느낍니다. 교사를 화나게 하는 것은 비과제 행동이 수정되지 않고 똑같은 말을 반복할 수밖에 없는 상황이기 때문입니다. 선생님이 이렇게 행동했을 때 대부분의 학생은 크게 불만을 느끼지 않습니다. 그럴만한 상황이었다고 생각하지요. 선생님이 학급 친구에게 기회를 두 번이나 주었

다는 것을 모두 알고 있기 때문입니다. 이에 따른 부수적인 효과는 타임아웃 되는 친구를 보고 학생들은 스스로 가다듬는 행동을 보인다는 것이지요. 기억할 것은 타임아웃 제도는 수업에 열심히 참여하는 다수의 학생이 아닌, 자기 조절력이 부족한 소수의 학생을 위한 제도라는 것입니다.

이렇게 관리하고자 노력해도 늘 행동이 고쳐지지 않는 학생들이 있고, 답답한 상황들은 계속 생길지도 모릅니다. 위에서 언급했듯이 책임 있는 행동을 하도록 하거나 상담을 하는 등 다른 강력한 방법도 함께 생각하는 것이 필요합니다. 새로운 방법으로 비과제 행동을 수정해야 할 때도 타임아웃 제도처럼 반드시 학생들에게 설명하고 사전의 동의를 받는 것이 좋습니다.


## 2. 비난과 잔소리보다는 칭찬과 격려 활용하기

교실에 있다 보면 왜 학생들의 긍정적인 말과 행동보다 부정적인 말과 행동이 더 많이 보일까요? 이때 중요한 것은 비난과 잔소리는 실제로 학생들의 비과

제 행동을 최소화하는 데 별로 도움이 되지 않는다는 것입니다. 학생들의 비과제 행동을 일시적으로 멈추게 할 수는 있지만 교사가 원하는 긍정적인 말이나 행동까지 이어지게 할 수는 없습니다. 또한 부정적인 말은 쉽게 전염되고 또 다른 부정적인 말과 감정을 낳게 되지요. 교사의 부정적인 말을 긍정적인 말보다 학생들은 더 쉽게 따라 하기도 합니다.

반듀라의 '사회학습이론'에 의하면, 인간은 사회와의 상호작용을 통해 간접적으로 학습을 해나갑니다. 학습 과정은 크게 모델링과 대리강화 또는 대리처벌을 통해 이루어진다고 봅니다. 모델링이란 '다른 사람의 행동을 관찰하고 모방하면서, 다른 사람의 경험을 간접적으로 체험함으로써 일어나는 학습의 과정'을 말합니다. '부모는 아이의 거울이다.'라는 말도 있지요. 여기서 주목할 만한 점은 폭력적이고 부정적인 언행일수록 아이들은 더 잘 모델링한다는 것이지요. 앞서 말했듯이 부정적인 언행은 긍정적인 언행보다 전염성이 높다고 느껴지는 것이 실험 결과를 통해서도 나타난 사실인 셈이지요.

'대리강화', '대리처벌'은 '자신 자체의 경험이 아닌 다른 사람의 경험을 통한 학습'을 말합니다. 친구가 어떤 행동을 함으로써 교사가 칭찬하면 그 행동을 따라 하게 되고, 친구가 어떤 행동을 함으로써 교사로부터 혼이 난다면 그 행동을 하지 않게 되는 것이지요. 여기서 또 주목할 만한 점은 대리처벌의 효과가 대리강화의 효과보다 적게 나타난 것입니다. '나는 괜찮아.', '나는 걸리지 않을 거야' 같이 생각하는 것이 이러한 현상 때문에 나타나는 것이지요.

따라서

❶ 비과제 행동을 다룰 때는 비난과 잔소리는 멈추고 타임아웃 제도를 활용해 엄격하고 단호하게 규칙을 따르게 합니다.

❷ 과제 집중 행동을 유도하고자 할 때는 칭찬과 격려로 학생들을 긍정적인

방향으로 이끄는 것이 좋습니다. 학생의 사소한 행동과 말일지라도 칭찬과 격려로 긍정적인 피드백을 주어 강화하도록 해야 합니다. 교사의 긍정적인 피드백을 들은 학생들도 이를 모방하여 긍정적인 행동과 말을 이끌기 때문입니다. 칭찬과 격려의 말은 하기 어렵습니다. 하지만 "유이가 지금 바른 자세로 앉아 있군요.", "빈이가 가장 먼저 교과서를 펴고 기다리고 있군요"와 같이 교사가 학생의 행동을 객관적으로 말하는 것 자체만으로도 큰 힘이 됩니다.

칭찬과 격려할 수 있는 상황을 자주 만들고 교사도 학생들과 함께 의식적으로 칭찬과 격려할 수 있도록 합니다.


## 3. 질문 방식으로 말하기

"재석아, 교과서 펴야지."와 "재석아, 지금 무엇을 해야 하나요?"는 어떤 차이가 있을까요? "재석아, 교과서 펴야지."는 교사가 학생이 하길 원하는 행동을 설명과 명령의 방식으로 말하는 것이고, "재석아, 지금 무엇을 해야 하나요?"는 질문 방식으로 말하는 것입니다.

전자의 방식이 주로 많이 사용되는 말하기 방식으로, 안타깝게도 교사가 하길 원하는 행동까지 실천에 옮기는 효과는 적습니다. 그 당시에 학생이 과제 행동을 이행했다고 하더라도, 계속 교사가 설명과 명령의 방식으로 이야길 한다면, 기분 나빠하며 과제 행동 이행까지 시간이 오래 걸릴 수 있게 됩니다. 물론 교사가 하는 설명과 명령의 내용은 학생들이 지켜야 할 행동이지만 누구든 나에게 지속적으로 명령의 어조로 말한다면 기분이 좋을 수는 없겠지요.

반면 후자의 방식은 전자의 방식으로 학생이 과제 행동까지 실천에 옮기는 탁월한 효과가 있습니다. 질문형은 학생들에게 대답을 요구하는 방식으로 학생들 자신이 지금 해야 할 행동이 무엇이었는지 스스로 생각하게 만들고 대답을 끌어내기 때문이지요. 설명과 명령의 방식보다 훨씬 선생님이 나를 존중하는 느낌, 내가 스스로 알고 있고 실천할 수 있다고 신뢰하는 느낌을 학생들이 느끼도록 만들 수 있습니다.

저희 반에 돌아다니길 좋아하는 아이가 있었습니다. 물론 그 행동은 수업 시간에도 가끔 나타나는 행동이었습니다. 그때마다 저는 "재석아, 지금 무엇을 해야 하지?", "그런데 지금 재석이는 무엇을 하고 있나요?", "그럼 지금부터 무엇을 할 것인가요?" 등 질문 방식으로 학생에게 물었습니다. 아이는 대답하고 자신이 수행해야 할 과제 행동을 하기도 하고, 대답하지 않고 바로 과제 행동에 옮기는 모습을 보였습니다. 기억해 주세요. 질문은 생각보다 교실에서 강력한 역할을 발휘합니다.


## 4. 시간제한 주기

수업 시간에 학생들에게 비과제 행동을 할 시간을 주어서는 안 됩니다. 수업 시간에 학생들에게 쉴 틈을 주지 않는 방법으로 시간을 제한하는 것이 필요합니다. 활동 단위로 타이머를 맞춰놓고 시간 안에 끝내도록 합니다. 시간제한을 줄 때는 다소 촉박하게 시간을 잡는 것이 좋습니다. 나중에 추가 시간을 주게 되더라도 긴장감 있게 시간을 부여하는 것이 좋습니다.

활동을 시작할 때 학생들이 시간을 확인하면서 활동할 수 있도록 타이머를 제시해야 합니다. 활동 시간이 잘 가늠 되지 않을 때는 학생들에게 "활동을 끝내는데 몇 분이 필요할 것 같나요?"와 같이 물어보는 것이 도움이 됩니다. 학생들이 터무니없는 시간을 제시한다면 교사가 조정하여 시간을 제시하면 됩니다. 교사가 조정해도 학생들은 인정하고 받아들이지요.

## 19

## [과제 집중 행동 04]
# 과제 집중 행동 점검하기

「어쩌다 어른」의 김경일 선생님은 AI가 인간을 앞서고 있지만, 절대 이길 수 없는, 인간이 AI보다 우월한 점으로 '메타 인지(초인지)'능력을 꼽았습니다. 메타 인지란 '인지의인지'를 말하는 것으로, 학습적 측면에서 보았을 때, '학습자 자신의 수행을 계획하고 점검하고 조절하는 일련의 과정'을 뜻합니다. 자신의 학습을 점검하고 조절하는 자기관리 능력은 학생들이 키워야 할 역량 중 하나인 셈입니다. 따라서 학생들이 자신의 학습 이해도, 참여도, 행동들을 자꾸 점검하도록 만들어야 합니다.

활동이 끝나고 나서 또는 수업이 끝나고 나서 등 마무리 단계에서 학생들이 자신의 행동을 점검하도록 하는 것이 좋습니다. 개인 활동 후라면, 스스로 활동에 적극적으로 했는지 질문할 수 있고 모둠 활동 후라면, 모둠 친구들과 협력적으로 참여했는지 질문합니다.

질문할 때는 긍정적인 질문과 부정적인 질문 모두 합니다. 스스로 열심히 참여했다면 손을 들고, 주어진 시간에 내가 부족했다면 그 역시도 손을 들게 해야 합니다. 그리고 열심히 참여했다고 생각하는 학생에게는 칭찬을, 부족했다고 생각하는 학생에게는 격려를, 잘 모르겠다고 생각하는 사람도 손을 들게 하여 다음엔 좀 더 열심히 참여하도록 격려를 해 주는 것을 잊지 않아야 합니다. 시간적 여유가 있다면 배움 공책에 성찰 글쓰기를 쓰게 하는 것도 좋습니다.

학생 각자 자신의 행동을 점검하게 하는 것은 학생과 교사 모두에게 파급 효과를 일으킵니다. 학생 관점에서 보면 자신의 행동을 되돌아보는 시간을 갖게 하기 때문에 동기부여가 될 수 있습니다. 또한 친구들이 열심히 참여한 쪽에 손을 들든, 부족한 쪽에 손을 들든 친구의 행동을 보고 역시 자극을 받을 수 있습니다. 교사로서도 학생들이 스스로 점검한 것을 보고 얼마나 학생들이 충실히 활동에 참여했는지 가늠해 볼 수 있습니다. 활동 중 교사가 순시를 하다 보면 모든 학생을 정확하게 파악하기 어려울 때가 있기 때문이지요.

자신의 행동을 스스로 점검하는 것 외에도 짝이나 모둠이 점검하게 할 수도 있습니다. 필기를 하고 나서 아직 필기하지 않은 짝이 있다면 손을 들게 합니다. 그러면 그 시간을 놓친 학생도 짝이 자신을 점검해주니 자신의 행동을 수정하고 따라가기 위해 노력할 것입니다.

지금까지 관계 맺기, 팀 빌딩 활동, 비과제 행동 관리 방법으로 생동감을 싹 틔우기 위한 기초 작업을 다졌습니다. 이제 수업에 생동감을 주는 여러 가지 활동들을 소개하고자 합니다.

| 3부 |

공유共有
: 즐거움은 커지고 배움은 깊어지다

## MSG 발표

# 공유의 맛을 알아가는 2가지 키워드

비고츠키는 다음과 같이 주장했습니다.

"발달을 앞서서 발달의 전진을 이끄는 학습만이 학교에서의 효과적 학습이다. 교수는 모방이 가능할 때만 가능하다. 어린이에게 있어, 협력과 모방을 통한 발달, 교수-학습을 통한 발달은 근본적 사실이다. 그러므로 교수-학습을 심리학적으로 연구할 때 중심에 놓여야만 하는 요소는 협력을 통해 발달의 상위 지적 수준으로 자신을 고양할 수 있고 모방을 통해 그가 가지고 있는 것에서 그가 가지지 못한 것으로 나아가게 하는 아동의 가능성이다."(『관계의 교육학, 비고츠키』)

요약하면, 학교에서 수행하는 교수-학습을 통한 발달을 이끄는 것은 '협력'과 '모방'이라고 볼 수 있습니다. 학생이 교사나 친구의 도움 없이 혼자서 지식을 터득하는 것은 어렵습니다.

비고츠키에게 협력이란 학습 및 발달적 측면에서 '오늘 다른 사람과 함께 해서 가능했던 것을 내일 혼자서 할 수 있게 하는 것'이기도 합니다. 오늘 친구의 도움을 얻어 자신의 공책에 단 한 줄이라도 더 적을 수 있었다면 자신의 의견으로 만들어 내일 혼자서 발표하게 될 수 있다면 그것만으로도 학생들에게 훌륭한 배움이 됩니다. 모든 것을 학생 스스로 혼자 생각하고 쓰게 할 필요는 없습니다. 비효율적이기도 하지요.

모방은 학생들 입장에서 가장 본능적이고 가장 쉬운 학습 방법입니다. 교사나 친구를 모방하며 본인도 할 줄 알게 되는 것이지요.

협력과 모방은 서로 다른 배경 지식과 경험을 가진 학생들이 모인 교실에서 더욱 빛을 발해 배움을 깊어지게 합니다. 따라서 학생들이 서로 협력하고 모방할 수 있도록 생각과 의견을 나누는 공유 시스템을 갖추어 교실 수업에 적용하는 것이 필요합니다. 학생들이 서로 자기 생각과 의견을 탁월하게 공유하는 방법으로 MSG 활동과 여러 가지 발표 방법을 소개합니다.


## 1. MSG: 친구의 의견도 내 것이 되게 한다

MSG는 요리할 때 첨가하는 화학조미료입니다. 화학조미료인 MSG와 수업의 MSG는 둘 다 대상에 감칠맛을 더해준다는 공통점이 있습니다. 화학조미료인 MSG는 건강에 나쁘지만, 수업의 MSG는 수업에 활용할수록 건강해집니다. 학생들의 사고를 자극하고 새로운 아이디어를 접하게 만들기 때문이지요. 수업에서의 MSG란, '목표(Goal)가 있는 움직임(Move)으로 각자의 생각과 의견을 공유(Share)하도록 이끄는 활동'을 말합니다.

MSG 활동의 가장 큰 목적은 학생들이 서로의 생각이나 의견을 공유하는 데 있습니다. 따라서 MSG 활동을 하는 데 필요한 것은 학생들이 먼저 '각자 생각하게 하고', '생각한 것을 정리하게 하는 것'입니다. 교사가 직접 가르쳐주기보다 학생이 먼저 질문이나 과제에 대한 답을 생각하게 하고, 생각한 것은 말로 발표하지 않습니다, 정리를 통해 자신의 생각을 표현하게 해야 합니다.

학생들이 서로의 생각이나 의견을 공유하도록 만들기 위해 움직임을 활용합니다. 움직임은 생각을 공유하고 나누는 활동을 하는 데 효율적이고 효과적이기 때문입니다. 발표력 향상 및 경청 훈련을 목적으로 하는 것이 아니라면 돌아가며 발표하고 듣는 방식은 생각을 공유하고 나누는데 비효율적일 때가 있습니다. 학생들이 서로의 다양한 생각을 알고 내 생각을 창조적으로 발전시키는 데 집중하려면 발표와는 다른 방식이 요구됩니다. 이때 학생들이 직접 움직여 다른 친구들의 아이디어를 탐색하게 하면 어떨까요? 움직임을 활용하면 발표보다 부담감이 없고 시간을 효과적으로 관리할 수 있습니다.

무엇보다도 학생들은 움직임 활동을 선호합니다. 학생들이 체육 교과를 주지 교과보다 훨씬 더 좋아하는 이유 중 하나는 의자에 가만히 앉아 있는 것이 아니라 자신의 몸을 자유롭게 움직일 수 있기 때문일 것입니다. 교실 수업에서도 움직임 활동을 가미하면 학생들의 집중력을 환기해 주어 더욱 생동감 있는 수업을 만들 수 있습니다.

움직임을 활용해 서로 의견을 공유하도록 할 때, 조건이 있습니다.

첫째, 반드시 아이들에게 목표를 제시하고 움직이게 해야 한다는 것입니다.

목표가 없는 움직임_교사: 자리에서 일어나 친구가 쓴 것을 살펴봅시다.

목표가 있는 움직임_교사: 자리에서 일어나 친구가 쓴 것을 살펴봅시다. 친구가 쓴 것 중 나와 생각이 다르거나 좋은 생각 중 최소 2가지는 자기 공책에 적으세요.

행동 목표가 없으면 일부 아이들은 비과제 행동을 할 가능성이 큽니다. 학생들에게 행동 목표를 제시하기 위해 옮겨 적기라는 과제를 부과해야 합니다. 아이들은 쓰기 활동을 하면서 의식적, 무의식적으로 쓸 내용에 대해 기억하려고 애쓰거나 생각하게 되기 때문이지요. 또한 1개, 2개 등 정량적으로 목표를 제시해야 합니다.

둘째, 빠듯하게 시간제한을 두는 것이 좋습니다. 시간제한을 둘 때 너무 충분한 시간을 주면 활동이 늘어질 수 있습니다. 그리고 자연스럽게 비과제 행동을 하게 됩니다. 수업시간에 아이들을 끊임없이 생각하게 하고 쉴 틈을 주지 않아야 합니다. 나중에 더 시간을 주더라도 빠듯하게 시간을 주는 것이 좋습니다.

셋째, 무엇보다도 학생들에게 친구들로부터 좋은 생각과 의견을 배우고 서로 가르쳐준다는 목적의식을 갖도록 해야 합니다. 이 활동은 '정답'을 찾는 것에 집중하고 누가 잘 쓰고 많이 썼는지 서로의 생각을 비교하거나 비난하기 위한 목적이 아닙니다. 친구들의 서로 다른 생각들을 접하면서 자신의 시각을 넓히고 다양한 생각을 할 수 있도록 하는 것이 목적입니다. 자신이 미처 생각하지 못했던 부분을 친구의 공책을 읽으면서 발견하는 기쁨을 알도록 해야 합니다. 활동하기 전에 학생들에게 우리가 교실에 함께 있는 이유는 서로 배우고 가르쳐주기 위함임을 분명하게 말해주어야 합니다.

수업에서 중요한 콘텐츠는 교사의 설명, 학습자료도 있겠으나, 학생들이 가진 생각이나 의견, 그리고 배경지식도 큰 부분을 차지합니다. 움직임을 활용한 공유 시스템(MSG)은 다수의 동등한 협력자들이 한 공간에 있는 교실 수업 속에서 유용하게 활용할 수 있습니다.


## 2. MSG만큼 효과적으로 의견을 공유하는 발표하기

자신의 의견을 상대방에게 전달하고 많은 청중 앞에서 말하는 능력도 중요한 요즘, 발표란, 교실 수업에서 꼭 필요한 활동이기도 합니다. 선생님이 질문하고 학생이 손을 들고 선생님이 학생의 이름을 부르면 학생이 말하는 방식은 되도록 지양하고 모든 학생이 주인공이 될 수 있는 발표 방법을 모색해야 할 것입니다. MSG 활동만큼 효과적이고 효율적으로 서로의 생각이나 의견을 공유하고 나눌 수 있는 발표 방법을 이 장에서 소개하고자 합니다. 먼저 효과적이고 효율적인 발표를 위한 조건이 있습니다.

첫째, 학생이 발표할 수 있도록 부담 없는 발표가 되어야 합니다. 기존의 발표 방식은 발표하고 싶어 하는 몇몇 아이들에게 고정되는 경우가 많습니다. 또 몇몇 학생들에게 발표는 아주 부담스러운 일이기도 하지요. 따라서 교사와 학생 모두에게 시간적, 공간적으로 부담 없는 발표가 되어야 합니다.

둘째, 발표할 때 발표자를 제외하고 나머지 학생들은 경청하게 만들어야 합니다. 듣는 사람 없는 발표는 의미가 없습니다. 하지만 교사가 아무리 경청을 강조해도 안 될 때가 훨씬 많습니다. 이럴 때는 말로 강조하는 것보다 서로의 경청할 수 있도록 긴장감을 만들어 주는 것이 필요합니다. 그럼 지금부터 MSG 활동과 다양한 발표 방법을 알아볼까요?

1

## 미러링 산책

# 좋은 건 같이 쓰는게 어때?

수업에서 발표 활동을 하는 이유는 다양합니다. 그중 하나는 친구들이 어떤 생각을 하고 있는지 듣고 공유하기 위해서입니다. 앞서 언급했던 것처럼, 한 사람이 이야기하고 나머지 사람들이 듣는 발표 구조는 생각을 공유하기에 매우 비효율적이고 학생들의 집중력을 떨어지게 만듭니다.

전형적인 발표를 통한 공유 활동에서 벗어나 '미러링 산책'을 활용하는 것을 추천합니다. 미러링 산책이란 '교실을 산책하며 친구들이 쓴 내용을 읽고 친구의 좋은 생각을 자신의 공책이나 교과서, 활동지에 덧붙여 쓰는 활동'입니다. 실제로 학생들이 쓴 내용을 살펴보면 생각보다 훨씬 다양하고 좋은 의견들이 많이 있습니다. 이를 교사가 직접 제시하기보다 좋은 의견을 제시한 학생들의 공책이나 학습 결과물을 직접 보고 옮겨 적고 배우게 하는 것이 학생들의 장기기억 저장에 훨씬 도움이 되고 활발한 교실 수업을 만드는 데 도움이 됩니다. 또한 다른 친구들과의 공유 활동을 짧고, 쉽게 끝낼 수 있게 움직이면서 학생들에게 사고를 환기할 수 있는 기회를 줄 수 있습니다. 게나가 친구들과 공유하며 더 추가하여 적을 수 있으니 굳이 혼자서 많은 것을 생각하지 않아도 되어 부담감을 줄일 수 있지요.

❶ 사진, 모형, 영상 등 수업 자료를 관찰하고 특징을 찾아 적을 때
❷ '아이디어 발산형' 수업에서 다양한 아이디어를 도출해야 할 때
❸ '짧은 시간' 안에 생각을 공유하고 친구들로부터 새로운 생각을 찾게 하고 싶을 때
❹ 교사가 직접 말하지 않고 학생들이 다른 친구들이 적은 생각들을 읽고 '스스로 답을 찾게 하고 싶을 때'
❺ '짧은 시간'에 친구의 작품, 결과물을 '감상' 또는 '평가'하게 하고자 할 때
❻ 나와 같은 생각을 한 친구, 다른 생각을 한 친구를 찾게 하고자 할 때
❼ 자기 생각이나 의견을 수정할 기회를 주고 싶을 때

**활동 순서**

❶ 교사가 수업 주제와 관련된 질문을 제시합니다.
❷ 주제와 관련된 자기 생각, 의견을 배움 공책이나 활동지, 포스트잇 등에 정리합니다.
❸ (생략 가능) 짝 또는 모둠원들과 정리한 내용을 서로 이야기하고 내가 미처 생각하지 못한 아이디어가 있다면 자신이 정리한 내용 밑에 추가하여 적습니다.

❹ 제한 시간 동안 자유롭게 돌아다니며 친구가 자기 생각, 의견 등을 정리한 것을 읽습니다.

❺ 친구가 쓴 내용 중 인상 깊은 것, 자신이 미처 생각하지 못한 것 등을 찾아 자신의 공책에 옮겨 적습니다. 또는 자신이 기존에 썼던 내용을 수정합니다.

**활동 팁**

❶ 3개 단어, 2문장 등 친구의 공책을 읽고 내 공책에 옮겨 적을 개수를 정량적으로 제시합니다.

❷ 제한 시간(타이머로 보여줌) 동안 충분히 살펴보고 시간이 끝나기 전에 본래 자리로 돌아갈 것을 당부합니다.

❸ 친구의 공책을 만지지 않고 뒷짐 지고 살펴볼 것을 약속합니다.

❹ 제한 시간이 지나고 친구가 쓴 내용이 기억나지 않을 것 같으면 얼마든지 자기 자리로 돌아가서 쓰기를 합니다. 시간이 남아 있으면 일어나서 친구들 공책을 더 찾아 읽습니다.

❺ 미러링 산책이 끝난 후, 내가 옮겨 적은 친구의 좋은 의견이 무엇이었는지 발표합니다.

**[주제]** 여러 가지 곤충의 한살이 특징 알아보기

**교사** 사슴벌레 한살이와 잠자리 한살이의 공통점과 차이점을 각각 2가지씩 적어
볼까요?

**학생** (사슴벌레와 잠자리 한살이의 공통점과 차이점을 실험 관찰에 적는다.)

**교사** 친구들은 어떤 특징을 찾았을까요? 미러링 산책 시간을 2분 주겠습니다. 친
구의 실험 관찰을 읽고 내가 쓰지 않은 친구의 좋은 의견 1가지를 실험 관찰
에 옮겨 적어봅시다.

**학생** (교실 산책을 하며 내용을 정리한다.)

**교사** 친구가 쓴 생각 중 어떤 생각이 기발하다고 생각했나요?

**학생** 저는 차이점을 쓸 때, 사는 곳에 대해 적지 않았는데 친구의 의견 중에 사슴
벌레는 나무에, 잠자리는 물속에서 성장한다고 써서 그게 좋았어요.

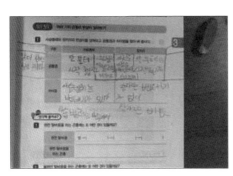

## 2

## 포스트잇 플랫폼:

# 꼬리에 꼬리는 잇는 포스트잇

'미러링 산책'의 목표 대상은 친구의 공책이었습니다. 목표 대상을 바꾸어 움직임에 변화를 주면 어떨까요? 목표 대상을 포스트잇으로 바꾸는 건 어떨까요? 포스트잇이 아니라 여러 가지 학습 도구, 자료들을 활용하여 목표 대상을 다양하게 설정할 수도 있습니다. 그 목표 대상은 학생들에게 생각하는 기준이 되는 것을 제시하는 역할을 합니다. '포스트잇 플랫폼'은 '포스트잇에 학생들의 생각을 돕는 기준점을 쓰고 플랫폼으로 삼아 움직이며 생각하는 활동'입니다.

포스트잇으로 움직이기를 활용하면 교사가 TV나 칠판에 제시하고 학생들은 앉아서 생각하게 하는 것보다 능동적으로 생각하고 행동하게 만들 수 있습니다. 그러다 보니 훨씬 집중력에 환기가 되기도 하지요. 무엇보다 움직이면서 다른 친구들이 무엇을 적었는지 쉽게 공유가 됩니다.

❶ 분류 기준을 포스트잇으로 제시하고 대상에 대한 공통점과 차이점을 스스로 찾아 적도록 할 때.

❷ 여러 가지 예시를 포스트잇으로 제시하고 답인 예시와 답이 아닌 예시를 찾아 쓸 때.

❸ 질문에 대한 단서를 포스트잇으로 제시하고 학생들이 직접 생각하고 답을 쓰도록 할 때.

## 활동 순서

❶ 교사가 수업 주제와 관련된 질문을 제시합니다.

❷ 분류 기준, 예시 등 질문에 대한 단서가 될 만한 것들을 포스트잇에 쓰고 교실 곳곳에 붙입니다.

❸ 학생들은 공책과 연필을 가지고 일어나 돌아다니며 기준점을 참고하여 교사의 과제에 대한 자기 생각을 적습니다. 이때 친구들에게 자신의 공책을 보여주면 안 된다고 합니다.

❹ 시간이 반 정도 흘렀을 때, 학생들이 더 많은 아이디어를 나눌 수 있도록 친구들과 공유해도 좋다고 이야기합니다.

❺ 활동을 마무리할 때는 거수 발표를 활용해도 좋습니다. 교사가 질문하고 학생이 답하는 형식으로 활동이 전개되었다면 배경지식이 있는 학생들만 손을 들었을지도 모르지만, 이미 충분히 여러 친구를 통해 자신이 쓴 답에 대해 확신이 있으므로 많은 학생이 자신이 쓴 것을 발표하려는 모습을

볼 수 있습니다.

❶ 교사가 포스트잇을 붙일 동안 학생들은 눈을 감지 않아도 됩니다. 교사가 포스트잇을 붙일 동안 학생들에게 앉아서 포스트잇에 쓰인 기준점을 보고 생각할 시간을 줄 수 있기 때문입니다.

❷ 학생들을 경쟁 상태에 놓이게 하는 것이 아니라 학생들이 스스로 생각하여 자신의 공책에 적고 친구들과 공유하는 데 활동의 목적이 있음을 절대 잊어선 안 됩니다.

❸ 여러 가지 장치를 마련하여 학생들의 흥미와 긴장감을 높입니다. 시간제한 주기, 포스트잇에 쓰여 있는 내용에 따라 다른 점수를 부여해 점수를 계산하기 등으로 목표 의식을 높여줍니다. 특히 모든 학생이 특정 목표 점수(예: 80점 이상)에 모두 도달했을 때 학급 전체 보상을 주면 학생들이 경쟁보다는 협력을 유도하고 서로 가르쳐주도록 만들 수 있습니다.

❹ 활동 중에 교사는 순시하며 학생들이 힌트를 적절하게 활용하여 공책에 정리하는지 꼭 확인해야 합니다.

❺ 친구들과 서로 자신의 아이디어를 공유하는 시간에 스스로 사고하지 않고 쉽게 해결하려는 행동은 경계하도록 합니다. 서로 쓴 부분에 대해 보여주고 이야기를 나누게 하는 것이 좋으며, 한 학생이 다른 학생들에게 일방적으로 보여주지 않도록 당부합니다.

[주제]　지구와 달의 공통점과 차이점 찾기

**교사**　선생님이 교실 곳곳에 포스트잇을 붙여 놓았는데요, 이는 지구와 달의 공통점과 차이점과 관련된 힌트입니다. 이 포스트잇에 적혀진 힌트를 활용해 지구와 달의 공통점 또는 차이점을 찾아 배움 공책에 정리하면 됩니다. 밑에 있는 숫자는 무엇을 의미하는 것 같나요?

**학생**　점수인 것 같아요.

**교사**　네 맞습니다. 힌트를 활용해 지구와 달의 공통점과 차이점을 찾아 정리했다면 포스트잇에 쓰여 있는 점수만큼 획득하게 됩니다. 그런데, 쪽지마다 점수가 다른 이유는 무엇일까요?

**학생**　점수가 높을수록 어려울 것 같아요.

**교사**　네 맞습니다. 여러분은 제한 시간 동안 돌아다니며 지구와 달의 공통점과 차이점을 배움 공책에 정리하면 됩니다.

**학생**　친구에게 보여줘도 되나요?

**교사**　단, 선생님이 공유해도 된다고 이야기할 때까지 공유해선 안 됩니다.

**교사**　선생님이 포스트잇을 교실 곳곳에 다 붙이면 배움 공책과 연필을 가지고 일어나 포스트잇에 쓰인 힌트를 참고하여 공통점과 차이점을 적어보세요.

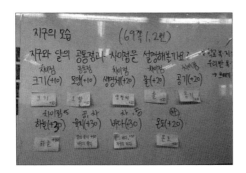

# 3

## 1:1 의견 교환:

# 말로 나누고 글로 정리하고

학생들을 움직이게 하는 다양한 방법을 변형하여 활용하는 것이 좋습니다. 한 가지 방법만 쓴다면 처음에는 즐겁게 참여하다 나중에는 지루해할 수도 있기 때문입니다.

미러링 산책의 목표는 친구들의 배움 공책에서 나오는 다른 새로운 생각을 찾는 것이었습니다. 포스트잇 움직임의 목표는 포스트잇에 적힌 힌트를 활용해 움직이게 하면서 자기 생각을 스스로 정리하고 친구들과 공유하게 하기 위한 것이었습니다.

이번에 소개할 '1:1 의견 교환'의 목표는 양산형 움직임이 아니라 한 개씩 서로 주고받게 하고 쓴 것을 말로 표현하게 함으로써 자기 생각을 두 번 정리하는 것입니다. 스스로 혼자 많은 것을 써야 하는 부담감은 줄이고 친구들과 상호 교환 활동으로 돌아다니기와 말하기 및 쓰기로 집중력에 환기를 더하여 효율적이고 효과적으로 배움이 일어나게 할 수 있습니다.

❶ 특징 발견, 공통점과 차이점 분석 등 학생들이 직접 생각하고 답을 쓰게 할 때.

❷ 아이디어 발산형이 목적인 수업일 때.

❸ 학생들이 아이디어를 내는데 너무 어렵지 않은 주제일 때.

❶ 교사는 질문을 제시하고 학생은 제시하는 주제에 대해 자기 생각을 먼저 공책이나 활동지, 교과서 등에 적습니다.

❷ (생략 가능) 짝 또는 모둠원들과 정리한 내용을 서로 이야기해주고, 내가 미처 생각하지 못한 아이디어가 있다면 자신이 정리한 내용 밑에 추가하여 적습니다.

❸ 제한 시간을 두어 1:1 의견 교환 원칙으로 친구를 한 명씩 만나 서로 자신의 의견을 한 개씩 주고받고 적게 합니다.

❹ 말하는 순서는 가위바위보 등 자유롭게 정하도록 합니다.

❺ 만약 친구가 말한 의견이 내 공책에 이미 쓰여 있는 의견이라면 친구에게 다른 의견이 또 있는지 요청합니다.

❻ 활동이 끝나고 제자리에 돌아오면 내가 받아쓴 친구의 의견 중 가장 마음에 드는 의견이 무엇이었는지 질문하여 발표하게 하거나, 배움 공책에 표시하게 합니다.

❶ 공책을 보여주지 않고 반드시 말로 전달하도록 합니다.

❷ 활동 전에 어떻게 써야 하는지 문장 형식을 정해주면 학생들이 더 쉽게 생각하고 쓸 수 있습니다. (예: 문장을 시작할 때 옛날과 다르게 오늘날의 교통수단은~)

❸ 학생들에게 최대 몇 명의 친구를 만나야 하는지, 몇 개의 문장을 더 써야 하는지 목표를 정량적으로 제시합니다.

❹ 모든 학생이 특정 목표치(예: 80점 이상)에 모두 도달했을 때 학급 전체 보상을 주면 학생들이 경쟁보다는 협력을 유도하고 서로 가르쳐주도록 만들 수 있습니다.

❺ 학생들이 자기 생각을 쓰기 어려워한다면 교사는 학생들이 쓴 내용에 대해 적극적으로 피드백하고 예시를 들어줍니다. 교사가 직접 전달식으로 보여주고 가르쳐주는 것보다 학생들에게는 비록 교사가 도와주긴 했지만, 자신이 스스로 의견을 냈다는 생각에 더 오래 기억에 남고 친구들에게도 더 잘 설명해 줄 수도 있습니다.

## 수업 속으로!

**[주제]** 오늘날 교통수단의 발달로 달라진
사람들의 생활 모습 알아보기

**교사** 지금까지 오늘날, 옛날 교통수단의 종류에 대해 살펴보았는데, 오늘날 교통수단의 발달로 사람들의 생활 모습이 꽤 많이 달라졌을 것 같아요. 옛날과 다르게 어떻게 어떤 점이 좋아졌는지 한 번 생각해 볼까요?

**교사**  자기 생각을 쓸 때는 이렇게 문장을 시작해서 쓰면 좋겠어요. '옛날과 다르게 오늘날 교통 수단은~' 과 같이요.

**학생**  공책에 몇 개를 써야 하나요?

**교사**  친구와 하나씩 주고받으려면 최소한 두 가지는 쓰는 것이 좋겠지요?

**교사**  자 이제 선생님이 제한 시간 5분을 주겠습니다. 일어서서 친구와 1:1 의견 교환을 할 것입니다. 오늘의 목표는 5명 이상의 친구를 만나 5개의 문장을 더 쓰는 것입니다.

# 4

## 숫자 다섯, 숫자 제로
# 동시다발적으로 정보 캐오기

미러링 산책이 개인을 중심으로 돌아가는 움직임이라면, 모둠 단위로 움직여서 쓰게 할 수도 있습니다. 모둠 안에서만 의견을 나눈다면 의견이 한쪽으로 치우칠 수 있습니다. 또한 모둠 안에서 적극적인 학생만 의견을 내고 나머지 다른 학생들은 자신의 의견을 말하지 않거나 생각이 나지 않아 못 내고 가만히 있는 때도 있지요.

이를 보완하기 위해 여러 가지 생각을 다른 모둠으로부터 구하고 모둠 안에서 적극적으로 의견을 내지 않았지만 다른 모둠의 생각을 가져오게 함으로써 자신의 역할을 할 수 있도록 '숫자 다섯, 숫자 제로'활동을 활용할 것을 추천합니다. 0은 자신의 모둠에 남아 있는 학생 수이고 5는 다른 모둠으로부터 새롭고 흥미로운 생각을 가져오는 학생의 수를 뜻합니다.

❶ 아이디어 발산형 수업에서 모둠 내에서 최대한 많은 의견을 생성하고자 할 때.

❷ 모둠 활동 중간에 우리 모둠이 잘하고 있는지 점검하고자 할 때.

❸ 다른 모둠의 아이디어를 더해 모둠의 생각을 발전시키고자 할 때.

❹ 모둠 활동이 들어가는 모든 활동.

## 활동 순서

❶ 교사가 수업 주제와 관련된 질문을 제시합니다.

❷ 학생들은 모둠원들과 함께 질문에 대한 의견을 제시하고 답을 적습니다.

❸ 이동하기 전에 모둠원들 각자 어느 모둠에 갔다 올 것인지 서로 겹치지 않도록 정합니다.

❹ 교사가 제시하는 짧은 시간 안에 모둠의 모든 학생이 일어나 다른 모둠에서 생각한 내용을 탐색하고 돌아옵니다.

❺ 우리 모둠에서 미처 생각하지 못한 좋은 생각을 발견하면, 우리 모둠에서 기록한 활동지에 옮겨 적습니다.

## 활동 팁

❶ 남아 있는 학생 수와 갔다 오는 학생 수를 전체 학급 학생 수 및 모둠 학

생 수에 따라 조절할 수 있습니다. 가능하면 모둠의 모든 학생이 일어나 다른 모둠의 흥미롭고 좋은 생각을 가져오는 것이 좋겠지요.

❷ 한 학생이 기록 역할을 맡아서 쓰기보다 모든 학생이 쓰도록 하는 것이 좋습니다.

❸ 모둠의 목표치를 제시하여 그 목표치에 도달할 수 있도록 만들 수도 있습니다.

**수업 속으로!**

**[주제]** 환경에 따라 달라지는 다양한 교통수단 알아보기

**교사**  선생님이 제시하는 것처럼 모둠별로 마인드맵을 잘 그렸지요? 지금부터 모둠에서 각 환경에 따라 어떤 교통수단이 있는지 생각해서 적어보도록 하겠습니다. 필요하다면 교과서를 활용해도 좋습니다.

**학생**  (모둠별로 마인드맵을 채운다.)

**교사**  이번에는 '숫자 다섯 숫자 제로 활동'을 해보도록 하겠습니다. 각자 어느 모둠에 가서 좋은 생각을 얻어올지 역할 분담을 해주세요.

**교사**  역할 분담을 했다면 다른 모둠에 가서 좋은 생각을 얻어오세요. 선생님이 제한 시간 2분을 주겠습니다.

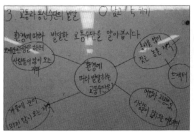 

## 5

**인포메이션 갭**

# 정보를 바탕으로 공유하기

학생들이 목표를 갖고 움직이고 공유하게 하는 마지막 MSG 활동을 소개합니다. 바로 '인포메이션 갭'활동입니다. 이 활동은 원래 영어과 수업에서 주로 활용하는 수업 방식입니다. 학생들에게 상대방과 서로 다른 정보가 담긴 활동지를 제공하여 서로 질문하고 답하는 의사소통을 하며 활동지를 완성하는 것이지요. 이 활동을 다른 교과 수업에 옮겨와 활용하면 학생들이 정보를 얻기 위한 목표를 달성하기 위해 움직이고 공유하게 만들 수 있습니다.

'인포메이션 갭'활동은 학생들이 정보라는 단서를 조합하고 추리하기 이전에 교사가 직접 제시하지 않고 자신들의 노력으로 정보를 얻어야 한다는 과정이 있습니다. 그래서 몰입감이나 흥미를 높이고 친구들과 정보를 공유하는 과정에서 정보 내용에 대해 한 번 더 음미해 볼 기회를 줄 수 있습니다.

❶ 배워야 하는 내용에 대해 학생들 스스로 정보를 조합하고 추측하도록 만들고자 할 때.

❷ 개념이나 현상에 대한 다양한 예, 종류 등을 학습하고자 할 때.

❸ 하위 항목과 상위 항목으로 나누어져 있고 다양한 하위, 상위 항목이 있을 때.

❹ 영어과 수업처럼 다른 사람과의 의견 교환과 의사소통이 주된 수업 목표일 때.

**활동 순서**

❶ 교사가 수업 주제와 관련된 질문, 과제 등을 제시합니다.

❷ 학생들에게 서로 다른 정보가 담긴 쪽지들을 1장씩 나누어 줍니다.

❸ 준비되면 자리에서 일어나 돌아다니며 친구와 만나 서로 가진 정보에 대해 질문하고 답하고 공유하며 최대한 많은 정보를 얻습니다.

❹ 다시 자리로 돌아와 개인, 짝 또는 모둠 단위에서 가진 정보들을 바탕으로 스스로 답을 추리하여 결론을 얻습니다.

❺ (생략 가능) 4번 순서를 개인 활동으로 진행했다면, 짝 또는 모둠원들과 정리한 내용을 서로 이야기해주고, 내가 미처 생각하지 못한 아이디어가 있다면 자신이 정리한 내용 밑에 추가하여 적거나 수정합니다.

❻ 교사와 함께 답을 확인합니다.

❶ 서로 다른 정보와 자신이 얻은 정보를 기록하고 조합하기 쉽도록 학생들에게 정리판 활동지를 만들어서 나누어 줍니다. 정리판 활동지는 학생들이 한눈에 보기 쉽게 구분된 선이 있는 표만으로도 충분합니다. 여기에 서로 다른 하위 항목들에 대한 분류 및 일반화 사고 활동도 일으키도록 하고 싶다면 표 형태를 여러 가지로 만들어 구분해 놓거나 색깔로 구분해 놓으면 좋습니다.

❷ 학생들이 수집하는 정보의 양을 조절하여 시간과 난이도를 조절할 수 있으니 학생들의 수준에 맞게 정보의 양을 준비하도록 합니다. (난이도를 쉽게, 시간을 덜 쓰고 싶다면 중복된 정보를 제공합니다. 한 정보에 두 명의 학생이 알고 있도록 하는 것이지요.)

❸ 질문하고 답할 때 약간의 흥미 요소를 더하기 위해 가위바위보에서 이긴 사람만이 정보를 받을 수 있게 하거나 변형된 규칙을 추가해 다양하게 정보를 교환하도록 만들 수 있습니다.

❹ 정보 교환 제한 시간은 적당히 긴장감을 줄 만큼 미리 제시하고 정보 교환이 많이 부족하면 시간을 더 주도록 합니다.

❺ 집단지성이 필요한 활동이라면 짝 또는 모둠으로 구성하여 답을 생각해 내도록 할 수 있고, 쉽고 간단한 내용이라면 개인별로 답을 생각해 내도록 할 수도 있습니다.

❻ 교사와 함께 답을 확인하기 전에 활동 순서 5번 대신 미러링 산책을 활용해 친구들의 답을 확인하여 자기 생각을 다시 수정하거나 확실하게 굳힐 기회를 줍니다. 미러링 산책 시간은 1분이면 충분합니다.

**[주제]**　　사회 변화 현상 4가지 알아보기

**교사**　오늘날 우리 사회 변화 현상은 크게 4가지가 나타나고 있습니다. 크고 중요한 현상이기 때문에 각 현상에 대해 사람들이 이름을 붙였어요. 4가지 현상이 무엇인지 지금부터 정보를 모아 추측해 보는 시간을 갖도록 하겠습니다. 친구들이 갖고 있는 정보는 모두 같을까요, 다를까요?

**학생**　모두 다를 것 같아요.

**교사**　네 맞습니다. 활동지를 보면 모두 몇 가지 색깔의 정보가 있을 것 같나요?

**학생**　4가지입니다.

**교사**　만약 친구가 파란 카드에 적힌 정보를 알려주었다면 어디에 기록해야 할까요?

**학생**　파란 카드라고 쓰여 있는 칸의 아래 칸에 적어야 해요.

**교사**　네 맞습니다. 제한 시간 안에 최대한 많은 정보를 친구들로부터 모아보세요.

**학생**　(제한 시간 동안 돌아다니며 친구에게 정보를 얻는다.)

**교사**　시간이 모두가 다 되었습니다. 그러면 모둠 친구들끼리 서로 얼마나 많은

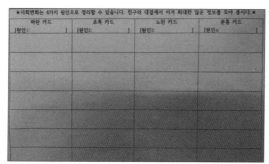

정보를 얻었는지 확인하고 많이 못 쓴 모둠 친구가 있다면 공유해 주세요.

**교사**  이제부터는 여러분의 추리 능력이 필요합니다. 파란색, 초록색, 노란색, 분홍색 카드와 같은 제도가 생겨난 이유가 무엇인지 모둠 친구들과 이야기해 보고 직소 칠판에 써보세요.

**교사**  파란색 카드들이 생겨난 이유가 무엇일까요?

**학생**  인터넷이 발달했기 때문입니다.

**교사**  노란색 카드들이 생겨난 이유가 무엇일까요?

**학생**  노인 수가 많아졌기 때문입니다. (중략)

**교사**  파란색 카드처럼 인터넷을 통해 사람들이 다양하고 거대한 양의 정보를 주고받는 현상을 정보화라고 합니다. 노란색 카드처럼 노인 수가 많아진 현상을 고령화라고 합니다. (후략)

## 6

**칠판 발표**

# 칠판에 써 보고, 말로 설명하기

앞장에서 발표의 조건으로 '모든' 학생이 '부담 없이' 발표할 것을 제시했습니다. 이 조건을 충족시키는 발표를 찾기 위해서 전통적으로 수행해오던 발표 방식을 하나씩 바꿔보는 것이 좋습니다. '칠판 발표'는 학생에게 칠판을 내어주이 자기 생각을 쓰게 하는 발표 방식입니다. 전통적인 발표 방식인 '말하기'를 '쓰기'까지 표현 범위를 확장하고 '선 발표 후 판서'를 '선 판서, 후 발표'로, 칠판을 '교사의 것'에서 '학생의 것'으로 바꾼 혁신적인 발표 방식이지요. 현장에 있는 선생님들께서 많이 활용하고 있는 발표이기도 합니다.

### 활용할 수 있는 수업

❶ 학생들의 생각, 의견이 다양하게 나올 수 있고, 학생들이 서로의 생각, 의견을 알게 되는 것이 유의미한 학습 주제일 때.

❷ 학생들 각자의 생각을 쓰기로 정리하고 발표 내용을 한 번에 관찰 및 비교하고 싶을 때.

❸ 학생들 생각을 칠판에 적은 것을 바탕으로 유목화하고 싶을 때.

❹ 정답이 있는 수업, 없는 수업 모두 가능합니다.

### 활동 순서

❶ 교사가 수업 주제와 관련된 질문을 제시합니다.

❷ 질문에 대한 자기 생각이나 의견을 배움 공책, 활동지, 교과서 등에 정리합니다.

❸ 자기 생각을 칠판에 옮깁니다. 칠판에 옮겨 적는 동안 다른 학생들은 친구가 쓴 내용을 읽어보며 자신과 의견이 비슷한 친구, 의견이 다른 친구 등을 찾아 정리하는 미션을 주도록 합니다.

❹ 칠판에 옮겨 적은 학생들의 생각을 유목화하거나 공통점 및 차이점을 정리합니다.

### 활동 팁

❶ 활동 순서 2번 내용은 생략할 수 있지만, 가능하면 자기 생각을 쓰기로 정리하게 하여 칠판에 적는 과정에서 불필요한 사고 과정이나 실수가 일어나지 않게 합니다.

❷ 자기 생각, 의견을 적게 할 때, 한 번에 하나의 생각만을 쓰게 하는 것이

좋고 간단하게 쓰도록 합니다.

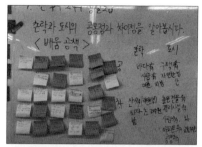

❸ 자기 생각을 칠판에 적게 할 때, 교실 앞쪽에 있는 칠판에 바로 적거나 교실에 갖춰둔 포스트잇, (칠판에 붙일 수 있는)미니 칠판이 있으면 활용하도록 합니다. 발표에 활용할 수 있는 교구는 뒷장의 〈스페셜 페이지〉에 소개하도록 하겠습니다.

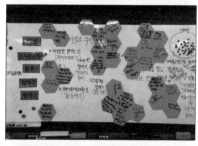

❹ 앞쪽에 있는 칠판에 바로 적을 경우, 칠판 구역을 미리 나눠 주어 학생들이 칠판에 자기 생각을 적을 때 불편함이 없도록 합니다.

❺ 앞에 나와 칠판에 적거나 미니 칠판을 부착할 때, 학생들이 한꺼번에 나오게 하기 보다는 모둠별, 줄별, 분단별 등 순서를 정해 나오게 하는 것이 좋습니다.

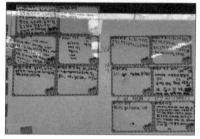

❻ 학생들의 의견을 유목화할 때, 교사가 먼저 시범을 보여주고 학생들이 직접 나와서 유목화하게 하면 참여율이 더 높아집니다.

❼ 개인별, 모둠별 모두 활용 가능합니다.

## [주제]  촌락과 도시의 특징 탐구하기

**교사**  지금까지 여러분들이 촌락이나 도시로 놀러간 사진을 감상했습니다. 여러 가지 사진들을 감상하니 촌락은 촌락만의, 도시는 도시만의 특징이 있습니다.

**교사**  먼저 다음 문장에서 괄호 안에 들어갈 수 있는 낱말이 어떤 것이 있는지 순서대로 배움 공책에 써봅시다.

> 1. 촌락이 도시보다 (          )이 많다.
> 2. 도시가 촌락보다 (          )이 많다.

**교사**  선생님이 여러분에게 포스트잇 두 개씩 나누어 주겠습니다. 자기 생각을 포스트잇에 옮겨 적고 칠판에 나와서 붙여볼까요?

**학생**  (순서대로 나와 포스트잇을 붙인다.)

**교사**  여러분이 쓴 내용을 보니 촌락이 도시보다 무엇이 많은가요?

**학생**  나무가 많습니다. 자연환경이 풍부합니다.

**교사**  도시는 촌락보다 무엇이 많은가요?

**학생**  건물이 많습니다. 사람이 많습니다. 교통수단이 많습니다.

7

**번개 발표**

# 키워드 중심으로 빠르고 쉽게 말하기

앞에서 언급했듯이, 소수 학생의 응답을 중심으로 돌아가는 발표가 아니라 교실에 있는 모든 학생이 자신의 의견을 말하고 공유하는 발표가 되어야 합니다. 번개 발표는 번개처럼 짧고 빠르게 모두가 자신의 의견이나 생각을 말하는 발표 방식입니다. 모두가 자신의 의견을 말하는 데 부담이 없어 어떤 수업 상황에서든지 활용 범위가 매우 넓습니다.

**활용할 수 있는 수업**

❶ 한 개의 단어~어구 등 짧게 발표할 수 있는 내용일 때.

❷ 내가 찾은 감각적 표현 말하기, 높임 표현 말하기.

❸ 도형의 생김새와 닮은 일상생활 물건 말하기.

❹ 과학 현상과 관련된 일상생활의 예, 물건 말하기.

❺ 내가 존경하는 인물, 좋아하는 운동 말하기 등.

활동 순서

❶ 교사가 수업 주제와 관련된 질문을 제시합니다.

❷ 질문과 관련해 학생들은 각자 자기 생각이나 의견을 배움 공책, 활동지, 포스트잇 등에 간단하게 기록합니다.

❸ 정해진 순서에 따라 릴레이 방식으로 자신이 적은 내용을 빠르게 읽습니다.

❹ 모든 학생이 발표를 마치면 교사는 나와 같은 생각을 한 친구가 누구인지, 나와 다른 생각을 한 친구는 누구인지, 인상 깊었던 발표는 누구인지 등을 질문하며 발표를 정리합니다.

활동 팁

❶ 중요한 것은 학급에 있는 모든 학생이 말해야 하므로 짧고 빠르게 말하는 것이 중요합니다. 길이는 단어 또는 어구가 적당하며 길어도 한 문장을 넘지 않는 것이 좋고 가장 좋은 제시 방법은 글자 수를 제한하여 제시하는 것입니다.(예: 5글자) 왜냐하면 문장이 길고 많으면 학생들은 화자가 말하고자 하는 의도를 파악하기 어려워하고 집중력도 떨어지기 때문입니다.

❷ 발표순서는 자유롭게 변형해서 진행하도록 합니다. 번호대로 차례대로 말하거나 앉은 자리에서 번호를 정해 차례대로 말하도록 해도 좋습니다. 또한 모두가 일어났다가 각자 발표 후 한 명씩 자리에 앉거나 자리에 앉

은 상태에서 말하도록 해도 좋습니다. 중요한 것은 짧고 빠르게 모두가 발표하는 것입니다.

❸ 번개 발표를 시작하기 전에, 발표를 잘 듣는 기준에 관해 설명해 줍니다. 그리고 친구의 발표를 들을 때 자신의 의견을 쓴 부분 아래쪽에 나와 같은 생각을 한 친구가 누구인지, 나와 다른 생각을 한 친구는 누구인지, 인상 깊었던 발표는 누구인지 등을 친구들의 발표를 들으며 적도록 합니다.

❹ 학생들이 잘 듣게 하려면 발표 중간에 만약 나와 같은 생각을 말한 친구가 있으면 "은지의 생각과 같이"라는 말을 넣도록 해도 됩니다.

❺ 학급에 있는 모든 학생이 발표를 마쳤다면 학생들이 친구의 의견을 잘 들었는지 확인하기 위해 다음과 같은 질문을 해도 좋습니다.

친구들이 말한 내용 중 가장 많이 나온 생각은 무엇이었나요? 그 다음에 많이 나온 생각은?

친구들이 말한 내용 중 눈에 띄었던, 인상 깊었던 생각은 무엇이었나요?

❻ 학년 초 학생들의 듣기 훈련을 위한 경청 놀이로 활용 가능합니다.

---

**학생들이 듣기 훈련을 할 수 있도록 놀이에 적용하는 것은 어떨까?**

• 교사가 주제를 제시한다. −예: 자신이 가장 좋아하는 과일 1가지 말하기
• 발표 순서에 맞게 번개 발표한다.
  교사는 학생들이 말하는 내용을 잘 들으면서 학생들에게 낼 문제를 생각한다.
• 번개 발표가 끝난 뒤 문제를 낸다. −예: 사과를 좋아하는 친구는 몇 명이었을까요? 포도를 좋아하는 친구는 누가 있었을까요? 등
• 맞춘 학생에게 보상을 한다. 팀을 구성하여 놀이를 해도 좋다.

## [주제]  자석으로 된 물체 찾기

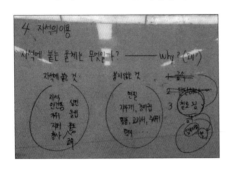

**학생**  (교실을 돌아다니며 자석에 붙는 물체와 붙지 않는 물체를 찾아 가져온다.)

**교사**  각자 친구들이 어떤 물체를 가져왔는지 확인해 볼까요? 먼저 자석에 붙지 않는 물체를 번개 발표로 이야기해 봅시다.

**학생**  (자석에 붙지 않는 물체를 번개 발표한다.)

**교사**  자석에 붙지 않는 물체로 친구들이 어떤 물체를 말했나요?

**학생**  연필, 지우개, 필통, 휴지, 딱지, 모래시계가 있었습니다.

**교사**  여러 가지 물체들이 있었군요. 이번에는 자석에 붙는 물체를 번개 발표로 이야기해 봅시다.

**학생**  (자석에 붙는 물체를 번개 발표한다.)

**교사**  자석에 붙는 물체로 친구들이 어떤 물체를 말했나요?

**학생**  지퍼, 실핀, 클립, 금속물통 등이 있었습니다.

**교사**  그렇다면 여러분들이 찾은 것들 중 자석에 붙는 물질과 자석에 붙지 않는 물질로 이루어진 물체로 무엇이 있었나요? 번개 발표로 말해 봅시다.

**학생**  (자석에 붙는 물질과 자석에 붙지 않는 물질로 이루어진 물체를 번개 발표한다.)

**교사**  가장 많이 나온 물체가 무엇인가요?

**학생**  가위입니다.

## 8

**박수 도미노 발표**

# 리듬에 맞춰! 박자에 맞춰!

박수 도미노 발표는 번개 발표를 변형한 발표입니다. 박수 도미노 발표는 번개 발표처럼 짧게 빠르게 자신의 의견이나 생각을 모두가 발표하되, 손뼉을 쳐서 리듬감을 더해 발표하는 방식입니다. 번개 발표와 마찬가지로 모든 학생이 발표해야 하는 어떤 상황이든 활용 가능합니다.

중요한 것은 수업 속에서 한 마디라도 모든 학생이 자신의 의견이나 생각을 말하도록 하는 것입니다. 처음에 발표를 부끄러워하던 학생들도 부담 없이 발표하면서 발표에 대한 자신감을 느끼게 될 것입니다. 처음에는 한 단어였지만 점점 발표 길이를 늘여 나중에는 조금 더 발표를 잘할 수 있게 됩니다. 박수 도미노 발표는 경기도교육연수원의 '교육 놀이, 신나게 놀아보자' 원격 직무 연수에서 참고했습니다.

❶ 교사가 수업 주제와 관련된 질문을 제시하고 학생은 자기 생각이나 의견을 정리합니다.

❷ 교사가 "박수 도미노 시작!"이라고 큰 소리로 말합니다.

❸ 정해진 순서에 따라 한 사람씩 발표를 마칠 때마다 모든 학생이 박수 두 번을 치고 다음 학생이 발표합니다.

❹ 모든 학생의 발표가 끝나면 교사가 "박수 도미노 끝!"이라고 큰 소리로 말합니다.

❺ 모든 학생이 발표를 마치면 교사는 나와 같은 생각을 한 친구가 누구인지, 나와 다른 생각을 한 친구는 누구인지, 인상 깊었던 발표는 누구인지 등을 질문하며 발표를 정리합니다.

**활동 팁**

❶ 박수 도미노 발표는 모든 학생이 교실 앞쪽을 바라보고 있는 형태보다는 원으로 둘러앉거나 ㄷ자 형태로 책상이나 의자를 배치했을 때 더 활용하기 좋습니다.

❷ 박수 도미노 발표도 번개 발표와 마찬가지로 가능하면 단어나 어구, 한 문장 정도로 제한하는 것이 좋고 너무 많은 문장을 말하지 않도록 합니다. 학급 인원수가 20명을 넘지 않으면 문장 수의 제한을 풀어도 됩니다.

❸ 발표 중간에 변화를 주기 위해 박수를 두 번 치지 않고 한 번이나 세 번을 치도록 변형해도 좋습니다. 만약 단어를 말하는 박수 도미노 발표라면 학

생들이 쉽게 인식할 수 있으므로 계속 두 번씩 손뼉을 쳤다가 그다음 학생이 발표할 때 같은 단어가 나오면 박수를 세 번 치는 미션 방식으로 바꾸어 학생들이 집중하도록 만들 수 있습니다.

❹ 발표가 끝난 후에는 학생들이 발표한 내용에 대해 여러 가지 질문을 하면서 발표 내용에 대해 다시 한번 상기 시켜 주고 잘 들은 친구는 칭찬해 줍니다. 교사도 학생들의 발표 내용을 잘 듣고 학생들이 다시 한번 주목하면 좋은 발표가 무엇인지 염두에 두었다가 발표가 끝난 후, 좋은 발표를 한 학생에게 자신이 말한 것을 한 번 더 발표하게 해도 좋습니다. 평소에 잘 발표 하지 않았던 학생이라면 교사의 칭찬에 다음에는 더욱 자신감 있게 발표할 수 있을 것입니다.

❺ 처음 시도해 보는 발표라면 먼저 학급 전체가 연습할 시간을 갖도록 합니다. 예를 들어, '지금 생각나는 과일 이름 대기'와 같이 쉬운 주제로 연습을 해보는 것입니다. 연습을 한 뒤에 실제 수업 주제와 관련된 발표를 할 때면 훨씬 더 학생들이 잘 따라오게 될 것입니다.

**수업 속으로!**

[주제]　예술가들의 창의성 탐색하기

**교사**　여러분은 예술가들의 창의성은 어디서 온다고 생각하나요? 예술가들은 어떻게 창의적이고 아름다운 작품을 만들 수 있게 되는 걸까요? 먼저 자기 생각을 배움 공책에 써 봅시다.

**학생**　(자기 생각을 배움 공책에 적는다.)

**교사**　지금부터 박수 도미노 발표를 해봅시다. 오늘은 맨 뒤에 있는 장훈이부터 시작해서 ㄹ자 형태로 돌아가면서 진행하도록 하겠습니다.

**교사**  박수 도미노 발표를 하면 여러분은 친구들의 발표를 잘 듣고, 나와 비슷한 생각을 한 친구 1명과 내가 생각하지 못했던 친구 1명이 누군지 잘 기억하도록 합니다. 잊지 않기 위해 배움 공책에 써도 좋습니다. 그럼 박수 도미노 시작!

**학생**  (뒤에서부터 앞으로 ㄹ자 형태로 앉은 순서에 따라 발표하고, 한 친구가 발표를 끝낼 때마다 두 번 손뼉을 친다.)

**교사**  박수 도미노 끝! 자, 그럼 혹시 나와 비슷한 생각을 한 친구가 누구였는지 발표해줄 사람 있나요?

**학생**  혜진이가 저와 발표 내용이 비슷했습니다.

**교사**  그렇군요. 어떤 내용이었나요?

**학생**  예술가는 자기 주변에 있는 물체들을 잘 관찰한다고 했습니다.

## 9

### 너도? 나도! 발표

# 공감이 중요해

학생들이 직접 발표하고 친구들이 발표한 내용을 듣게 하려면 발표에 특정한 목적성을 부여해야 합니다. 모든 학생이 발표하지 않았으나 번개 발표, 박수 도미노 발표처럼 모든 학생이 발표하고 특정한 목적성을 부어해 경청하는 효과를 나타낼 수 있는 발표가 있습니다. '너도? 나도! 발표'입니다. '너도? 나도! 발표'는 나와 같은 의견을 가진 친구들이 몇 명이 있는지 알아보면서 서로 공감을 얻는 발표로, 이 발표 방법에서 제시하는 목적성은 '공감의 수'입니다. 나의 발표가 얼마나 많은 공감의 수를 얻을 수 있는지 알아보기 위해 학생들은 경청하게 되고 많은 공감점수를 얻기 위해 학생들이 자기 생각을 적을 때 조금 더 신중하게 고려하게 됩니다. 이 발표는 정호중 선생님의 블로그를 참고했습니다.

❶ '공감'이 학습에서 중요한 키워드일 때.

❷ 다양하면서도 학생들에게 비슷한 아이디어가 나올 것이 예상될 때.

❸ 몇몇의 학생을 지목함으로써 모두가 발표한 효과를 얻고 싶을 때.

❹ 발표의 욕구를 자극하고 잘 듣게 하고 재미있게 발표를 진행하고 싶을 때.

❺ 친구의 발표에 다수가 공감함으로써 학생들의 발표로 수업 주제를 관통하는 정답에 다가가는 수업을 하고 싶을 때(예: 내가 좋아하는 친구와 싫어하는 친구, 글을 쓸 때 꼭 써야 하는 내용 등).

## 활동 순서

❶ 교사가 수업 주제와 관련된 여러 개의 의견을 제시할 수 있는 질문을 제시합니다.

❷ 학생들은 주제에 대해 자신의 의견을 배움 공책 또는 활동지에 적습니다.

❸ 학생들이 자기 생각을 다 적은 후, 교사가 임의로 학생을 고르거나 먼저 자신의 의견을 발표하고 싶은 학생이 일어나 자신의 의견을 발표합니다.

❹ 발표하는 사람이 발표를 마치고 "너도?"라고 말하면서 앉습니다.

❺ 발표를 듣고 자신의 쓴 내용과 같거나 비슷한 사람이 일어나며 "나도!"라고 말합니다.

❻ 일어난 사람의 수가 공감점수가 됩니다. 발표한 사람과 같거나 비슷한 내용을 쓴 사람들은 발표 내용 옆에 공감점수를 씁니다.

❼ 만약 같거나 비슷한 내용을 쓴 친구가 없다면 친구의 공감을 얻지 못했기

때문에 공감 점수는 0점이 됩니다.

❽ 모든 사람의 의견에 공감점수가 부여될 때까지 발표를 이어갑니다.

❶ 공감점수를 모두 더해 가장 많은 점수를 얻은 사람을 공감 왕으로 뽑아 공감 왕이 된 친구에게 칭찬을 해주거나 보상을 지급합니다.

❷ 학생들이 각각 자기 생각이나 의견을 적을 때는 모든 학생이 같은 개수의 의견을 쓰도록 합니다.(예: 3가지) 너무 많이 쓰면 발표하는 데 시간이 오래 걸리기 때문에 2~4개 정도가 적당합니다.

❸ 발표 방법을 반대로 변형하여 '비공감 발표'를 할 수도 있습니다. 공감 받 지 못한 발표 내용에 가장 큰 점수(전체 학급 학생 수)를 부여하는 것입니다. 공감하는 학생들이 있어 일어나면 전체 학급 학생 수에서 공감하는 학생 수를 빼는 방식으로 비공감 점수를 부여합니다. 이 발표의 목적성은 '다양 한 아이디어의 산출'이 되는 셈이지요.

수업 속으로!

[주제]    의견의 뜻 알기

교사    여러분은 어떤 친구를 좋아하나요? '너도? 나도! 발표'를 해볼까요? 먼저 자 신이 좋아하는 친구 각각 3명을 활동지에 적어봅시다.

학생    (활동지에 적는다.)

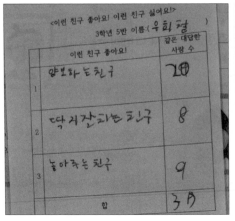
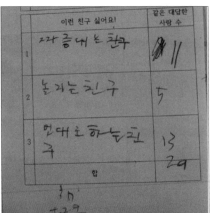

**교사** 선생님이 막대 뽑기로 발표할 학생을 정해보겠습니다. 나래가 좋아하는 친구 1명 말해봅시다.

**학생** 양보하는 친구입니다. 너도?

**학생** (자리에서 일어나며)나도!

**교사** 일어난 친구가 몇 명인가요? 20명이군요. 발표한 나래와 일어난 친구들 모두 공감점수로 20점을 써주세요. 다음에는 누가 발표해 볼까요? 막대 뽑기를 하겠습니다. 지훈이는 어떤 친구를 썼나요?

**교사** (모두 발표한 뒤) 자신이 얻은 공감점수를 계산해보세요. 몇 점인가요?

## 10

**두더지 발표**

# 두더지 게임이 시작되었다?

학생들의 발표를 듣다 보면 비슷한 생각을 한 친구들이 있기 마련입니다. 때로는 학생들 심지어 교사도 반복적인 발표 내용을 듣다 보면 지루해질 때가 있습니다. 학생 중에는 이미 자기와 같은 생각을 한 친구가 있어 발표에 대한 의지력이 떨어질 때도 있지요. 비슷한 내용을 좀 더 효과적이면서도 효율적으로 관리할 수 있는 발표가 없을까요?

두더지 발표는 같은 생각을 하는 친구들끼리 묶어 발표하는 방식입니다. 같은 생각을 한 친구들끼리 묶기 때문에 시간을 절약하면서도 효과적으로 발표하게 만들 수 있습니다. 또한 두더지 발표의 가장 큰 장점은 친구가 어떤 의견을 썼는지, 어떤 친구가 나와 같은 의견을 썼는지 경청하게 만든다는 점입니다. 만약 나와 같은 의견을 쓴 친구가 있다면 같이 앉아야 하기 때문이지요. 또한 일어서고 앉는 과정이 있으므로 학생들에게 가벼운 긴장감과 움직임을 주어 주의력 환기가 됩니다. 다수의 의견이 무엇이었는지, 소수는 어떤 생각들을 하고 있는지 학생들도 한눈에 보기 편하므로 모든 학급 친구들의 생각을 잘 파악할 수 있습니다. 게다가 각자 1가지씩만 생각해서 써보게 하고 모두의 생각을 정리하여 모여지는 것을 볼 수 있으므로 한 명이 여러 가지 의견을 생각해야 한다는 부담감도 덜 수 있습니다.

## 활용할 수 있는 수업

❶ 학습자료를 보고 공통점 또는 차이점을 정리하고 발표하게 하고 싶을 때.
❷ 학습자료에 대한 자기 생각이나 기분, 마음을 발표할 때.
❸ 문제에 대해 자신이 생각한 가장 좋은 해결 방법을 발표할 때.
❹ 실험이나 과학 현상 또는 사회 현상에 대해 자신의 예상, 예측한 내용을 발표할 때.
❺ 배운 내용을 실제 생활에서 적용할 수 있는 예 1가지 발표할 때.

## 활동 순서

❶ 교사가 수업 주제와 관련된 질문을 하고 학생들은 교사가 한 질문에 대해 생각해 보고 배움 공책이나 교과서에 자기 생각을 정리합니다.
❷ 모든 학생이 자기 생각을 적었다면 학급의 모든 학생을 일어나게 합니다.
❸ 교사가 임의로 학생을 지명하여 무엇을 적었는지 발표하게 한다.
❹ 자신의 의견을 발표한 뒤 그 학생은 다시 자리에 앉습니다. 이때 발표한 학생과 비슷한 의견을 가진 학생도 함께 앉습니다.
❺ 같은 의견을 적은 학생이 모두 앉으면 그다음 교사가 임의로 다른 학생을

지명하여 모든 학생이 자리에 앉을 때까지 위의 과정을 반복합니다.

❻ 모든 학생들이 자리에 앉으면 교사가 학생들의 발표를 종합 및 정리합니다.

❼ 친구들이 발표한 내용 중 좋았던 의견을 자신의 의견을 썼던 배움 공책이나 교과서에 추가하여 1~2가지 더 쓰게 합니다.

## 활동 팁

❶ 여러 가지 생각이 나더라도 반드시 1가지만 적도록 합니다.

❷ 교사는 학생에게 적을 시간을 줄 때 순시하며 가장 많은 학생이 적은 의견들을 미리 탐색해두었다가 먼저 발표하게 하는 것이 좋습니다.

❸ 발표가 끝난 후, 발표 내용에 대해 다시 한번 이야기를 나눌 수 있도록 교사는 학생을 지명하면서 칠판에 판서하여 어떤 의견들이 나왔는지 미리 정리해 놓는 것이 좋습니다.

❹ 다양한 생각을 허용하면서도 답은 한정적으로 사용하는 것이 좋습니다. 즉, 너무 많은 다양한 의견이 나오는 발표 내용이 예상될 경우 삼가는 것이 좋습니다. 같이 앉을 수 있는 친구들이 별로 없으므로 많은 다양한 의견이 나올 때는 번개 발표 또는 박수 도미노 발표를 하거나 MSG 활동을 하는 것이 더 효율적입니다.

❺ 똑같지 않더라도 비슷한 의견일 경우 같이 앉게 합니다. 똑같이 쓴 경우에만 앉게 하면 결국 나중에 칠판에 적은 판서를 정리할 때 비슷한 의견끼리 또 묶는 경우도 있으므로 비슷한 의견이면 같이 앉도록 미리 설명해 주어야 합니다.

❻ 두더지 발표를 하기 전, 사전에 교사가 예상하는 학생들의 반응을 잘 예측하여 적절히 활용하는 것이 중요합니다.

수업 속으로!

[주제]  옛날 사람들이 교통수단을 이용했던 모습 탐구하기

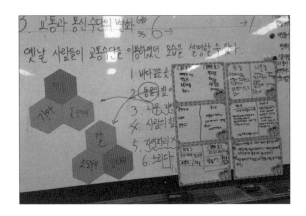

교사  옛날 사람들이 썼던 교통수단이 무엇이 있는지 알아보았는데, 어떤 것들이 있었는지 다시 한번 이야기해 볼까요?

학생  뗏목, 가마, 돛단배, 말, 소달구지, 당나귀가 있었습니다.

교사  이렇게 사람들이 사용했던 옛날 교통수단들은 오늘날 우리가 사용하고 있는 비행기, 자동차, 버스, 배와 어떤 점이 다를까요? 배움 공책에 1가지만 써 봅시다.

교사  배움 공책에 쓴 내용을 두더지 발표를 이용해 말해봅시다. 모두 일어나세요. 유정이는 무엇을 썼나요?

학생  주로 나무로 만들었습니다.

교사  유정이와 비슷한 것을 쓴 친구들은 앉아주세요. 도연이는 무엇을 썼나요?

**학생**  동물을 이용해 이동했습니다.

**교사**  도연이와 비슷한 것을 쓴 친구들은 앉아주세요.

**교사**  여러분 모두 다 앉았군요. 여러분이 쓴 내용을 살펴보면 주로 나무로 만들었다, 동물의 힘을 이용했다, 사람의 힘을 이용했다, 자연 파괴가 되지 않는다, 느리다, 바다 깊은 곳에는 들어갈 수 없다로 정리할 수 있겠네요.

## 11

## 스몰 서클 발표

# 따로, 또 같이 발표하기

자기 생각이나 자신이 만들어낸 결과물을 상대방 앞에서 말하고 듣는 활동이 수업 속에서 많이 이루어지고 있습니다. 자신이 인상 깊었던 책 말하기와 같이 독서 활동에서부터 주제 통합 프로젝트 학습에서 만들어낸 결과물 발표하기까지 수업에서 다양하게 활용되고 있지요.

하지만 그때마다 한 명 또는 모둠이 교실 앞으로 나와 발표하는 일은 때로 지루하고 비효율적인 경우도 있습니다. 따라서 발표의 정의를 넓혀볼 필요가 있습니다. 사람들 앞에서 말하는 것뿐 아니라 모둠끼리 자기 생각을 말하는 것도 학생들 관점에서 발표입니다. 모둠끼리 또는 정해진 인원끼리 자기 생각을 말하게 하면 학생들이 말하기에 대한 부담을 덜어줄 수 있고 더 잘 듣게 만들 수도 있습니다. 1:다수로 이루어지는 발표가 지루하다고 느껴질 때면 '스몰 서클 발표'를 추천합니다.

❶ 모둠에서 만들어낸 프로젝트 결과물을 다른 모둠과 공유할 때.

❷ 자신의 경험을 말하거나 자기 생각, 독후감 등 다양한 소재에 대해 말할 때.

❸ 퀴즈, 문제를 내고 맞힐 때.

**활동 순서**

❶ 교사는 수업 주제와 관련된 질문이나 과제를 제시합니다.

❷ 학생들은 질문에 대한 답을 정리하거나 과제를 수행합니다.

❸ 4~5명이 이야기를 나눌 수 있는 작은 원을 만듭니다. 이때 중요한 것은 학생과 학생 사이에 장애물을 없애고 물리적 거리를 좁히는 것입니다.

❹ 작은 원안에서 발표할 순서를 정하여 순서에 따라 자기 생각이나 의견, 과제에 대한 결과물을 이야기합니다.

❺ 같이 발표하며 이야기를 나눈 친구들과 작별하고 새로운 친구들을 만납니다. 자유롭게 자리를 바꾸게 해도 좋고 규칙을 정해 자리를 이동하도록 하면 질서 있게 움직일 수 있습니다.

❻ 발표가 끝나고 나면 교사가 잘 발표한 친구와 잘 들은 친구가 누구인지 질문하면서 칭찬하는 시간을 가집니다.

❶ 스몰 서클 발표의 가장 큰 조건은 듣고 말하는 데 필요 없는 걸림돌을 없애고 말하는 사람과 듣는 사람 간의 거리를 좁히는 것입니다. 말하기가 주된 활동이 될 때만큼은 책상을 제거하는 것이 좋습니다. 말하기 활동을 할 때 책상은 걸림돌이 됩니다. 책상이 있으면 말하는 사람과 듣는 사람 사이의 거리가 멀어지고, 책상 위에 여러 가지 물건이 있으면 듣기에 집중이 잘 안되므로 책상은 없는 것이 좋습니다. 책상을 모두 교실 가장자리로 밀어놓고 의자만 가져다 놓고 4~5명이 원을 만들어 둘러앉는 것이 가장 좋습니다.

❷ 모든 책상을 밀어놓는 것이 힘들다면 4~5명이 잘 모일 수 있도록 가운데 있는 책상만 빼놓거나 책상은 그대로 두고 의자만 옮겨 모여 앉을 수 있도록 해도 좋습니다. 또는 아예 모든 책상과 의자를 밀어놓고 바닥에 앉게 하여 이야기하도록 합니다.

❸ 결과물을 보여주어야 한다면 책상이 있는 곳을 벗어나 교실 가장자리에 자리를 잡게 하면 됩니다.

❹ 모둠 안에서 발표를 마치고 이동하게 할 때 이동 규칙이 있으면 질서가 생기고, 규칙 없이 자유롭게 이동하면 학생들의 선택권을 보장하여 자발적인 학습이 일어나게 할 수 있습니다. 활동 내용 목적에 따라 선택하도록 합니다.

❺ 학생들이 좀 더 적극적으로 잘 듣게 하려면 여러 가지 장치를 마련해두면 좋습니다.

• **장치1.** 발표자가 발표를 끝낸 후 발표 내용에 대해 퀴즈를 내도록 하는 것입니다. 퀴즈가 있으면 학생들은 더 집중해서 듣게 되지요.

- **장치2.** 발표자가 잘 발표를 했는지 청자가 별점을 부여하는 방식도 있습니다. 별점을 부여하면 발표자는 더 발표를 잘하기 위해 노력하게 되고 청자도 평가를 위해 더 잘 들으려고 노력합니다.
- **장치3.** 의견이나 아이디어를 공유하기 위해서 내가 미처 생각하지 못했던 아이디어를 친구에게서 들었다면 배움 공책이나 활동지 등에 적게 합니다.
- **장치4.** 필요하면 1장의 '칭찬 릴레이' 활동처럼 토킹스틱을 활용하여 토킹스틱을 가진 학생만 말하게 할 수도 있습니다.

**수업 속으로!**

[주제 1]   인상 깊었던 책 발표하기

**발표 방법**

- 앞뒤 학생 사이에 있는 책상을 옮기고 4명이 원으로 둘러앉기.
- 돌아가며 인상 깊었던 책의 등장인물, 줄거리, 추천하는 이유 등 소개하기.
- 소개가 끝나면 발표 내용에 대해 퀴즈 맞히기.
- 4명 모두 발표한 후 자유롭게 자리를 옮겨 다른 친구와 만나기.

## [주제 2]  과학 자유 탐구 결과 발표하기

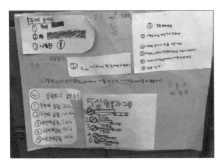 

### 발표 방법

- 교실에서 우리 모둠이 발표할 장소 골라 탐구 결과 설명 자료 붙이기.
- 모둠별로 먼저 설명할 친구 2명과 먼저 다른 모둠의 설명을 들으러 갈 친구 2(3)명 뽑기.
- 다른 모둠 친구들에게 설명해 주고 다른 모둠 친구들 설명 듣기.
- 설명을 듣고 난 후 별점 주기(최소 1개부터 최대 5개까지 가능).
- 설명 듣는 친구들은 일어나 이동 방법(예: 시계 방향으로 움직이기)에 따라 자리 이동하기.
- 모든 친구들과 만났으면 역할 바꾸기.

12

패스 더 볼 발표

# 앗! 나에게 폭탄이?

패스 더 볼 발표는 원래 영어과 수업에서 많이 활용하는 발표 방식입니다. 주로 수업 도입 단계에서 지난 시간에 배운 내용을 복습하거나 수업 정리 단계에서 오늘 배운 내용을 복습하고자 할 때 사용하는 발표이지요. 학생들이 공을 빠르게 전달해야 하고 교사가 무작위로 학생들을 지명하여 질문에 대답하도록 하므로 누가 걸릴지 모르는 긴장감을 주어 학생들도 좋아하는 활동입니다. 이를 영어과 수업이 아닌 다른 교과 수업에도 활용하면 어떨까요?

패스 더 볼 발표의 가장 좋은 점은 교사가 발표할 친구를 의도적으로 조절할 수 있다는 것입니다. 평소 발표를 잘 하지 않거나 발표하면 좋을 것 같은 학생을 교사가 의도적으로 지명할 수 있습니다. 또한 발표할 학생 수도 쉽게 조절할 수 있어 수업 시간 을 유연하게 쓸 수 있습니다.

❶ 여러 학생을 무작위로 발표하도록 하고 싶을 때.

❷ 영어과 수업처럼 수업 도입 단계에서 지난 시간에 배운 내용을 복습하거나 수업 정리 단계에서 오늘 배운 내용을 복습하며 정리하고자 할 때.

❸ 학습 소재, 주제에 대한 자신의 경험이나 생각을 자유롭게 말하고자 할 때.

❹ 지문, 학습 자료를 살펴보고 난 후 자신이 발견한 내용이나 자신의 생각을 발표하게 할 때 이때 내용이 쉽고 재미있는 소재라면 더욱 좋습니다.

## 활동 순서

❶ 교사가 수업 주제와 관련된 질문을 제시합니다.

❷ 학생들이 발표할 준비가 되면 교사가 시작을 지시해 앉은 자리에서 공을 정해진 순서에 따라 빠르게 전달합니다.(예: ㄹ자 형태로 공 전달하기, 앞뒤 번갈아 이동하여 공 전달하기)

❸ 갑자기 교사가 멈춤을 지시하면 그 순간에 공을 가진 학생이 발표합니다.

❹ 학생이 발표하면 다시 공을 정해진 순서에 따라 빠르게 전달합니다.

❺ 어느 정도 발표하는 학생들이 많아지면 발표를 정리합니다. (예: 인상 깊었던 친구의 발표 가 누구의, 어떤 발표였는지 질문하기)

❶ 패스 더 볼 발표는 교사의 질문이 중요합니다. 학생들에게 생각할 시간을 주기 위해 먼저 질문을 제시하고 공을 전달하도록 해도 되고 먼저 공을 전달하고 발표할 학생이 정해지면 질문을 해도 됩니다. 만약 선-공 전달, 후-질문이라면 생각하기 쉽고 간단한 질문을 던질 때에 하는 것이 좋습니다.

❷ 학생들이 대답한 내용은 교사가 칠판에 미리 판서합니다. 발표가 끝난 후 학생들이 같이 발표 내용을 공유하면서 이야기할 수 있도록 합니다.

❸ 발표의 긴장감과 재미를 위해 공을 전달하는 동안 신나는 노래를 활용합니다. 노래로 발표가 주는 경직을 풀어주고 학생들이 즐기도록 만들 수 있습니다.

❹ 앉은 자리에서 순서대로 빠르게 전달하도록 하고 자신이 공을 전달하고 싶은 친구에게 바로 주거나 공을 던지는 것은 하지 않도록 합니다.

❺ 개인 발표 외에 모둠 단위의 발표로도 활용할 수 있습니다.


### 수업 속으로!

**[주제 1]  국어 이야기 지문 읽기 전 배경 지식 활성화하기**

**교사**  지금부터 국어 교과서에 나온 이야기를 읽어볼 것입니다. 이야기의 제목은 무엇인가요?

**학생**  '진짜 투명 인간'입니다.

**교사**  맞습니다. 이 이야기는 색깔을 표현하는 것에 대해 나옵니다. 지금부터 패스 더 볼 발표를 하겠습니다. 공을 가진 친구는 선생님이 화면에 제시하는 색을 보고 떠오르는 물체나 맛, 냄새 등을 말하면 됩니다. 그럼 지금부터 시작해 볼까요?

**교사** (노래를 멈추고 삐- 소리가 나게 한 뒤) 지금 누가 공을 갖고 있나요? 보라색 하면 생각하는 물건이나 맛, 냄새를 말하세요.

**학생** 잘 익은 포도가 생각납니다.

**교사** (다시 노래를 틀고 학생들이 공은 전달하게 한다.)

**학생** (위의 과정을 반복해 선생님의 시작, 멈추면 지시에 따라 발표한다. 화면에 나온 색깔을 보고 자기 생각을 말한다.)

**교사** 모두 다 잘 발표해 주었습니다. 지금까지 여러분들이 친구들의 발표를 잘 들었는지 확인해 볼까요? 아까 초록색도 있었는데 초록색을 보면 민경이는 어떤 것이 생각난다고 했나요?

**학생** 풀잎 소리가 생각난다고 했습니다.


## [주제 2]  새로운 도구를 만들어 사용하던 사람들의 생활 모습 탐구하기

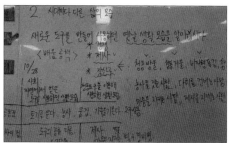

**교사** 선생님이 그림 하나를 보여줄 것입니다. 짝과 같이 볼 수 있게 종이로도 나

누어 주겠습니다. 지금부터 패스 더 볼 발표를 하도록 하겠습니다. 발표 주제는 그림에서 볼 수 있는 사람 또는 물체를 말하는 것입니다. 여러분에게 그림을 관찰할 시간 1분을 주고 바로 시작하겠습니다.

**학생** (1분 동안 그림을 관찰한다..)

**교사** 그럼 시작해 볼까요? 보이는 것 1개씩만 이야기하면 됩니다. (노래를 틀고 멈추며 노래를 멈춘 순간 공을 가진 학생이 말하게 한다.)

**학생들** 농사짓는 사람들. 마을을 지키고 있는 사람들. 소. 돼지. 움집. 강. 나무.

**교사** 잘 대답해 주고 있군요. 그럼 지금부터 단계를 높여볼까요? 선생님이 나누어준 종이를 뒤집어 그림이 보이지 않게 놓아보세요. 그림에 있었던 것이 무엇인지 잘 기억해 보고 대답해 보세요. (다시 노래를 틀고 멈추며 노래를 멈춘 순간 공을 가진 학생이 말하게 한다.)

**학생들** 청동 거울. 청동 방울. 청동검. 그릇. 제사 지내는 사람들. 성벽

# 공유의 맛을 두 배로 키우는 방법, 교구를 활용하라!

학생들이 생각을 공유하게 할 때 더욱 효과적으로, 효율적으로 진행하고 싶을 때 여러 가지 교구들을 활용하면 어떨까요? 학생들의 협동 학습을 돕거나 발표 및 공유 활동이 원활하게 이루어질 수 있도록 시중에 다양한 교구들이 판매되고 있습니다. 학급운영비, 학습준비물 등을 활용하여 교구를 갖춰 놓으면 몇 년 동안 잘 활용할 수 있을 것입니다. 제가 활용했던 몇 가지 교구들을 소개하겠습니다.

### 1. 포스트잇

포스트잇은 아마 교실에서 가장 많이 활용하는 교구일 것입니다.

칠판 발표, 문제 풀이 활동, 의견 정리-유목화 활동

등 수업에 다양하게 활용할 수 있습니다. (사진 출처: 11번가)

## 2. 학습보드판

학습보드판은 학생들의 포스트잇을 붙일 수 있는 자석으로 된 보드판입니다. 학생들 번호대로 구역을 지정해주어 깔끔하게 정돈되어 보입니다. 칭찬샤워 활동, 자기 의견 정리하기, 브레인스토밍, 학습 정리 등 수업에 다양하게 활용할 수 있습니다. (사진 출처: 아이스크림몰)

## 3. 씽킹보드, 허니컴보드

제가 가장 많이 활용하는 자석보드판입니다. 학생들 개인별로 나누어주기 좋은 칠판입니다. 또 육각형 모양으로 되어 있어서 유목화 활동을 하는 데도 편리합니다. 골든벨 퀴즈 활동에 활용하기도 합니다. 거의 '한 가지 생각=한 개의 보드판'으로 정리하기 때문에 보드판을 많이 갖춰 놓을수록 학생들에게 더 많은 생각을 발표하게 할 수 있습니다. (사진 출처: 아이스크림몰)

### 4. 모둠칠판(자석칠판)

씽킹보드보다 큰 모둠 칠판으로, 모둠 끼리 생각을 정리하고 칠판에 부착하여 발표할 때 잘 활용할 수 있습니다. 자석칠 판으로 되어 있어 앞쪽 칠판에 부착 가능 한 것이 좋습니다.(사진 출처: 팝콘 에듀)

### 5. 스티커

학생들의 생각 지표를 조사할 때, 투표 할 때, 발표나 글쓰기 등을 평가할 때, 교 실에서 배운 개념을 찾아 표시할 때(예: 교 실에서 직각 찾기), 미술 꾸미기 활동 등 다양 하게 활용할 수 있습니다.

### 6. 자석&스스로 수행판

학생들이 과제를 수행하고 나서 자석 을 붙이는 스스로 수행판입니다. 학생들 이 얼마나 많이 과제를 수행했는지 알 수 있는 척도가 되기도 하지요. (출처: 팝콘에듀)

## 7. 직소슬림보드

PMI 토의, SWOT 토 의와 같이 세분된 토의 를 진행하거나, 모둠별로 각자 자기 생각을 정리할 때 활용할 수 있습니다. 자석으로 되어 있어 칠판  부착이 가능하여 칠판에 모아 붙여 생각이나 의견들을 한 번에 볼 수 있습니다.

(출처: 팝콘에듀)

## 8. 해피코인(가상화폐)

저는 동전처럼 생긴 그림을 인쇄하고 코팅하여 '해피코인'이라는 이름을 붙였습 니다. 사고팔기를 비롯한 경제 활동이나 학생들에게 칭찬 토큰을 줄 때, 친구의 소 개 및 발표 내용을 평가할 때, 토의할 때 말하기 횟수 및 순서를 제한하는 토킹피 스 등 다양한 방식으로 활용할 수 있습니 다.

## 9. 구글 앱 활용하기

디지털 정보화 시대로 접어들면서 수업에 스마트도구를 활용하는 것은 일반적인 현상이 되었습니다. 학생들이 스마트도구(예: 태블릿PC)를 잘 활용한다면 자기 생각을 보다 효과적으로기 공유하고 협업할 수 있도록 만들 수 있을 것입니다. 특히 구글 앱을 활용하면 실시간으로 학생들이 공유 및 협업이 가능하여 스마트 도구를 활용한 수업에 강력 추천합니다. 저는 '프레젠테이션'앱을 활용하여 학생들이 발표 자료를 함께 만들도록 하거나, 'jam board'를 활용하여 자기 생각을 실시간으로 공유하도록 했습니다. 또한 유료지만 '마인드 마이스터'를 활용하여 학생들이 실시간으로 자기 생각을 마인드맵으로 함께 표현하는 활동도 가능했습니다. 이외에도 다양한 기능들이 있어 활용 가능성이 무궁무진합니다.

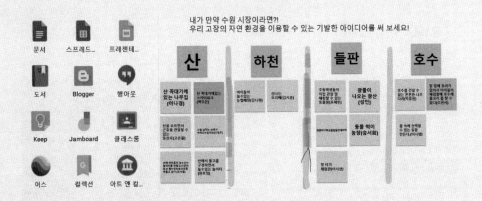

교육은 창의력!
창의력을 높이는 지식 프로젝트가 시작됩니다.

| 4부 |

지식知識

: 창의력을 높이고 몰입을 유도하다

0

### 구현, 놀이

# 지식을 재창조하는 2가지 키워드

선생님은 지식, 앎이라는 것을 무엇이라고 생각하시나요? 파울로 프레이리에 의하면, 지식이란 자기 자신과 세계에 대해 알게 되는 것이고, 지식 습득의 과정은 새롭게 발견되거나 이미 존재하고 있는 것을 발견하는 과정이라고 보았습니다. 그래서 프레이리는 '공부는 아이디어를 소모하는 것이 아니라, 그것을 창조하고 재창조하는 것'이라고 했습니다.『프레이리와 교육』

실제로 교육과정 및 교과서를 살펴보면 학생들에게 어떤 추상적인 관념을 가르치기보다는 이 세계를 이루고 있는 것들을 배우는 내용으로 구성되어 있습니다. 이 세계를 이해하는 방법으로 수, 기호를 배우고 우리 고장, 우리나라, 더 나아가 세계 여러 나라의 문화, 언어, 환경을 배웁니다. 그리고 우리 주변에서 일어나는 여러 가지 현상들을 논리적, 과학적으로 이해하는 방법을 배우지요.

이러한 지식을 교사가 직접 설명하고 전수 과정을 통해 전달할 수 있으나 이는 학생의 사고를 자극하기 어렵고 학생들이 그 지식을 기억하고 적용하도록 하는 데 한계가 있습니다. 그렇다면 지식을 전달하는 것이 아니라 학생들이 스스로 그 '지식이 나올 수밖에 없는 과정'을 경험하게 하면 어떨까요?

브루너는 '발견 학습'을 제시한 학자입니다. 브루너는 구체적인 정보들 속에서 학습자 스스로 창의적으로 조작해 보고, 스스로 지식을 발견하는 수업, 즉 발견 학습이 효과적인 수업 형태라고 주장했습니다. 발견 학습은 학생들이 지식을 더욱더 풍부하게 이해하도록 도와주며, 학생들이 학습에 더욱 '몰입'하도록 합니다. 또한 발견 학습을 통해 얻은 지식은 학생들 스스로 발견하여 만들어낸 지식이기 때문에 학생들의 '창의력'을 높여주고 지식을 오래 기억할 수 있도록 도와줍니다.

이번 장에서는 프레이리가 지식을 보는 기본 관점과 브루너의 발견 학습을 토대로 학생들이 직접 지식이 만들어지는 과정을 경험하고 이를 통해 새로운 지식을 체득하는 활동 즉, 수업 속에서 학생들 스스로 지식을 재창조하고 재발견하는 학습 방법을 소개하고자 합니다. 이때 일상적 개념과 반대되는 과학적 개념을 학생들이 새롭게 창조하는 것이 아닌, 과학적 개념이 생성되는 과정을 학생들 수준에서 경험해 보게 하므로 '재'창조라고 볼 수 있겠습니다.

앞장에서는 학생들이 기존에 갖고 있던 배경지식을 바탕으로 스스로 다양한 아이디어를 내고 친구들과 나누고 공유하며 자기 생각을 발전시키는 활동을 소개했습니다. 학생들이 기존에 갖고 있던 지식을 중심으로 서로 나누고 공유하면서 점점 살을 붙여 전개되는 형식이지요. 학생들의 지식과 경험을 토대로 서로 나누고 공유하는 것은 횡적으로 학생들의 지식이나 사고 기능의 폭을 넓혀주는 것이라면 구체적인 정보들을 통해 지식을 재발견, 재창조하는 것은 종적으로 학생들의 지식이나 사고 기능의 깊이를 더해주는 것이라고 볼 수 있습니다. 지식의 재발견, 재창조하는 과정을 경험하게 하는 학습 방법으로 구현 활동과 놀이 활동으로 나누어 소개하겠습니다.

## 1. 구현 활동으로 지식의 재창조 경험하기

'구현(具現)'이란 '어떤 내용이 구체적인 사실로 나타나게 함'을 뜻합니다. 교실에서의 구현 활동은 '주제에 대해 구체적으로 표현하고 이를 바탕으로 사고하고 개념을 이끌어 내는 활동'을 말합니다. 지식의 재창조 경험을 갖게 하려면 구현 활동을 하는데 두 가지 조건이 있습니다.

첫째, 학생들이 주제에 대해 표현, 관찰, 탐구, 체험, 조작 등 구체적인 활동 과정이 필요합니다.

행동주의가 쇠퇴하고 인간의 인지구조에 주목한 인지주의 학습 중에서 '정보처리 이론'이라는 것이 있습니다. 컴퓨터가 정보를 받아들이고 처리하는 과정처럼 인간의 기억과정도 정보가 입력, 저장, 인출되는 과정으로 설명하는 것이지요.(교육심리학, 휴먼북스, 송인섭외 7인) 그중에서 주목할 만한 것이 바로 장기기억이라는 것입니다. 장기기억은 오랫동안 정보를 저장하는 곳으로 여러 가지 사고 기능을 발달시키는 데에도 관련이 있는 부분이기도 합니다. 장기기억은 크게 절차적 지식과 서술적 지식이 있습니다. 절차적 지식은 어떤 일을 수행하는 과정과 관련된 지식입니다. 서술적 지식은 개인적인 경험이나 학교에서 배운 지식을 뜻합니다. 절차적 지식과 서술적 지식을 바탕으로 학생들은 사고하고 또 다른 지식을 발전시켜 나가게 됩니다.

장기기억을 향상하게 시키기 위해 제안하는 것은 체험 및 경험을 통한 학습입니다. 체험 및 경험은 학생들의 서술적 지식과 관련해 장기기억으로 학습 과정을 변환시켜 학생들의 기억에 더 오래 남고, 학생들이 이해하기 쉬워하며 학생들이 지식을 기억하고 정리하는 데 도움을 주기 때문입니다.

여기에 덧붙여, 피아제의 인지 발달 단계에 의하면, 학생들은 대부분 '구체적 조작기'에 머물러 있습니다. 즉, 학생들이 사고하거나 어떤 지식, 개념을 이해하기 위해서는 구체화한 자료와 활동이 필요합니다.

둘째, 자료를 바탕으로 학생들이 발견한 내용을 스스로 정리해 보게 하는 과정이 필요합니다. 위의 구체적인 활동의 궁극적인 목적은 지식의 발견이기 때문입니다. 이 과정에서 학생들이 자신의 언어로 배운 내용을 직접 표현해 보게 하는 과정이 필요합니다. 이때 동시다발적으로 발표하게 하기보다 배움 공책, 활동지 등에 직접 쓰고 기록하도록 해야 합니다. 앞에서 제시한 MSG 활동, 다양한 발표 방법을 활용하거나 짝, 팀을 구성하여 함께 일반화된 지식을 도출하게 할 수도 있습니다. 활동만 하고 끝내버린다면, 학생들은 오늘 했던 활동에 어떤 배움이 있었는지, 어떤 것을 알아야 했는지 잘 모르게 됩니다.


## 2. 놀이 활동으로 지식의 재창조 경험하기

놀이는 학생들이 즐겁게 배울 수 있도록 하는 학습 방법의 하나입니다. 일반적으로 학습 놀이는 주로 앞으로 배울 내용에 대한 동기 유발로 쓰이거나 배운 내용을 복습, 연습하는 목적으로 많이 쓰이지요. 놀이도 잘 설계한다면 재미있게 학생들이 스스로 지식을 재창조, 재발견하는 경험을 선사할 수 있습니다.

이 장에서 소개할 지식의 재창조를 경험시켜줄 놀이는 크게 두 가지로 분류할 수 있습니다.

첫째, 구현 활동과 마찬가지로 학생들이 구체적인 자료를 가지고 놀게 합니다. 구체적인 자료들을 이리저리 조합하고 가지고 놀고 아이디어를 떠올리면서 친구들과 서로 이야기하며 자료에 친숙해지도록 해야 합니다. 그리고 놀이 활동을 통해 알 수 있는 사실 즉, 일반화된 지식을 스스로 도출하게 해야 합니다.

둘째, 학생들이 알게 된 개념이나 지식으로 스스로 심화 및 적용된 지식을 만들어보게 합니다. 앞에서 언급했던 브루너는 학문의 '구조'란, '일반적 원리, 개념'을 뜻하고 더 나아가 '사고 과정', '일반화와 특수화'를 뜻하기도 합니다. 특히, '특수화'란, 학생이 새롭게 알게 된 일반화된 지식을 다른 상황 속에서 적용해 보는 것을 의미합니다. 이러한 '특수화'도 스스로 새로운 지식의 범위를 넓히는 것이기에 지식의 재창조라고 볼 수 있겠습니다. 따라서 학생들이 알게 된 개념이나 지식으로 스스로 심화한 지식을 만들어보는 활동이 필요합니다. 그럼 지금부터 지식을 재창조할 수 있는 구현 활동, 놀이 활동을 알아볼까요?

## 1

## 미니어처 공모전

# 좋은 건 같이 만들어 볼까?

대부분의 학생들은 피아제의 인지 발달 단계 중 구체적 조작기에 머물러 있으므로 관념적으로 사고할 때보다, 구체적이고 직접 조작할 대상이 있어야 훨씬 사고하기 편합니다. 그리고 학생들은 스스로 디자인하고 만드는 활동에 흥미를 느끼지요. 학생들의 창조적 본능을 자극하기 때문입니다. 이러한 학생들의 사고 수준과 창조적 욕구를 반영한 '미니어처 공모전 활동'을 소개합니다.

미니어처 공모전은 활동 이름처럼 학생들이 모둠별로 직접 접하기 어려운 주제에 대해 모형을 만들고 꾸며 공개 모집한 모형을 모아 전시회로 만드는 활동입니다. 제작은 수업의 목표가 아니며 이는 모형 만들기라는 구체화한 활동을 통해 학생들이 '지식을 발견하는 과정'을 경험하게 하기 위함이지요. 즉, 모형 만들기는 구체적으로 사고하기 위한 도구인 셈입니다.

학생들은 어떤 모형을 만들 것인지 생각하면서 스스로 자료를 가공하고 조작하는 과정이 있어 교사가 사진이나 동영상 자료를 일방적으로 받아들이는 것보다 훨씬 주체적이고 오래 기억에 남게 됩니다. 학생들이 직접 만든 구체적인 실물이 있으니 스스로 생각하고 지식을 발견하는데 더욱 수월하기도 하지요. 또한 학생들 스스로 만들었기 때문에 더욱 애착이 가고 다른 모둠의 모형 또한 궁금해하며 탐구 활동을 진행할 수 있습니다.

## 활용할 수 있는 수업

❶ 특정한 공간, 환경 등 큰 대상을 모형으로 축소하여 나타내고자 할 때.

❷ 학생들이 직접 접하기 어려운 지식 또는 수업 주제일 때.

❸ 사진, 동영상 등 시청각 자료를 활용하고 관찰하는 수업에 변화를 주고 싶을 때.

❹ 학생들이 직접 모형으로 만들 수 있는 수업 소재일 때.

❺ 학생들에게 너무 생소하지 않고 경험적, 직관적으로 알 수 있는 수업 소재일 때.

## 활동 순서

❶ 교사가 활동을 설계할 때, 학생들이 수업을 통해 배워야 할 지식이 무엇인지 분명하게 정해 놓습니다.

❷ 학생들을 모둠으로 구성하여 브레인스토밍 과정을 거쳐 모형을 제작하기 위한 여러 가지 아이디어를 모읍니다.

❸ 도출된 다양한 아이디어를 반영하여 모형을 제작합니다.

❹ 모형을 관찰하며 학생들 스스로 지식(특징, 알 수 있는 사실, 발생 조건, 공통점과 차

<sup></sup>이점 등)을 발견하고 배움 공책에 정리하도록 합니다.

❺ 모둠별로 다른 모형을 제작했을 경우, 관찰 기준을 제시하여 다른 모둠이 만든 모형을 관찰할 수 있는 시간을 충분히 주어 자신들이 만든 모형과 비교하도록 합니다. 그리고 비교 결과를 통해 지식을 발견하고 정리합니다. 특히, 관찰할 때는 자유롭게 관찰할 수 있도록 미러링 산책을 활용하거나 스몰 서클 발표로 학생들이 직접 설명하게 할 수도 있습니다.

❻ 지식을 토대로 모형을 제대로 만들었는지 점검하며 모형을 잘 설계한 모둠을 추천하고 보상을 해줍니다.

❼ 공모전이 끝난 후에는 교실 한 편에 전시하여 학생들이 계속해서 볼 수 있도록 합니다.

우드록, 클레이 등을 활용하여 세시 풍속 체험관 모형을 만들었습니다.

---

활동 팁

❶ 모형을 만들고 난 뒤, 모형을 관찰하면서 학생들 스스로 지식을 발견하는 것이 이 활동에서의 가장 강조점입니다.

❷ 학생들이 모형 제작을 잘하기 위해서는 모형 설계를 위한 브레인스토밍 과정에 신경을 쓰도록 합니다. 교사는 학생들의 브레인스토밍 과정을 적극적으로 점검하여 수업 주제와 관련 없는 아이디어는 과감하게 자르고 학생들이 필요할 때 적절한 피드백을 주도록 합니다.

❸ 모형을 만들 때는 클레이, 수수깡, 빨대, 우드록 등 다양한 준비물을 미리 갖추고 활용하도록 합니다. 고학년으로 갈수록 더 다양한 준비물을 활용할 수 있고, 고퀄리티의 작품을 만들어낼 수 있습니다.

❹ 저학년 학생들이라 입체 표현이 어렵다면 종이에 그리고 붙여 큰 대상을 축소하여 표현하게 할 수도 있습니다.

❺ 모형을 제작하고 관찰하려면 다소 시간이 걸릴 수 있음으로 수업 시간을 충분히 미리 확보해 놓는 것이 좋습니다.

[주제 1] 입체 표현이 가능한 경우-환경에 따라 달라지는
의식주 생활 모습 탐구하기

- **1차시:** 사막 지역, 고산 지역 등 다양한 환경 모둠별로 정하고 클레이로 만들기.
- **2차시:** 환경에 따라 사람들이 어떤 옷을 입을지 이야기 나누고 사람 모형 만들어 환경 모형에 붙이기.
- **3차시:** 환경에 따라 어떤 식생활을 볼 수 있을지 이야기 나누고 식생활을 보여주는 모형 만들기.
- **4차시:** 환경에 따라 어떤 주거 형태를 볼 수 있을지 이야기 나누고 주생활을 보여주는 모형 만들기.
- **5차시:** 다른 모둠 모형 관찰하고 환경에 따라 사람들의 생활 모습에서 어떤 부분이 다른지 배움 공책에 쓰고 공유하기.

## 5차시 中

**교사**   지금까지 모둠별로 환경에 따라 의식주 생활 모습을 클레이로 만들었습니다. 또 그 모형에서 우리 마을과 어떤 점이 같고 다른지 관찰하고 알아보는 시간을 가졌습니다. 지금까지 배운 내용을 한 문장으로 정리해 볼까요? 다음 문장에서 괄호 안에 어떤 말이 들어갈지 배움 공책에 적어봅시다.

> 사는 곳(환경)에 따라 사람들의 (          )이 달라진다.

**교사**   친구들이 각자 어떤 내용을 적었는지 미러링 산책을 해봅시다. 친구의 좋은 생각을 발견하면 배움 공책에 적으세요.

**학생**   (미러링 산책을 한다.)

**교사**   괄호 안에 들어갈 말로 어떤 것을 적었나요?

**학생**   의생활입니다. 식생활입니다. 주생활입니다. 생활 모습입니다. 의식주입니다.

**[주제 2]** 입체 표현이 어려운 경우-오늘날 교통수단의 발달로 인해
달라진 사람들의 생활 모습 탐구하기

오늘날 교통수단의 발달로 달라진 사람들의 생활 모습을 사람들의 직업, 생
겨난 건물 등을 그리고, 붙여 마을을 축소하여 표현했습니다.

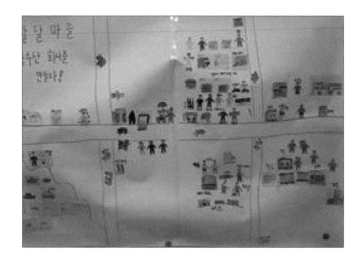

## 2

**시뮬레이션 게임**

# 모의실험? 가상 현실?

학생들에게 가장 기억에 남았던 수업이 무엇인지 질문하면 놀이 수업이나 직접 자신들이 만지고 체험한 수업들에 관해 이야기합니다. 자신들이 직접 참여하고 체험하면서 즐기는 수업을 오래 기억하는 것이지요. 학생들에게 개념을 말로 설명하는 것보다 자신들이 직접 느끼고 체험하게 하면 훨씬 더 잘 이해합니다. 이번에는 가상현실 속에서 학생들이 직접 체험하도록 이끄는 시뮬레이션 활동을 소개합니다.

먼저, 시뮬레이션이란, '복잡한 문제나 사회 현상 따위를 해석하고 해결하기 위하여 실제와 비슷한 모형을 만들어 모의적으로 실험하여 그 특성을 파악하는 일'이라는 뜻으로 '모의실험'이라고 부르기도 합니다. 수업에서 시뮬레이션은 복잡한 현상에 대해 학생들을 이해시키게 하려고 단순화하여 직접 체험해 보게 하는 활동으로 간단하게 정리할 수 있겠지요. 이러한 시뮬레이션 활동은 주로 경제 수업에서 가장 많이 활용하는 활동이지만 이 밖에도 다양하게 수업에서 시뮬레이션을 활용할 수 있습니다.

❶ 학생들에게 사회 현상, 과학 현상, 개념의 필요성, 중요성 등 정의적 요소를 수업 속에서 직접 깨닫게 하고 싶을 때.

❷ 학생들이 직접 참여하여 움직이고 체험하게 하면서 개념을 이해시키고 싶을 때.

❸ 수업 주제가 개념의 변화 과정, 유동성 등을 배우는 수업일 때.


**활동 순서**

❶ 미리 교사는 시뮬레이션 활동을 어떻게 진행할 것인지 구상합니다. 사회 현상 또는 과학 현상, 개념에 대한 이해를 위해 시뮬레이션 활동을 진행할 수 있을지 다음 질문에 대해 스스로 답해봅니다.

　• 단순한 가상의 세계를 만들 수 있는가?

　• 학생들에게 각각 가상의 역할을 부여할 수 있는가?

　• 모의 상황 안에서 학생들이 직접 움직이거나 체험할 수 있고, 이러한 활동 과정 및 결과가 수업 주제와 연결되는가?

❷ 시뮬레이션 활동 방법을 학생들에게 소개하고 활동 방법에 따라 활동을 진행합니다.

❸ 시뮬레이션 활동을 통해 알게 된 사실을 배움 공책, 활동지 등을 통해 정리합니다.

❹ MSG 활동 또는 발표를 통해 학생들이 각자 정리한 내용(알게 된 사실, 일반화 된 지식 등)은 학급 전체에 공유가 되도록 합니다.

❶ 시뮬레이션 활동이 쉬워지려면 '단순화'시킨 '가상의 세계'를 만들 수 있는
지 생각해 보아야 합니다.

❷ 목표가 분명한 미션 또는 놀이 형태로 제시하면 학생들이 더욱 몰입하여
시뮬레이션 활동에 참여할 수 있습니다.

❸ 시뮬레이션 활동을 할 때는 수업 시간은 여유 있게 잡는 것이 좋습니다.

## 수업 속으로!

**[주제 1]** 시뮬레이션 활동을 통해 '자원의 희소성', '생산과 소비',
'교류의 의미와 필요성'개념에 대해 이해하기

| 시뮬레이션 활동을 설계하기 위한 핵심 질문 | 핵심 질문에 대한 답 |
|---|---|
| 단순한 가상의 세계를 만들 수 있는가? | 우리 학급은 대한민국 전체 지역이고 각 모둠이 각각 다른 지역을 맡아 서로 교류하게 하자. |
| 학생들에게 각각 가상의 역할을 부여할 수 있는가? | 1단원에서 배웠던 촌락과 도시 개념을 이용해 모둠별로 도시 2모둠, 농촌 2모둠, 어촌 2모둠, 산촌 1모둠을 맡도록 하자. |
| 모의 상황 안에서 학생들이 직접 움직이거나 체험할 수 있고 이러한 활동 과정 및 결과가 수업 주제와 연결되는가? | 1. 직접 물자나 서비스를 만들게 한다.(생산)<br>2. 생산 조건: 만들 수 있는 물자의 서비스를 제한한다.(자원의 희소성)<br>3.물자나 서비스를 팔거나 교환하게 한다.(소비, 교류) |

- **1차시:** 간단하게 활동과 개념 소개, 모둠별로 어떤 지역(도시, 촌락)을 맡을 것
  인지 역할 나눠주기, 어떤 물자와 서비스를 생산할 것인지 브레인스토밍하
  기(◇디자인씽킹 활동 활용 ※ 5장 참고)

**활동 팁:** 물자와 서비스의 판매 가격(해피코인의 개수)과 물자와 서비스를 교환하거나 샀을 때 얻을 수 있
는 교류 지수를 스스로 정하도록 하면 좋습니다.

- **2-3차시:** 물자와 서비스 생산 활
  동하기(※ 생산 준비물로 클레이 활용,
  미술 수업과 연계)

**활동 팁:** 클레이와 같은 준비물을 활용해도 좋
고, 간단하고 쉽게 활동하고 싶다면
종이에 그리거나 쓰게 해도 됩니다.

〈(　　)모둠 해피코인 가계부, 교류지수 기록지〉구입한 모둠구입한 상품

| 구입한 모둠 | 구입한 상품 또는 서비스 | 구입한 상품 또는 서비스 개수 | 얻은 코인 개수 | 우리가 교류한 모둠 | 우리가 구입한 상품 또는 서비스 | 우리가 구입한 상품 또는 서비스 개수 | 얻은 교류지수 점수 |
|---|---|---|---|---|---|---|---|
| | | | | | | | |
| | | | | | | | |
| | | | | | | | |
| | | | | | | | |
| | | | | | | | |
| | | | | | | | |
| | | | | | | | |
| | | | | | | | |
| | | | | | | | |
| | | | | | | | |
| | | | | | | | |
| | | | | | | | |
| | | | | | | | |
| | | | | | | | |
| | | | | | | | |
| | | | | | | | |
| | | | | | | | |
| 총 해피코인 개수 | | | | 총 교류지수 점수 | | | |

- **4차시:** 각 지역을 돌아다니며 다른 지역의 물자나 서비스를 사거나(소비) 교환(교류)하기.

**활동 팁 1:** 모둠 내에 역할을 나누어 팔 사람과 살 사람을 정하고 돌아가면서 역할을 바꾸도록 합니다.

**활동 팁 2:** 판매 역할은 판매하고 얻은 이익을 기록하고 소비/교류 역할은 소비/교류하고 얻은 교류지수를 기록합니다.

- **5차시:** 활동 정리하며 활동 속에서 어떤 개념들을 이해할 수 있었는지 이야기하기

**활동 팁:** 학생들이 직접 체험한 내용과 사회와 개념을 관련지어 다시 한번 짚어주고 배움 공책이나 활동

지에 정리하도록 해야 합니다. 활동하고 난 후 느낀 점을 쓰거나 개념을 활용하여 문장을 만들어

보는 등 쓰기 활동을 하며 마무리합니다.


**교사**　지난 시간에 우리 마을 교류 지수 높이기 활동을 진행했습니다. 이를 통해
　　　　우리가 어떤 것들을 알 수 있는지 정리해 보겠습니다.

**교사**　여러분은 이 활동에서 가장 먼저 무엇을 했나요?

**학생**　우리 고장에 알맞은 상품이나 서비스를 개발하여 만들었습니다.

**교사**　네 맞습니다. 이렇게 상품이나 서비스를 만드는 것을 생산이라고 합니다.
　　　　그렇다면 여러분이 생산 활동을 한 뒤, 무엇을 했나요?

**학생**　다른 모둠에 가서 해피코인으로 상품이나 서비스를 구매했습니다.

**교사**　이렇게 돈을 지급하여 상품이나 서비스를 구매하여 이용하는 것을 소비라
　　　　고 합니다. 그런데 우리 모둠이 생산한 상품과 서비스와 다른 모둠이 생산
　　　　한 상품과 서비스가 같았나요?

**학생**　달랐습니다.

**교사**　이렇게 각자 다른 마을이 특히, 촌락과 도시가 서로 생산과 소비를 이용해
　　　　교류한다면 어떤 점이 좋은가요?

**학생**　서로 부족한 상품이나 서비스를 교환할 수 있습니다. 서로 사고 파니 경제
　　　　도 좋아질 것 같습니다. 교류하면서 경제가 좋아지니 마을과 마을 사이가
　　　　더 좋아지지 않을까요?

## [주제 2] 방울이의 여행-시뮬레이션 활동을 통해 '물의 순환' 개념에 대해 이해하기

| 시뮬레이션 활동을 설계하기 위한 핵심 질문 | 핵심 질문에 대한 답 |
|---|---|
| 단순한 가상의 세계를 만들 수 있는가? | 책상 배치를 모둠으로 구성하여 각 모둠 구역을 산, 들, 강, 바다, 식물, 사람의 몸으로 정하자. |
| 학생들에게 각각 가상의 역할을 부여할 수 있는가? | 학생들이 과학 교과서에 제시된 방울이가 되어 움직이도록 하자. |
| 모의 상황 안에서 학생들이 직접 움직이거나 체험할 수 있고 이러한 활동 과정 및 결과가 수업 주제와 연결되는가? | 선생님이 말하는 내용(물의 순환 과정)에 따라 직접 움직이며 여행하자. |

- 방울이가 되어 선생님이 말하는 장소에 따라 이동하기.
- 방울이는 얼음, 물, 수증기 상태가 될 수 있으므로 얼음은 바닥에 웅크려 있기, 물은 바닥에 서 있기, 수증기는 의자나 책상위에 올라가기.
- 선생님이 말하는 이야기를 잘 듣고 움직이기 (※ 교과서에 제시된 방울이의 여행-스토리텔링 형식을 빌려옴).

> 방울이는 강, 바다에서 물이 되었어요. 여름이 되어 방울이는 증발했지요. 그래서 강, 바다에서 물이었던 방울이는 수증기가 되었어요. 수증기가 된 방울이는 산과 들로 가서 비가 되어 내려 다시 물이 되었어요. 물이 된 방울이는 식물로부터 흡수되거나 사람의 몸으로 이동되었어요.

- 놀이가 끝난 후, 물의 순환 개념과 관련지어 정리하며 방울이는 어떤 상태 변화를 할 수 있는지, 어떤 장소로 이동했는지 등에 대해 질문하고 배움 공책에나 활동지에 적으며 활동을 마무리하기.

# 3

## 지도 밖으로 행군하라
# 조작 활동의 시작

    '조작'이라는 단어는 대부분 피아제의 인지발달단계에서 '구체적 조작기' 단계를 설명하기 위해 사용됩니다. '조작'은 학생들이 구체적인 물건을 직접 관찰, 분류, 만지기, 그리기 등 직접 수행하는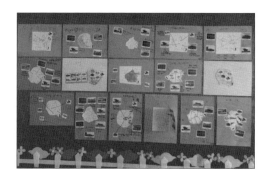

행동을 가리킵니다. 이 조작 활동을 통해 학생들은 논리적으로 사고할 줄 알게 되면서 추상적, 일반적 개념을 이해하게 되지요. 예를 들어, 수학 수업에서 학생들에게 덧셈 연산 과정을 익히도록 할 때, 바둑돌이나 수모형을 옮기거나 그리는 조작 활동을 하면서 연산의 규칙성을 발견하게 하고 그 과정에서 덧셈 알고리즘을 형식화합니다. 즉, 조작 활동은 학생들이 지식을 재발견할 수 있도록 돕는 활동이지요. 간단하고 쉽게 활용할 수 있는 조작 활동 3가지를 소개합니다. 먼저 '지도 밖으로 행군하라' 활동을 소개합니다.

지도 그리기 활동은 지도라는 구체적이고 관찰 가능한 대상에 직접 그리고 표시하고 붙이는 조작 활동을 수행하는 것입니다.


활용할 수 있는 수업

❶ 지도 위에 특정 위치, 분포를 나타낼 수 있는 모든 수업.
- **3학년 사회:** 우리 고장 백지도에 교통수단과 관련된 장소를 나타내고 이를 통해 오늘날 교통수단의 발달로 달라진 사람들의 생활 모습 발견하기.
- **4학년 사회:** 우리나라 백지도에 우리 주변의 상품 원산지를 나타내고 이를 통해 경제적 교류의 특징 발견하기.
- **5학년 사회:** 우리나라 국토의 자연환경 백지도에 표시하여 우리나라 국토의 특징 발견하기, 백지도에 인구 분포 표시하고 우리나라 인구 분포의 특징 발견하기.
❷ 비슷하거나 반대되는 개념, 포함 관계에 있는 개념, 공통점 또는 차이점이 있는 개념을 주제로 개념 지도 그리기.


**활동 순서**   (개념 지도 그리기 제외)

❶ 백지도를 학생들에게 제시하고 주제에 대한 특정 요소를 지도에 표시하게 합니다.
❷ 지도에 나타난 결과를 통해 공통점이나 두드러지는 점을 학생들이 직접 발견하도록 하여 일반화된 지식으로 배움 공책, 활동지 등에 정리하게 합니다.

❸ MSG 활동 또는 발표를 통해 학생들이 각자 정리한 내용(알게 된 사실, 일반화된 지식 등)은 학급 전체에 공유가 되도록 합니다.

활동 팁

❶ 지도 위에 특정 위치, 분포 등을 나타내기 전에 지도에 친숙해지게 하려면 지도와 관련된(예: 선생님이 생각하는 장소 맞히기) 놀이, 게임 등을 활용한 준비 활동을 할 것을 추천합니다.

**수업 속으로!**

**[주제]    경제적 교류의 특징 알기**

교사    지난 시간에 선생님이 사진을 찍어오라고 했습니다. 어떤 사진인가요?

학생    식품에 표시된 원산지를 찍어오라고 했습니다.

교사    선생님이 우리나라 백지도를 나누어 줄 것입니다. 교과서 뒤쪽에 있는 스티커를 활용하여 상품명과 원산지를 쓰고 해당 지역에 스티커를 붙입니다. (완도:김) 다 붙였나요?

교사    그렇다면 지금부터 '1:1 의견 교환하기'로 식품명과 원산지를 친구에게 알려주도록 합니다.

학생    ('1:1 의견 교환하기'로 자리에서 일어나 돌아다니며 서로 식품명과 원산지를 알려준다.)

교사    백지도에 붙인 스티커들을 보니 우리나라는 경제적 교류가 어떻게 이루어지고 있나요? 배움 공책에 적어봅시다. (예: 다른 나라와도 경제적 교류를 한다.)

## 4

**복제 게임**

# 조작 활동의 중심

'필사'란, '베끼어 쓰는 일'을 말합니다. 필사는 단순히 보고 똑같이 따라 쓰는 것 이상으로 가치가 있는 일입니다. 좋은 글을 베끼면서 관찰과 듣기 능력이 향상되고 글이 함축하고 있는 내용에 대해 생각하면서 좋은 사고 관점을 배워 식견이 넓어지기도 하지요.

앞에서 언급했던 것처럼 비고츠키는 어린이에게 있어 협력과 더불어 모방은 발달을 촉진하는 활동이라고 했습니다. 모방을 통해 어린이들이 원래 갖고 있던 것에서 가지지 못한 것으로 나아가게 하는 가능성을 찾을 수 있습니다. 본디 좋은 것을 닮기 위해 따라 하는 일은 학습자의 발달을 돕는다는 것입니다. 수업에서도 학생들에게 좋은 모델을 복제하게 함으로써 일반화된 지식을 발견하고 개념에 대해 더 깊이 이해할 수 있도록 도울 수 있습니다.

❶ 학생들이 직접 보고 쓰기, 그리기, 만들기, 자르고 붙여서 모델을 복제할 수 있는 수업 소재일 때.

❷ 사진, 동영상 등 시청각 자료를 관찰하는 활동 외에 다른 활동을 하고 싶을 때.

❸ 좋은 모델을 아는 것 자체가 교육과정 성취기준 및 수업에서 중요한 내용일 때.

❶ 교사가 학생들이 복제해야 할 좋은 모델과 복제 방법, 필요한 준비물 등을 제시합니다.

❷ 모델을 함께 관찰하면서 복제를 잘하기 위해 꼭 지켜져야 할 조건들을 질문하고 학생들이 답하게 합니다.

❸ 질문한 조건들에 유의하며 학생들이 직접 모델을 똑같이 만들게 합니다.

❹ 학생들이 알아야 할 내용과 모델을 관련지어 특징을 직접 배움 공책, 활동지에 정리합니다.

❺ MSG 활동 또는 발표를 통해 학생들이 각자 정리한 내용(알게 된 사실, 일반화된 지식 등)은 학급 전체에 공유가 되도록 합니다.

❶ 좋은 모델을 복제할 때는 쓰기, 그리기, 만들기, 자르고 붙이기 등 학생들의 사고를 자극하면서도 개념 이해를 도울 수 있는 가장 효과적인 방법을 선택해 활용하도록 합니다.

❷ 복제하는 활동 전에 학생들에게 모델과 관련된 질문을 제시할 때 수업 주제와 관련된, 복제 대상의 중요한 특징과 관련된 질문을 합니다.

❸ 복제하는 활동이 끝나고 나면 질문 방식으로 관찰 관점 제시하여 특징, 공통점 및 차이점 등을 발견했는지, 어떤 점을 새롭게 알게 되었는지, 어떤 것을 느꼈는지 등 학생들이 배움 주제와 관련된 개념, 일반화된 지식을 정리할 수 있도록 도와줍니다.

---

**수업 속으로!**

**[주제 1]  배추흰나비의 한살이 표본 만들기**

학생들이 직접 배추흰나비 한살이 과정을 크기, 생김새 등을 자세하게 관찰하여 표본을 만들어 보는 활동을 진행했습니다. 이는 다음 장에서 소개될 '찰흙놀이' 활동과 연계하여 수업을 진행했습니다. 표본을 만든 후에는 각각 어떤 특징이 있는지, 어떤 점이 새롭게 알게 되었는지 정리하는 시간을 가졌습니다. 대부분의 학생들이 알과 애벌레의 크기가 굉장히 작다는 점, 나비는 다리 6쌍이

모두 가슴에 붙어 있다는 점 등을 예로 들며 새롭게 알게 된 점을 말했습니다.


## [주제 2]  강 주변의 모습 색칠하기

교과서를 참고하여 강 주변의 모습이 어떠한지 똑같이 색칠해 보는 시간을 가졌습니다. 그리고 색칠한 결과물을 보고 강의 상류와 하류 중 어떤 지점이 강폭이 더 좁은지, 어떤 물질들(바위, 모래)을 볼 수 있는지 등을 찾아보게 했습니다.

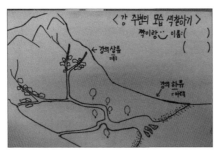 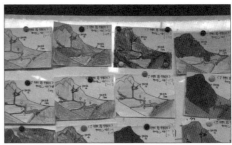


## [주제 3]  글을 읽고 중심 문장 찾아보기

글을 읽고 중심 문장을 찾아보는 것을 주제로 먼저 하나의 글을 따라 쓰게 하며 글을 음미하도록 했습니다. 그리고 중심 문장을 찾아 밑줄을 그어보도록 했습니다. 문단, 중심 문장, 뒷받침 문장 등 형식을 잘 갖춘 좋은 글을 따라 써보게 함으로써, 학생들이 적용 활동으로 쓰기를 할 때 참고할 수 있도록 했습니다.

## 5

**스몰 데이터를 분석하다**

# 조작 활동의 결과

현재 우리는 디지털 시대를 맞이하여 주변으로부터 어마어마한 정보와 데이터를 생산하는 빅데이터 환경 속에서 살아가고 있습니다. 빅데이터는 현재를 이해하고 미래 예측을 가능하게 하며 다양한 분야에서 활용되고 있을 뿐 아니라, 빅데이터의 발전은 인공지능 또한 급속도로 발전하게 했습니다.

이에 따라 인간의 비합리적인 면모와 대비되는 완벽한 분석적 사고를 탑재한 인공지능이 인간을 대신하면서 인간이 기계와의 경쟁에서 살아남을 수 있느냐는 문제가 제기되기 시작했습니다. 인공지능, 기계가 할 수 없는, 인간만이 할 수 있는 사고가 과연 있을까요?

정답은 '존재한다.'입니다. 인공지능의 분석적 사고와 상보적 역할을 할 수 있는 사고, 인공지능은 모사할 수 없는 사고, 바로 직관적 사고입니다. 직관적 사고란, '대상에 대해 직접적이고 빠르게 파악하는 사고'입니다. 쉽게 예를 들면 우리가 어떤 대상에 대해 갑자기 아이디어가 떠오르거나 해결 방법이 떠오르는 경우, 갑자기 아하! 하고 통찰이 발휘되는 경우 모두 직관직 사고에 비롯된 것입니다. 이 직관적 사고는 창조성의 핵심이자 인간 문명을 발전시키는 원동력이었습니다. 그렇다면 직관적 사고를 기르려면 어떻게 해야 할까요?

학술지 '직관적 사고의 교육적 의의와 교수설계에의 시사점'(김보경: 2018년) 에 의하면 직관적 사고를 기르는 방법은 다양하지만 그중 하나는 스몰데이터를 분석하게 하는 것입니다. 분석적 사고와 관련된 빅데이터 분석 활동은 많은 양의 데이터의 상관관계를 찾는 것이라면 직관적 사고와 관련된 '스몰데이터 분석 활동'은 소수의 구체적인 사례를 세밀하게 관찰하고 현상에 대한 원인을 찾는 것입니다.

### 활용할 수 있는 수업

❶ 소수의 한정된 자료(사진, 카드 등)를 아주 자세하게 관찰하는 활동이 가능할 때.

❷ 공통점과 차이점이나 특징을 학생들이 직접 발견하고 정리하게 할 때.

❸ 관찰 활동을 기반으로 하여 문제해결 활동을 진행하고 싶을 때.

### 활동 순서

❶ 교사가 수업 문제와 관찰 관점을 제시합니다.

❷ 학생들은 교사가 제시한 관찰 관점에 따라 이미지, 사진, 단어 등 카드 형태의 자료를 나눠주고 아주 자세하게 관찰합니다.

❸ MSG 활동 또는 발표를 통해 각자 관찰한 내용이 학급 전체에 공유가 되

도록 합니다. 발표는 칠판 발표를 추천합니다.

❹ 관찰 결과를 바탕으로 수업 문제와 관련된 발견할 수 있는 사실, 공통점과 차이점, 일반화된 지식 등을 스스로 도출해냅니다. 분류가 요구되는 활동이라면 충분한 관찰 후 분류 기준에 따라 분류 대상을 분류하도록 합니다. 개인, 짝, 모둠 활동 모두 가능합니다.

**활동 팁**

❶ 다양한 생각이 나올 수 있도록 허용적인 분위기를 조성하거나 발견한 생각 개수에 목표치를 부여하여 긴장감 있게 놀이하며 진행할 수도 있습니다.

❷ 자료는 학생들이 관찰하고 분류할 수 있는 카드 형태로 제시하는 것이 가장 좋습니다. 학생들이 직접 관찰하고 분류할 수 있도록 합니다.

**수업 속으로!**

[주제 1] 하는 일에 따라 공공기관 분류하고
이를 통해 공공기관의 역할 정리하기

**교사** 우리 주변에는 공공기관이 많이 있지요? 그중에서 우리는 10가지의 공공기관만 자세하게 살펴보도록 하겠습니다. 이 공공기관들은 각각 무슨 일을 하나요? 자세하게, 최대한 많이 써보도록 합시다.

**학생** (공공기관별로 하는 일을 최대한 자세하게 많이 써보도록 한다.)

**교사**　지금부터 하는 일이 비슷한 것끼리 묶어보겠습니다. 어떻게 묶을 수 있을까요?

**학생**　학교와 교육청을 묶을 수 있습니다.

**학생**　미술관과 박물관을 묶을 수 있을 것 같아요.

**교사**　선생님은 주민센터랑 시청을 묶을 수 있을 것 같은데, 또 어떤 것들을 더 포함시킬 수 있나요?

**학생**　도청도 묶을 수 있을 것 같아요. (중략)

**교사**　여러분과 함께 비슷한 일을 하는 것끼리 공공기관을 묶어보았어요. 각 묶음들을 보고 어떤 공통점이 있는지 모둠 친구들과 함께 생각해 봅시다.

**학생들과 함께 분류한 내용과 일반화된 지식**(공공기관의 역할)

---

묶음 1: 주민센터, 시청, 도청 등 〉 사람들의 생활을 편리하게 해준다.

묶음 2: 학교, 교육청 〉 교육을 지원한다.

묶음 3: 소방서, 보건소 등 〉 사람들의 안전과 건강을 보호한다.

묶음 4: 도서관, 미술관, 박물관 〉 관람할 수 있다(문화 생활을 지원)

---

6

**찰흙 놀이**

# 조작 활동의 끝판왕

선생님께서는 찰흙을 언제 활용하시나요? 주로 찰흙은 미술 시간에 입체 표현을 위해 많이 활용될지도 모르겠습니다. 그러나 이 찰흙을 다른 교과에서 활용할 수는 없을까요? 이 찰흙이야말로 조작 활동의 끝판왕이라고 볼 수 있습니다. 찰흙이라면 무엇이든 만들고 무엇이든 될 수 있으니까요.

**활용할 수 있는 수업**

❶ 구체물을 구하기 어려워 찰흙을 이용하여 직접 구체물을 만들어 직접 옮겨가며 조작하여 지식을 이해하도록 하고 싶을 때.

❷ 구체물을 만들고 이를 관찰하여 새로운 지식을 스스로 발견하도록 하고 싶을 때.

❸ 사회 역사(유물 만들기) 및 지리(자연환경 및 인문 환경 표현하기), 과학 지구과학(지구

의 지표 표현하기), **수학의 측정**(단위의 필요성 알기, 어림하기) **및 수와 연산**(덧셈과 뺄셈, 곱하기, 나누기 등) **등 주지 교과 수업.**

## 활동 순서

❶ 교사는 수업 주제를 제시합니다.

❷ 학생들은 수업 주제와 관련된 구체물을 찰흙을 이용하여 만듭니다.

❸ 만든 구체물을 옮겨 조작해 보거나 관찰하고 조작 및 관찰 결과를 기록합니다.

❹ ❸번 과정을 통해 발견할 수 있는 지식을 교사의 적절한 질문과 함께 정리합니다.

❺ MSG활동 또는 발표를 통해 학생들이 각자 정리한 내용(알게 된 사실, 일반화된 지식 등)을 학급 전체에 공유가 되도록 합니다.

## 활동 팁

❶ 찰흙이 너무 손에 묻어 번거롭다면 클레이점토, 천사점토 등을 활용할 수 있습니다.

❷ '4. 조작 활동의 중심: 복제 게임'과 연계하여 좋은 모델을 복제하기 위해 찰흙 놀이를 활용하여 활동을 진행할 수도 있습니다.

## [주제 1]  나눗셈의 의미 알기

찰흙을 이용하여 사과를 만들고 이
를 직접 나누어 보면서 나눗셈의 의미-
등분제, 포함제를 알아보도록 했습니
다. 그리고 이를 식으로 나타내어 기호
표현까지 연결해보았습니다.

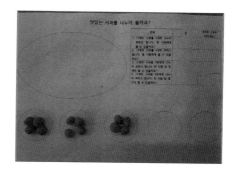

## [주제 2]  강 주변의 모습 탐구하기

**교사**  지금까지 교과서 그림을 참고해 모둠 친구들과 함께 강 주변의 모습을 클레
이를 활용해 나타내어 보았습니다. 지금부터 여러분이 만든 찰흙을 관찰하
는 시간을 갖도록 하겠습니다. 배움 공책을 꺼내 선생님이 그리는 표를 따
라 그려보세요.

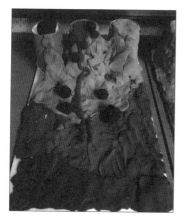

|  | 강의 상류 | 강의 하류 |
|---|---|---|
| 강폭(넓다, 좁다) |  |  |
| 경사 (급하다, 완만하다) |  |  |
| 물질(바위, 모래) |  |  |

**교사** 여러분이 만든 모형을 관찰하면서 표의 빈칸을 채워보세요. 강의 상류는 어떠한가요?

**학생** 강폭이 좁고, 경사가 급합니다. 바위가 있습니다.

**교사** 강의 하류는 어떤가요?

**학생** 강폭이 넓고, 경사가 완만합니다. 모래가 있습니다.

**교사** 왜 이러한 현상이 나타나게 되었을까요? 지난 시간에 침식과 퇴적에 대해 배웠는데, 침식과 퇴적 작용과 강 상류와 하류 모습이 어떤 관련이 있을까요? (중략)

**교사** 다른 모둠에서 만든 모형을 관찰하는 시간을 가져볼까요? 어떤 모둠의 모형이 강의 상류와 하류 모습에 맞게 모형을 잘 만들었는지 확인해 봅시다.

**학생** (돌아다니며 다른 모둠이 만든 모형을 관찰한다.)

## 7

## 귀를 세워 봐

# 듣고 따라 그려보면?

수업 시간에 학생들이 아무 소리도 내지 않고 집중할 때가 언제일까요? 바로 듣기 활동을 할 때입니다. 국어 교과서를 살펴보면 지문 읽기뿐 아니라 지문을 들려주고 학생들이 문제를 풀게 하는 활동이 제시되어 있습니다. 듣기 활동을 할 때면 모든 학생이 소리를 내지 않고 듣기 위해 집중합니다.

청각적으로 자료가 제시되면 일단 자료를 놓치지 않기 위해 다른 소리는 자연스럽게 내지 않으려고 합니다. 시각 자료의 경우, 육안으로 쉽게 확인할 수 있고 자료의 휘발성이 강하지 않기 때문에 조금 집중이 흐트러져도 괜찮습니다. 하지만 청각 자료는 쉽게 확인할 수 없지요. 집중하고 귀를 기울여 듣지 않으면 안 됩니다. 귀를 기울여 듣지 않으면 자료의 휘발성이 강하여 집중을 해야 하는 구조가 발생하게 되지요. 어느 한 명이 작은 소리를 내기만 해도 학급 전체 친구들에게 영향을 주기 때문에 가능하면 어느 한 명도 소리를 내지 않고 집중하려고 노력하게 되는 것입니다.

이러한 시청각 자료의 특성을 활용해 교사가 청각적 자료를 제시하고 학생들이 시각적 자료로 직접 가공하는 활동을 하면 어떨까요? 청각 집중 활동을 활용하는 것은 학생들의 집중 훈련에도 도움이 됩니다. 요즘 아이들은 사진, 동영상 등 자극적인 시각 자료에 많이 노출되어 있기 때문에 시각에만 의존하려는 경향이 강하고 집중력도 짧습니다. 따라서 듣기에 집중하도록 함으로써 시각이 아닌 다양한 감각에 집중하도록 하는 활동도 필요합니다.

### 활용할 수 있는 수업

❶ 학생들에게 들려줄 수 있는 형태로 자료를 제시할 수 있을 때.

❷ 학생들이 요약하기, 마인드맵, 그림 그리기 등 다양한 방법으로 청각 자료를 시각 자료로 가공할 수 있을 때.

❸ 학생들이 주체적으로 참여해 학습자료 가공의 과정까지 경험하게 하고 싶을 때.

### 활동 순서

❶ 교사가 수업 주제와 관련된 과제 또는 미션을 제시한 후, 과제 또는 미션을 수행하기 위해 청각 자료를 들려줍니다.

❷ 학생들은 청각 자료를 듣고 과제 또는 미션을 수행합니다. (예: 듣고 그리기)

❸ 짝 또는 모둠과 과제 또는 미션 수행한 결과를 비교합니다.

❹ 과제 또는 미션을 수행한 결과를 바탕으로 알 수 있는 지식, 즉, 일반화된 지식을 도출하여 배움 공책 또는 활동지에 정리합니다. (공통점과 차이점 발견

하기, 특징 발견하기, 순서 정하기 등)

❺ MSG 활동 또는 발표를 통해 학생들이 각자 정리한 내용이 학급 전체에 공유가 되도록 합니다.

활동 팁

❶ 청각 집중 자료를 제시할 때는 반복적으로 들려주는 것이 좋습니다. 한 번만 듣고 학생들이 답을 찾거나 생각하기 어렵기 때문입니다. 저학년일 수록 반복해서 들려주며 기회를 주어야 합니다. 필요하다면 화면을 통해 문장을 보여주는 것도 좋습니다. 단, 너무 많은 문장을 한꺼번에 보여주 는 것보다 한 문장씩 보여주는 것이 좋겠지요.

❷ 청각 자료는 녹음 자료로 들려주는 것이 가장 좋지만, 교사가 또박또박 실감 나게 읽어주는 것도 좋습니다. 학생들이 들어야 하는 구조가 만들어 진다면 어떤 방식으로 제공해도 괜찮습니다. 시각적인 형태를 자세하게 보여주는 것이 아니면 됩니다.

❸ 청각 집중 활동을 놀이로 만들어 제시한다면 더욱 학생들이 흥미를 갖고 참여할 수 있습니다. 받아쓰기 시험이라면 학생들이 좋아하지 않지만, 놀 이로 받아들인다면 재미를 느끼며 참여하게 할 수 있지요. 그리고 자연스 럽게 몰입하며 더 들으려고 노력할 것입니다.

❹ 청각 자료를 제공받고 학생들이 과제를 수행할 때, 문장 쓰기보다는 내용 을 그리거나 다른 방식으로 표현해 보게 하면 좋습니다. 들은 내용을 그 대로 받아쓰기하는 것보다 그림(또는 다른 방식)으로 나타내기 위해 더 생각 하게 되고 학생들이 더욱 예상할 수 없음으로더욱 흥미를 갖고 활동에 참

여할 수 있습니다.

**[주제]** 집의 변화로 달라진 사람들의 생활 모습 탐구하기

첫 번째 움집

집 전체가 따뜻할 수 있도록 가운데에 나무를 놓고 불을 피워.

인물이 말하는대로 집의 구조 그리기

1. 인물이 말하는 대로 집의 구조, 도구를 그려봅시다.

2. 그림을 그려도 되고 글씨를 써서 나타내도 됩니다.

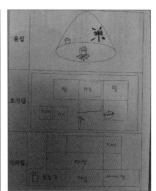

**교사** 선생님이 나누어준 활동지를 보면, 총 몇 가지의 집이 있나요?

**학생** 세 가지입니다. 움집, 초가집, 기와집이에요.

**교사** 맞아요. 선생님이 앞으로 세 명의 친구를 소개할 거예요. 한 친구씩 나와서 자신이 살고 있는 집의 구조에 관해 설명할 것입니다. 여러분은 친구의 말을 귀 기울여 듣고 똑같이 활동지에 그림을 그리거나 글씨를 쓰면 됩니다. 그럼 시작해 볼까요?

**학생** (청각 자료에 따라 활동지에 그림을 그리거나 글씨를 쓴다.)

**교사** 완성했나요? 그러면 짝과 그린 것을 비교해 보며 맞게 그렸는지 확인해 볼까요?

**교사** 이번에는 정답 그림을 보여줄게요. 맞게 그렸는지 다시 한번 확인해 봅시다.

**교사** 움집과 초가집, 초가집과 기와집의 집의 구조가 모두 같은가요?

**학생** 아닙니다.

**교사** 각자 어떤 특징을 갖고 있는지 비교해 볼까요? 배움 공책을 펴보세요.

## 8

### 호모나랜스

# 나도 스토리텔러가 된다

'호모나랜스'란, '이야기하는 인간'이라는 뜻으로, 인간은 누구나 이야기 본능을 가진 존재로 본 것에서 만들어진 용어입니다. 스토리텔링은 대중의 이야기에 대한 근원적인 욕망을 담아내는 창구라고 할 수 있지요. (출처: 네이버 지식백과)

학생들도 이야기를 좋아합니다. 교사가 풀어나가는 스토리텔링뿐 아니라 학생들 스스로 이야기를 만드는 것에 호기심과 흥미를 갖기도 합니다. 학생들의 이야기 본능, 창조적 본능을 깨우는 수업을 하고 싶다면 '호모나랜스 되기' 활동을 추천합니다.

'호모나랜스 되기' 활동은 단순 가정 활동, 상상 활동과 다릅니다. 먼저 그 차이를 살펴볼까요?

만약 내가 일제강점기에 일제에 맞서는 독립운동가라면 어떻게 했을 것 같나요?
친구들과 이야기해 보세요.

위와 같은 역사적 상상 활동은 실제로 역사 수업에 적극적으로 활용되는 활동 중 하나입니다. 역사 수업뿐 아니라 국어 수업에서도 만약 내가 어떤 인물이 되었을 때 어떤 마음일지, 어떤 행동을 했을지 상상해 보고 이야기하는 활동을 많이 활용하지요. 새로운 인물이 되어 나라면 어떻게 할지 상상해 보는 것은 학생들이 인물 입장에 깊이 공감하게 하는 힘이 있기 때문입니다.

그러나 자칫하면 학생들이 인물 입장에 깊이 공감하기는커녕 재미없는 말하기, 글쓰기 수업이 될 수도 있습니다. 또한 '만약 나라면 못할 것 같다', '만약 나라면 ( )인물처럼 ~을 할 것 같다'와 같이 한계 있는 생각들이 나오게 되지요. 가정, 상상 활동에서 오는 한계점을 보완할 수 있는 '호모나랜스 되기' 활동을 소개하겠습니다.

### 활용할 수 있는 수업

❶ 학생들이 어떤 특정 인물의 입장이 되어 상상하게 할 때.

❷ 개념이나 현상에 대해 학습한 후, 이에 대한 적용 활동이 필요할 때.

❸ 개념이나 현상에 대해 학습하기 전, 먼저 학생들의 상상한 이야기와 교과서 내용(또는 다른 학생의 상상한 이야기)과 비교(공통점과 차이점 발견)하며 배움 목표에 도달하게 하고 싶을 때.

❹ 특정 주제에 대해 상상하여 디자인, 설계 활동 수업을 할 때.

❶ 수업 주제와 관련된 이야기 과제를 제시합니다. 이야기를 만들 수 있는 과제 예시는 다음과 같습니다.

※ **과제 예시** (과제를 제시할 때 주의할 점들은 아래 활동 팁을 참고해 주세요.)

> • 인물의 프로필 만들기
> • 인물이 했을 대사 만들기
> • 인물이 만들었을 특정 결과물 만들기

위의 과제 예시의 공통점은 무엇인가요? 학생들이 재미있게 상상할 수 있도록 '구체적 조건'이 있는 과제를 제시한다는 것입니다.

❷ 교사가 제시한 조건에 따라 학생들이 이야기를 만들어 보게 합니다.
❸ 미러링 산책, 돌려 읽기, 서로 묻고 답하기 등 다양한 방법으로 친구들이 만든 이야기를 살펴보게 합니다. 그리고 인상 깊었던 친구, 칭찬하고 싶은 친구는 누구인지 등을 발표하게 합니다.
❹ 여러 가지 이야기를 읽고 종합하여 알 수 있는 사실, 일반화된 지식을 배움 공책, 활동지 등에 정리합니다.

> • 교과서 내용, 영상, 다른 학생들의 결과물과 비교하여 공통점 도출하기
> • 교과서 내용, 영상, 다른 학생들의 결과물과 비교하여 차이점 도출하기
> • 특징, 알 수 있는 사실 등 발견하여 정리하기

❺ MSG 활동 또는 발표를 통해 학생들이 각자 정리한 내용(알게 된 사실, 일반화 된 지식 등)은 학급 전체에 공유가 되도록 합니다.

❶ 인물 프로필, 대사, 결과물 등을 만들 때 배움 문제와 연결되는 조건을 교사가 잘 제시해주어야 합니다.

❷ 학생들이 만들 이야기 상황에 아주 구체적으로 상상할 수 있도록 조건을 만들어 주어야 합니다. 인물 프로필 만들기로 예를 들면, 드라마, 영화, 소설 등 이야기에서 가장 중요한 것은 인물에 대한 정보입니다. 인물의 생김새, 성격, 사고방식 및 행동 방식이 결국 이야기를 풀어나가는 데 중요한 부분을 차지하기 때문이지요. 수업에서도 이야기를 만들 때, 먼저 진짜 그 인물이 된 것처럼 상상하여 구체적인 인물의 프로필을 만든 뒤 간단하게 스토리를 만들도록 합니다. 위의 활동 예시처럼 '만약 내가 일제 강점기에 일제에 맞서는 독립운동가라면 어떻게 했을 것 같나요?'와 같이 추상적인 질문이 아니라, 다음 구체적 조건이 담긴 질문들로 독립운동가 프로필을 만들어 보게 합니다.

• 독립운동가의 기본 정보(이름, 나이, 성별, 결혼 여부 등)는?
• 주로 어느 지역에서 독립 활동을 했나?
• 직업은 무엇인가? 어떤 종류의 독립운동을 했나?
• 어떤 인물과 독립운동을 같이 했나? (교과서에 나온 인물, 교실에서 친구들이 만든 인물)
• 독립운동을 했을 때 가장 힘들었던 때는? (사건 만들기)

❸ 이야기 조건을 제시한 후 학생들의 창조적 욕구를 끌어올리기 위해 교과서, 배움 공책에 쓰기, 활동지 배부하기보다는 다양한 방법으로 표현해 보게 해야 합니다. 창조적 표현 활동이 되도록 자유롭게 그리기도 하고 쓸 수도 있는 백지(예: A4 크기의 도화지)를 활용할 것을 추천합니다.

❹ 학생들이 상상하는 데 도움이 되는 지도나 그림 등 추가 자료를 더 제시하면 학생들은 즐겁게 상상하며 활동할 수 있습니다.

❺ 학생들이 호모나랜스가 되어 만든 결과물과 배움 주제와 연결되는 지점을 찾아 제시해야 합니다. 이는 곧 일반화된 지식을 도출하는 과정, 지식을 스스로 재창조하는 과정이 되기 때문이지요.

**수업 속으로!**

**[주제 1]  옛날과 오늘날의 가족 형태와 구성원의 역할 비교하기**

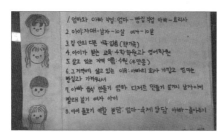 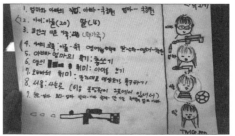

교사  지금부터 여러분은 오늘날을 살아가는 가상의 가족을 만들어 볼 거예요. 가상의 가족에 대한 정보를 여러분이 상상하여 적으면 됩니다. 여러분이 상상해야 할 부분은 다음과 같습니다.

**교사**　짝과 함께 가상의 가족에 대한 프로필을 완성해 보세요.

**교사**　번개 발표로 쓴 내용을 발표해 봅시다.

**교사**　선생님이 옛날 가족 형태와 구성원의 역할과 관련된 동영상을 보여줄 것입니다. 여러분이 쓴 내용과 어떤 부분이 다른지 잘 살펴보세요. 먼저 가족 형태가 어떻게 다른가요?

**학생**　옛날에는 확대가족이 많았는데, 오늘날에는 핵가족이 많아요. 가족의 수가 많았다가 적어요.

**교사**　맞습니다. 집안일이나 육아는 역할분담이 달라졌나요?

**학생**　옛날에는 주로 여자들이 했는데, 오늘날은 남녀 모두가 집안일을 하고 아이를 돌봐요.

**교사**　왜 그렇게 바뀌었을까요?

**학생**　남녀가 평등하다는 생각 때문인 것 같아요.


**[주제 2]　전화할 때 필요한 대화 예절이 무엇인지 알아보기**

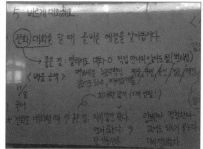

만약 내가 전화로 친구에게 내일 준비물을 물어봐야 하는 상황이라면 어떤 대화를 하게 될까요? 올바른 전화 대화 예절이란 무엇일까요? 직접 대본을 써 보고 잘 쓴 대본을 투표해 보았습니다. 그리고 잘 쓴 대본들이 가진 공통점을 찾아 전화할 때 필요한 대화 예절이 무엇인지 학생들이 스스로 생각해 보게 했습니다.

## 9

**순서 배열 활동**

# 규칙을 발견하고 지식 창출하기

"자, 국어 교과서 182쪽에 글이 보이나요? 글을 읽어봅시다."

"다음 사진(그림)은 무슨 사진(그림)인가요? 사진(그림)을 관찰해봅시다. 어떤 특징이 있나요?"

위는 교사가 글, 사진, 그림 자료를 제시할 때 자주 하는 발문입니다. 학생들을 쉽게 이해시킬 수 있는 적절한 자료를 제시하는 것은 아주 중요한 일이지만, 수업에서 늘 글을 읽고 늘 사진과 그림을 관찰하는 학생들에겐 정해진 방식이다 보니 가끔 지루할 때가 있습니다. 이때 학생들에게 긴장감과 흥미를 부여하면서도 자료를 더 적극적으로 생각하고 탐구하게 만드는 '순서를 배열하라!'를 소개합니다.

❶ 순서가 중요한 수업 내용일 때.

❷ 사진, 동영상 등 시청각 자료를 활용한 수업 외에 다른 활동을 구상하고 싶을 때.

❸ 학생들이 주체적으로 참여해 자료 가공의 과정까지 경험하게 하고 싶을 때.

❶ 교사가 무작위로 분리된 자료를 제시합니다.

❷ 학생들은 분리된 자료를 순서대로 배열하거나 바르게 배치합니다. (예: 글의 문단 순서 배치하기, 달의 모습 조각 맞추기)

❸ 학생들이 분리된 자료를 바르게 배열 및 배치한 뒤에 일반화된 지식을 도출하기 전에 수업주제와 연결되는 중요한 두 가지 질문을 합니다.

왜 이 순서대로 배열했는가?

각 조각은 무엇에 관한 내용인가?

❹ 배열 및 배치 과정에서 발견할 수 있는, 수업에서 중요한 핵심 내용을 배움 공책 또는 활동지에 정리합니다.

❺ MSG 활동 또는 발표를 통해 학생들이 각자 정리한 내용(알게 된 사실, 일반화된 지식 등)은 학급 전체에 공유가 되도록 합니다.

❶ 먼저 교사가 순서가 정해져 있는 자료를 무작위로 분리하여 조각난 자료를 제시하는 작업이 필요합니다. 이때 자료를 분리하여 조각낼 때도 원칙이 필요합니다. 예를 들어 한 편의 글을 분리할 때는 문단별로 분리하거나 내용별로 분리해야 합니다. 사진이나 그림을 조각낼 때는 퍼즐을 맞추는 형식으로 제시해도 됩니다.

❷ 질문에 관해 묻고 답할 때는 MSG 활동이나 여러 가지 발표 방법을 활용하여 학생들이 자기 생각을 나누고 공유하고, 발전시키면 더욱 의미 있는 수업을 만들 수 있습니다.

❸ 변형활동: 1인 1정보 쪽지를 주어 관련 있는 친구들을 모이게 하여 순서를 배열하게 하거나, 공통점을 찾게 하는 등의 활동도 가능합니다.

수업 속으로!

[주제 1]  독후감 쓰는 방법 알기

❶ 독후감 예시 읽고 순서대로 배움 공책에 붙이기

❷ 왜 이 순서대로 배열했는지 말하기

❸ 각 조각은 무엇에 관한 내용인지 말하고 정리하기

• 조각 1: 책을 읽게 된 동기
• 조각 2: 책의 줄거리

- 조각 3: 인상 깊었던 내용

- 조각 4: 느낀점

- 조각 5: 느낀점 2

[주제 2]  경험한 일 글로 쓰는 방법 알기

❶ 경험 한 일 글로 쓴 것 예시 읽고
순서대로 배움 공책에 붙이기

❷ 왜 이 순서대로 배열했는지 말하기

❸ 예시에서 잘 쓴 점 2가지, 부족한
점 1가지 쓰기 → 미러링 산책으로
보충

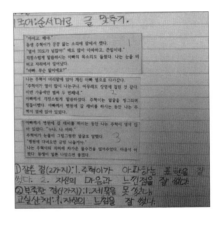

[주제 3]  일하는 방법에 따라 내용을 파악하며 글 읽기

❶ 일하는 방법에 따라 쓴 글 예시 읽
고 순서대로 배움 공책에 붙이기

❷ 왜 이 순서대로 배열했는지 말하
기 → 일하는 차례를 나타내는 말
을 보고 알았다.

❸ 각 조각은 무엇에 관한 내용인지
말하고 정리하기

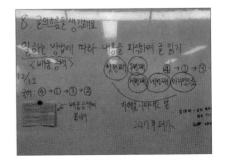

- 조각 1: 실팔찌 만들기 마무리 방법

- 조각 2: 실팔찌 만드는 방법

- 조각 3: 실팔찌 만드는 방법

- 조각 4: 실팔찌의 유래

## [주제 4]  달의 모습 알아보기

❶ 달 사진 퍼즐 맞추기

❷ 왜 이 순서대로 배열했는지 말하기

❸ 각 조각에서 눈에 띄는 달 표면에
  보이는 것 말하기

- 이두운 색깔과 밝은 색깔

- 움푹 팬 것

- 매끈한 부분과 울퉁불퉁한 부분

- 둥글다 등

## 10

## 실물 탐색 활동

# 실물을 관찰하고 지식 창출하기

앞서 언급했듯이 초등학생 대부분은 피아제 인지 발달 단계에서 '구체적 조작기'에 머물러 있어 사고하기 위해서는 구체적인 대상이 필요합니다. 교실의 환경적 특징 또는 실물을 활용하여 활동을 진행하면 학생들이 사고하기 편하고 지식을 조금 더 쉽게 이해할 수 있게 됩니다. 이때 꼭 교실에 있는 물건만이 가능한 것은 아니며 학생들에게 준비물을 가져오게 하며 수업에 활용할 수도 있습니다.

### 활용할 수 있는 수업

❶ 학생들이 흥미 있는 실물이 수업 소재로 활용이 가능할 때.

❷ 실생활과 직접 관련 있도록 수업을 전개하고 싶을 때.

❸ 수학 측정 영역에서 학생들이 직접 길이를 재고 비교하며 양감을 기르게 하고 싶을 때.

❶ 수업 주제와 관련된 과제 또는 미션을 제시합니다.

❷ 수업 주제에 알맞게 실물을 자세히 관찰하거나 조작합니다. 필요하면 자리에서 일어나 교실 내에서 돌아다니며 과제 또는 미션을 수행하게 해도 좋습니다.

❸ 과제 수행 결과를 발표하고, 과제를 수행하면서 도출할 수 있는 사실, 일반화된 지식을 배움 공책, 활동지에 정리합니다.

❹ MSG 활동 또는 발표를 통해 학생들이 각자 정리한 내용(알게 된 사실, 일반화된 지식 등)은 학급 전체에 공유가 되도록 합니다.

활동 팁

❶ 만약 학생들이 이동 가능한 활동이라면 적절한 긴장감과 흥미를 위해 시

〈2분 동안 교실 속에서 직각을 찾아 스티커 붙이기〉

간제한을 두는 것이 좋습니다.

❷ 교실 물건 또는 환경을 활용했다면 그 뒤에는 학생 전체가 정리하는 시간을 가져야 합니다. 교실에 있던 물건을 만지거나 가져가기도 하고 또한 무언가를 찾기 위해, 붙이기 위해 원래 교실 모습보다 다소 어질러진 광경을 볼 수 있습니다. 그만큼 학생들이 열심히 참여하기 위해 노력한 것이므로 나무라기보다는 같이 정리하며 시간을 보내는 것이 더 현명하겠지요.

[주제 1]  안내문 읽기

교사  선생님이 지난 시간에 과자를 가져오라고 했는데 모두 가져왔나요? 과자 봉지를 자세하게 들여다볼까요? 과자 봉지에는 무엇이 적혀있나요?

학생  과자 그림이 있어요. 과자에 들어있는 영양소를 알 수 있어요.

교사  맞습니다. 또 과자를 먹는 방법이나 보관 방법에 대해서도 나와 있습니다. 이러한 방법들도 안내문 일부가 될 수 있겠지요. 지금부터 여러분이 가져온 과자에 쓰여 있는 안내문을 찾아 포스트잇에 옮겨 적어봅시다. 다 했으면 모둠 친구들과 돌아가면서 말해보세요.

교사  안내문에 있는 단어 중 어려운 단어는 없었나요? 국어사전을 이용해 찾아봅시다.

## [주제 2] 자석으로 된 물체 찾기

**교사** 선생님이 자석을 개인별로 나누어 주려고 합니다. 자석을 이용하여 교실을 돌아다니면서 자석에 붙는 물체 2개와 자석에 붙지 않는 물체 2개를 찾아 자기 책상에 올려놓습니다. 시간은 4분을 주겠습니다.

**학생** (교실을 돌아다니며 자석에 붙는 물체와 붙지 않는 물체를 찾는다.)

**교사** 각자 친구들이 어떤 물체를 가져왔는지 확인해 볼까요? 먼저 자석에 붙지 않는 물체를 번개 발표로 이야기해 봅시다.

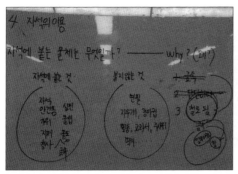 

**학생** 자석에 붙지 않는 물체 번개 발표_연필, 지우개, 필통, 휴지, 딱지, 모래시계 등

**교사** 여러 가지 물체들이 있었군요. 이번에는 자석에 붙는 물체를 번개 발표로 이야기해 봅시다.

**학생** 자석에 붙는 물체 번개 발표_가위의 자르는 부분, 지퍼, 실핀, 클립, 금속물통 등

**교사** 여러 가지 물체의 종류가 나왔군요. 그렇다면 이렇게 자석에 붙는 물체들은 공통점이 무엇일까요? 공통점 1가지를 생각하여 포스트잇에 써봅시다.

**교사** 두더지 발표를 해봅시다.

## 11

**창의적 문장 활동**

# 내 생각을 담아라

수업이 마무리될 때면 학생들이 오늘 배운 내용에 대해 제대로 이해했는지 확인해 보고 싶을 때가 있습니다. 특히, 인지, 행동적 요소보다 정의적 요소가 중요한 수업일 때 더욱 그렇습니다. 여기에 학생들의 창의적 사고 역량과 논리적 사고 역량을 길러주고 싶다면 '창의적 문장 만들기' 활동을 추천합니다.

창의적 문장 만들기 활동은 학생들이 제시어에 관한 생각을 함축적 의미가 담긴 단어를 활용해 문장을 만들고 그렇게 생각한 까닭을 적는 활동입니다. 예를 들어 다음과 같은 문장 구조를 제시하여 학생들에게 말을 만들어보라고 하는 것이지요.

> 창의성이란, ( )이다. 왜냐하면~.

학생 입장에서 개념이나 현상에 대해 자기 생각을 바탕으로 새롭게 정리하니

다양한 의견이 나오는 것을 볼 수 있습니다. 다양한 의견을 수용할 수 있고 자신이 그렇게 생각한 까닭까지 적게 하여 창의적 사고 역량과 논리적 사고 역량을 기를 수 있습니다.

## 활용할 수 있는 수업

❶ 오늘 배운 내용에 대해 학생들이 한두 문장으로 직접 정리하는 배움 정리 활동을 할 때.

❷ 필요성, 중요성 알기와 같은 정의적 요소와 관련된 수업을 할 때.

❸ 학생들이 생각하는 내용들을 바탕으로 수업 주제와 연결 지어 수업을 진행하고 싶을 때.

## 활동 순서

❶ 학생들이 쓸 주제를 제시합니다.

❷ 각자 생각한 내용을 생각하고 꾸며 정리합니다.

❸ 발표, MSG 활동 등을 활용하여 짝, 모둠, 다른 모둠 친구들과 쓴 내용을 공유합니다.

❹ 학생들이 쓴 내용들을 종합하여 알 수 있는 사실을 정리합니다.

❶ '환경은 (　　)이다. 왜냐하면 (　　　　)이기 때문이다.'와 같이 문장 형태를 제시하여 주는 것이 좋습니다.

❷ 그림이 제시된 이미지 카드를 활용하여 학생들이 문장을 짓게 하면 더 다양하고 기발한 아이디어 생성을 도울 수 있습니다.

　　**예:** 행복한 가족의 조건은 (　바다　)이다. 행복한 가족이 되려면 바다처럼 넓고 깊은 이해심이 필요하기 때문이다.

❸ 교사가 먼저 예시를 들어주거나 잘 쓴 학생의 예시를 들려주어 학생들이 참고하여 쓸 수 있도록 합니다.

❹ 학생들이 쓴 내용을 잘 기록하여 학급에 게시하면 학생들이 교실에서 읽어볼 기회를 주면 기억에 오래 남도록 할 수 있습니다.

❺ 학생들이 자신이 생각한 내용을 기록할 수 있도록 색지를 이용해 작은 카드로 잘라주어 나누어 주는 것이 좋습니다. 시간이 남는 학생은 연상되는 모습, 그림을 그리면서 카드를 꾸미도록 합니다.

---

**수업 속으로!**

[주제]　　가족의 의미 알아보기

**교사**　　지금까지 다양한 가족 형태에 대해 공부했습니다. 이제 아주 중요한 질문을 할게요. 우리 주변에는 이렇게 다양한 형태의 가족이 있는데, 우리 가족과 형태가 다른 가족은 모두 불행한가요?

**학생**　　아니오.

**교사**  가족의 형태에 따라 가족의 행복과 불행이 결정되나요?

**학생**  아니오.

**교사**  여러분은 아니라고 대답했는데, 그렇다면 행복한 가족의 조건은 무엇인가요? '창의적 문장 만들기'로 여러분의 생각을 정리해 보세요.

## 12

**지식의 발견 프로젝트**

# 놀이와 개념, 두 마리 토끼를 잡다

놀이는 수업 속에서 많이 활용하는 활동 중 하나입니다. 놀이가 가장 많이 활용되는 때는 정리 활동을 할 때가 아닐까요? 오늘 배운 내용을 익히거나 다시 한 번 복습할 때 많이 사용됩니다. 배움이 일어나는 과정에서도, 개념을 이해하는 과정에서도 놀이를 활용할 수는 없을까요? 개념을 이해하기 위해, 생각할 거리를 제공하기 위해 사고의 도구로써 활용할 수 있는 놀이들을 소개합니다.

**지식 발견을 돕는 놀이 선택의 조건**

1. 놀이 방법이 어렵거나 너무 시간이 오래 걸리는 놀이는 지양합니다. 놀이 자체가 목적이 아니라 개념에 대한 이해가 가장 큰 목적이기 때문입니다. 이해하기 쉽고 간단한 놀이를 활용해야 합니다.

2. 학생들이 직접 도출해내기 어려운 개념, 교사의 설명과 안내가 절대적으로 필요한 내용은 지양합니다. 수업마다 적절한 수업방법이 있는데, 학생들에게 생소한 개념은 교사가 직접 설명해주는 것이 훨씬 효율적이고 도움이 될지도 모릅니다. 따라서 놀이를 활용할 때는 사고의 디딤돌이 되어 학생들이 스스로 생각하고 도출해낼 수 있도록 경험적으로 알고 있는 개념이 적절합니다.

# 버리기 놀이

버리기 놀이는 여러 가지 선택할 수 있는 범위에서 버릴 것들을 선택하여 마지막에 자신의 선택 결과를 알아보는 놀이입니다.

## 활용할 수 있는 수업

❶ 어떤 대상의 필요성, 중요성을 직접 깨닫게 하는 수업을 할 때.

❷ 우선순위를 정하거나 어떤 선택을 하느냐가 중요한 수업 주제일 때.

## 활동 순서

❶ 학생들에게 각각 종이를 제공하여 주제에 맞게 학생들이 여러 가지 선택 사항들을 스스로 만들게 합니다.

❷ 스토리텔링을 통해 선택 상황에 대한 가정을 제시하고 설명합니다.

❸ 스토리텔링을 하면서 2개 또는 3개씩 버리기를 하여 몇 차례 선택 상황을 만들어 선택하게 합니다.

❹ 발표, MSG 활동을 통해 최종적으로 나에게 남은 것들이 무엇인지 친구들과 공유하게 합니다.

❺ 버리기를 통해 알 수 있는 사실들, 우선순위, 선택 기준 등에 대해 배움 공책이나 활동지에 정리합니다. 학생들이 선택한 것들이 대부분 비슷하다면 그만큼 중요하고 필요하다는 것을 깨달을 것이고, 비슷하지 않다면 사람마

다 주제에 대해 각각 다른 생각을 하고 있음을 깨닫게 될 것입니다.

❶ 스토리텔링을 도입하여 학생들 자신이 선택하고 버려야 하는 상황에 더 몰입하고 긴장감 있게 놀이를 진행합니다. 특히, 현실감 있는 스토리와 적절한 음악이나 사진, 동영상 자료를 활용해 함께 보여주면 좋습니다.

❷ 교사가 직접 제시해주는 것보다 주제 상황에 맞게 학생들이 선택 사항들을 스스로 생각해 보게 합니다. 고민하게 하면 버려야 할 상황이 올 때 더 고민하고 신중하게 놀이에 참여하기 때문입니다.

❸ 버려야 할 것을 선택할 때 한 번에 버리기를 하기보다는 2개 또는 3개씩 버리기를 하여 몇 차례 선택 상황을 만들어 주는 것이 좋습니다. 몇 차례 선택 상황에 직면하는 과정에서 자기 나름대로 우선순위를 정하고 왜 버리고 남겨두는지 이유를 생각하면서 남겨진 것들의 필요성과 중요성을 깨닫기 때문입니다.

**[주제]**    생명의 소중함 알기

**교사**    모두 종이를 12장이 되도록 잘랐나요? 각각의 종이에 여러분이 소중하게 생각하는 생명을 1개씩 써 보세요. 물론 나 자신도 포함해서 쓰는 것으로 합니다.

**학생**  다 썼어요.

**교사**  그럼 지금부터 우리는 상상해 볼 거예요. 여러분은 여러분이 소중하게 생각하는 생명 12개와 함께 여행 중입니다. 새로운 것을 경험하고 맛있는 음식도 먹으며 행복한 여행을 했습니다. 그리고 이제 한국으로 돌아오는 비행기를 탔습니다. 그런데, 갑자기 알 수 없는 사고로 비행기가 갑자기 추락하고 있습니다. 얼른 뛰어내려 낙하산을 펴야 하는데, 낙하산은 딱 9개입니다. 여러분은 선택해야 합니다. 포기해야 할 생명 3개를 선택하여 버리세요.

**학생**  (생명 3개를 버리고 9개가 남는다.)

**교사**  9개의 생명이 낙하산을 타고 내려왔지만⋯ (중략)

**교사**  여러분이 마지막까지 소중히 지킨 생명 1가지는 무엇인가요? 박수 도미노로 발표해 봅시다.

**학생**  (박수 도미노 발표를 한다.)

**교사**  여러분은 4번의 선택 상황이 있었는데, 그때 바로 선택하지 않고 고민했던 이유가 무엇인가요?

**학생**  버릴 생명을 고르는 게 어려웠어요. 모든 생명은 다 소중하니까요. 죽으면 다시 살아날 수 없으니까요.


## 카드 짝 찾기 놀이

카드 짝 찾기 놀이는 자신이 가진 카드의 짝을 찾는 놀이입니다. 자신이 갖고 있는 카드의 짝을 찾고 짝이 될 수밖에 없는 이유를 설명해 보는 것이지요. 공통점을 발견하고 이유를 설명하는 과정에서 배움이 일어나게 됩니다.

❶ 짝 맞추기가 가능한 수업 소재일 때.

❷ 카드 만들기가 가능한 수업 소재일 때.

**활동 방법 1: 개인:개인으로 각자 한 장의 카드만 갖게 하여 수업을 진행할 때.**

• 전체 학급을 대상으로 하는 경우, 한 사람 당 1개씩 카드를 나누어줍니다. 카드를 나누어줄 때는 카드 내용을 볼 수 없도록 합니다.

• 시작 신호에 따라 학생들은 일어나 자신의 짝을 찾습니다. 단, 자신의 카드 내용을 큰 소리로 말하여 짝을 찾지 않도록 하고 카드 내용을 말하지 않고 친구에게 직접 보여주어 찾게 합니다. 이때 짝은 주제에 따라 한 명이 될 수 있고 한 모둠이 될 수도 있습니다.

• 짝을 찾으면 선생님께 보여주어 확인을 받고 짝과 함께 정해진 자리 순서에 따라 자리에 앉게 합니다.

• 모든 학생들이 자리에 앉아 활동이 끝나면 자신이 가진 카드와 짝이 가진 카드의 내용을 말합니다.

• 짝을 찾을 수 있었던 이유나 공통점, 차이점 등에 대해 발문하며 배움 공책이나 활동지에 정리합니다.

• MSG 활동 또는 발표를 통해 학생들이 각자 정리한 내용(알게 된 사실, 일반화된 지식 등)은 학급 전체에 공유가 되도록 합니다.

**[주제]** 이등변삼각형의 성질 알아보기

**교사** 지금부터 자신이 가진 이등변삼각형의 반쪽을 찾는 시간을 가질 것입니다. 돌아다니며 자신의 짝을 찾되, 말은 하지 않고 찾도록 합니다. 짝을 찾으면 선생님께 확인을 받고 오른쪽부터 순서대로 짝과 자리에 앉습니다. 그럼 시작해 볼까요?

**학생** (짝을 찾고 선생님께 확인받은 뒤, 짝과 자리에 앉는다.)

**교사** 여러분은 어떻게 짝을 찾을 수 있었나요?

**학생** 빨간 선을 직접 대보았습니다. 반쪽을 서로 겹쳐보았습니다.

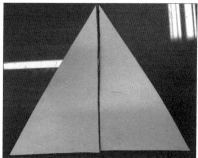

**교사** 빨간 선을 중심으로 반쪽이 서로 정확하게 겹쳐졌나요?

**학생** 네 정확하게 겹쳐졌습니다.

**교사** 그렇다면 정확하게 반으로 겹쳐졌다는 내용을 잘 기억하면서 짝과 함께 선생님이 제시하는 문장 중 이등변삼각형의 성질을 골라보세요. 그 이유도 함께 적어보세요.

**교사**　이등변삼각형의 성질로 맞는 것은 무엇인가요?

**학생**　㉠과 ㉣입니다. 겹쳤을 때 정확하게 포개어지고, 길이를 직접 재어보았습니다.

### 활동 방법 2: 짝 또는 모둠 활동으로 진행하여 여러 장의 카드의 짝을 맞추게 할 때

• 카드를 직접 자르게 하여 어떤 내용이 있는지 확인하도록 합니다.

• 카드를 빠짐없이 뒤집어 포개어 놓거나 화투처럼 패를 각자 갖고 대부분의 카드는 모아서 뒤집어 놓습니다.

• 준비되면 모든 카드의 짝을 찾을 때까지 순서대로 짝을 찾게 합니다.

• 짝을 지은 카드를 활동지나 배움 공책에 붙이고 짝을 찾을 수 있었던 이유나 공통점, 차이점 등에 대해 발문하며 배움 주제와 연결 지어 활동을 정리합니다.

• MSG 활동 또는 발표를 통해 학생들이 각자 정리한 내용(알게 된 사실, 일반화된 지식 등)은 학급 전체에 공유가 되도록 합니다.

**[주제]** 형태가 바뀌는 낱말을 국어사전에서 찾는 방법 알기

**교사** 짝과 함께 선생님이 준 활동지를 잘라서 겹쳐지는 것 없이 뒤집어 놓아주세요.

**학생** 다 했어요.

**교사** 지금부터 뒤집은 카드의 짝을 찾을 것입니다. 같은 뜻을 가진 낱말이 서로 짝이 됩니다. 순서대로 번갈아 가며 카드를 찾되, 뒤집어서 같은 짝을 찾는 데 성공하면 이어서 짝을 찾고, 짝을 찾지 못하면 다음 사람에게 순서를 넘깁니다. 그럼 시작해 볼까요?

**학생** (카드를 뒤집어 짝을 찾는다.)

**교사** 같은 뜻을 가진 카드끼리 모두 뒤집어 가졌나요? 이 카드에 나온 모든 단어를 국어사전에 실을 수 있을까요?

**학생** 실을 수 없을 것 같습니다.

**교사** 맞습니다. 그래서 이 문제를 해결하기 위해 국어사전에 실을 때 규칙이 있습니다. 먼저, 국어사전이 짝을 찾은 카드에서 똑같은 글자만 동그라미 쳐보세요. 예를 들어, '먹고'와 '먹으니'에서는 어떤 글자에 동그라미를 쳐야 하

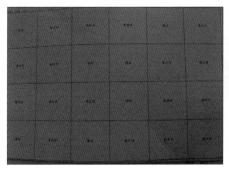

나요?

**학생**　'먹'에만 동그라미를 칩니다.

**교사**　다 했나요? 동그라미 친 글자에 '다'를 붙여 배움 공책에 모두 써보세요. 이 렇게 형태가 변하지 않는 글자에 '다'를 붙인 것을 기본형이라고 합니다. 국 어사전에는 이렇게 기본형만 실어 뜻을 설명합니다.


## 설명 퀴즈

설명 퀴즈는 배움 주제와 관련된 구체적인 대상들을 학생들이 직접 설명하게 하고 맞춰 보게 하는 활동입니다. 짝, 모둠 활동 모두 가능하며 심지어 설명 퀴즈는 학급 전체를 대 상으로 참여해도 재미있습니다. 설명하려면 대상에 대해 자세하게 관찰하거나 생각하는 과정이 필요하므로 배움 주제와 관련된 내용을 이해하도록 하는 데 도움이 됩니다.


### 활용할 수 있는 수업

❶ 감정 단어 설명하기, 자연환경(산, 들, 바다 등)과 인문 환경(공장, 도로, 아파트 등) 의 예 설명하기, 물질의 종류(플라스틱, 고무, 나무 등) 설명하기 등 학생들이 직 접 설명할 수 있는 대상이 수업 소재일 때.

❷ 사진, 동영상 등 시청각 자료 활용 및 관찰 수업에서 벗어나 다른 수업을 하고 싶을 때.

❶ 학생들이 퀴즈를 낼 수업 주제를 제시합니다.

❷ 모둠, 짝끼리 또는 학급 전체를 대상으로 설명하기 전에 미리 카드를 나누어 가지고 대상에 대해 어떤 설명을 할 것인지 적거나 생각하도록 합니다.

❸ 순서를 정하여 돌아가면서 퀴즈를 내고 맞추도록 합니다.

❹ 퀴즈를 낸 소재들을 종합하여 알 수 있는 사실을 도출하거나 생각할 거리를 제공하여 학생들이 배움 공책 또는 활동지에 정리하게 합니다.

❺ 발표, MSG 활동 등을 활용하여 짝, 모둠, 다른 모둠 친구들과 공유하게 합니다.

**수업 속으로!**

[주제]    자연환경과 인문 환경의 의미 알기

교사    모둠에서 카드를 나눠서 순서를 정해 카드에 관해 설명해 문제를 내보세요.

교사    이제 배움 공책을 펴도 카드에 나온 단어들을 자연의 힘으로 저절로 생기는 것과 사람이 심거나 만든 것으로 분류해 써 보세요. 자연의 힘으로 저절로 생기는 것으로 어떤 것들을 썼나요?

| 학생 | 산, 들, 바다, 강, 눈, 기온, 비를 썼습니다. |
| --- | --- |
| 교사 | 사람이 심거나 만든 것으로 어떤 것을 썼나요? |
| 학생 | 공장, 아파트, 도로, 공원, 도로, 항구를 썼습니다. |
| 교사 | 자연의 힘으로 저절로 생기는 것을 우리는 자연환경이라고 부르고, 사람이 심거나 만든 것을 인문 환경이라고 부릅니다. |

## 보드게임

보드게임은 주로 개념이나 배운 내용을 익히거나 정리할 때 활용합니다. 이 외에도 사고파는 게임 진행 방식을 활용하여 학생들이 의사결정하고 선택하는 과정을 통해 배움 주제에 대해 직접 체험하고 깨닫는 놀이를 만들 수 있습니다.

### 활용할 수 있는 수업

❶ 경제생활과 관련된 주제를 다루는 수업을 할 때.

❷ 어떤 가치를 깨닫거나 선택하기 및 우선순위 정하기가 중요한 수업 주제일 때(예: 무인도에서 살아남는 데 필요한 물건 얻기_의식주의 필요성 깨닫기).

### 활동 순서

❶ 보드게임 방법을 학생들에게 설명합니다.

❷ 방법에 따라 보드게임을 진행합니다.

❸ 보드게임을 통해 알게 된 사실, 발견한 규칙이나 공통점 등에 대해 발문하며 배움 공책이나 활동지에 정리합니다.

❹ MSG 활동 또는 발표를 통해 학생들이 각자 정리한 내용이 학급 전체에 공유가 되도록 합니다.

[주제]   자원의 희소성 의미 알기

교사   보드게임을 하면서 어떤 선택의 고민이 있었는지 이야기해 볼까요?

학생   토지나 생산권을 살지 말지 고민되었습니다. 비행기를 타고 어디로 이동할 것인가 고민되었습니다.

교사   왜 그러한 고민이 되었나요?
      고민하지 않고 그냥 살 수는 없었나요?

학생   하나를 사면 코인이 없어서 다른 토지를 살 수 없게 될 수도 있어요. 내가 안 사면 다른 친구가 살 수도 있으니까요. 비행기를 탈 기회는 1번뿐이니 신중하게 결정해야 해요.

교사   그렇군요. 토지, 생산권, 코인 등을 우리는 자원이라고 부릅니다. 이 자원은 모두가 나누어 가질 수 있을 만큼 양이 많은가요?

| 학생 | 아닙니다. 모두가 가질 수 없어요. |
|---|---|

교사 맞습니다. 이렇게 자원이 한정되어 있어 선택의 문제를 겪게 되는데 이것과

관련된 특별한 단어가 있습니다. 교과서를 펴고 그 단어를 찾으면 손을 들

| 출발<br>(1코인획득) | 철원 | 인제 | 주사위 |
| | 쌀 | 황태 | 1번 더 |
| 수원 | ★게임규칙★ | | |
| 반도체 | 1. 칸에서 점선 위쪽은 지역 이름이고, 점선 아래쪽은 생산권이다. | | |
| | 2. 주사위를 던져 나온 수 만큼 이동한다. | | |
| 주사위<br>1번 더 | 3. 해피코인 2개로 칸에 적힌 지역의 토지를 살 수 있다. (사면 지역 이름 옆에 스티<br>이기)(점수 +2) | | |
| | 4. 자신의 토지에 자신이 도착하면 해피코인 3개로 상품. 생산권을 살 수 있다. (사면<br>이름 옆에 스티커 붙이기)(점수 +3). | | |
| 천안 | 5. 상대방이 구입한 토지에 도착하면 해피코인 1개를, 토지+생산권은 해피코인 2개<br>불한다. | | |
| 홍삼 | 6. 상대방이 구입한 토지는 해피코인 3개로 살 수 있다. (상대방 스티커위에 내 스티<br>붙인다)(점수 +1) | | |
| | 7. 이미 상대방이 토지와 생산권을 모두 가지고 있는 곳은 살 수 없다. | | |
| 제주 | 8. 만약 칸에 있는 토지를 다 사면 추가 점수 +4를 획득한다. | | |
| | 9. '출발' 칸으로 이동하면 은행으로부터 1코인을 획득한다. | | |
| 한라봉 | 10. 해피코인을 모두 다 썼더라도 계속 이동한다. | | |
| | 11. 점수를 합산하여 가장 높은 사람이 승리한다. | | |
| ★황금<br>카드★ | 익산 | 순창 | 비행기 탑 |
| | 보석 | 고추장 | 원하는 곳으로 |

어주세요.

**학생**　자원의 희소성입니다.

| 정선 | 삼척 | 울릉도 | **★황금** |
|---|---|---|---|
| 옥수수 | 시멘트 | 오징어 | **카드★** |
| **★은행(토지 및 생산권 구매 후 코인 놓는 곳)★** | | | 안동 |
| | | | 삼베 |
| | | | **비행기 탑승!**<br>원하는 곳으로 이동 |
| | | | 대구 |
| **★황금카드 놓는 곳★** | | | 한학재 |
| | | | 울산 |
| | | | 자동차 |
| 보성 | 창녕 | 밀양 | **출발** |
| 녹차 | 양파 | 사과 | (1코인획득) |

## 13

**지식 특수화 프로젝트(1)**

# 조건 브레인스토밍으로 생각을 나누다

브레인스토밍은 수업에서 자주 사용하는 활동입니다. 브레인스토밍은 수업 주제와 관련된 아이디어를 직접 학생들이 생각해 내게 한다는 점, 학생들에게 많은 양의 지식을 스스로 만들어내게 한다는 장점이 있습니다. 여기에 놀이를 결합하고 조건을 제시하여 활동을 구성할 수 있습니다. 여기서 활용하는 브레인스토밍 놀이의 주된 목적은 이미 학생들이 재창조, 재발견 과정을 통해 얻은 지식의 예를 스스로 생각해 보는 특수화 경험을 맛보게 하는 것입니다.

활용할 수 있는 수업

❶ 개념을 학습한 후, 개념과 관련된 예를 스스로 생각해 내게 하고 싶을 때.

❷ 특정 주제와 관련해 다양한 문제해결 방법을 생각해 내게 하고 싶을 때.

❶ 브레인스토밍 주제는 학생들이 다양하게, 많이, 쉽게 생각할 수 있는 주제여야 합니다.

❷ 브레인스토밍은 많은 생각을 모으는 것이 목적이기 때문에 놀이를 결합할 때는 최대한 많은 아이디어를 생각해 낸 모둠이 유리하도록 놀이를 진행하는 것이 좋습니다.

❸ 제한 시간을 두어 시간 내에 학생들이 브레인스토밍을 끝낼 수 있도록 합니다.

❹ 교과서를 활용하여 다양한 아이디어를 낼 수 있도록 합니다.

❺ 교실 내에서 학생들이 이동해야 한다면 사전에 규칙을 알려주도록 합니다.

❻ 모둠 경쟁 방식 외에도 놀이가 과열되는 것을 방지하기 위해 모든 모둠이 목표 개수를 넘는 것으로 정하여 학급 전체가 이기는 방식으로 승패 방식에 변화를 주면 협력하고 응원하는 학급 분위기를 만들 수 있습니다.


## 점수 계산하는 브레인스토밍

**활동 순서**

❶ 브레인스토밍 주제를 제시합니다.

❷ 모둠별로 브레인스토밍을 하도록 합니다. 브레인스토밍한 내용은 한 곳에 모아쓰도록 합니다.

❸ 브레인스토밍 아이디어 점수 산정 방식을 설명합니다. 예를 들어, 모둠에서 쓴 아이디어 중 다른 모둠도 생각해 낸 아이디어라면 1점을 얻고 다른 모둠은 생각해 내지 못한 아이디어라면 2점을 얻는 방식으로 진행합니다.

❹ 점수를 산정할 수 있도록 모둠별로 순서대로 하나씩 말하게 하여 다른 모둠에서 쓴 아이디어인지, 아닌지 파악하며 점수를 계산합니다.

❺ 가장 점수가 높은 모둠이 승리합니다.


**수업 속으로!**

[주제]  일상생활에서 물을 사용하는 다양한 예 알아보기

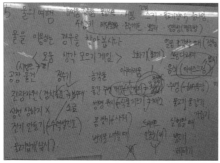
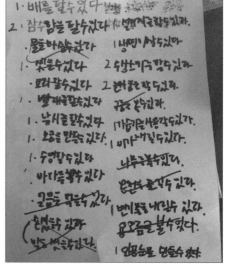

**교사**  지금까지 우리는 물에 대해 여러 가지를 배웠습니다. 오늘은 우리가 일상생활에서 물을 어떻게 이용하고 있는지 생각해 보는 시간을 갖겠습니다. 도화지에 먼저 우리가 일상생활에서 물을 어떻게 이용하고 있는지 최대한 많이

써 보세요.

**학생**　(모둠에서 여러 가지 예를 생각하여 기록한다.)

**교사**　시간이 지났으니 더는 쓸 수 없습니다. 지금부터 모둠별로 돌아가며 쓴 내용을 1가지씩 말하겠습니다. 아이디어를 말하면 같은 아이디어를 쓴 모둠은 손을 들어주세요. 같은 아이디어를 쓴 모둠이 있으면 1점, 같은 아이디어를 쓴 모둠이 없으면 2점입니다. 손을 든 모둠도 같이 1점으로 기록하면 됩니다. 만약 이미 다른 모둠이 이야기했고, 점수가 반영되었음에도 경청하지 않고 반복하여 말한다면 그 모둠은 1점이 아닌 0점을 줄 것입니다. 따라서 잘 경청해 주세요.

## 릴레이 브레인스토밍

**활동 순서**

❶ 브레인스토밍할 주제를 제시합니다.

❷ 주제에 대해 모둠별로 아이디어를 생각해 한 곳에 모아씁니다.

❸ 모둠 안에서 칠판에 아이디어를 쓸 순서를 정합니다.

❹ 제한 시간 내에 릴레이 방식으로 모둠에서 한 명씩 칠판 앞으로 나와 모둠에서 생각한 아이디어를 적습니다.

❺ 제한 시간 내에 최대한 많은 아이디어를 칠판에 쓴 모둠이 승리합니다.

[주제]　생산과 소비의 모습 알아보기

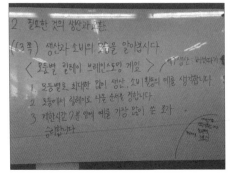
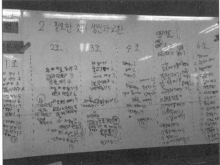

**교사**　지금까지 생산과 소비가 무엇인지 알아보았습니다. 생산과 소비에 대해 배
웠던 것을 바탕으로 모둠별 릴레이 브레인스토밍 놀이를 하도록 하겠습니
다. 모둠별로 최대한 많은 생산과 소비 활동의 예를 생각합니다. 교과서를
찾아 활용해도 좋습니다. 먼저 활동지에 브레인스토밍을 해볼까요?

**학생**　(모둠별로 생산과 소비 활동의 예를 생각해 활동지에 기록한다.)

**교사**　시간이 다 되었습니다. 모둠에서 칠판 앞으로 나올 순서를 정해 릴레이로
쓰도록 할 것입니다. 제한 시간은 7분입니다.

**학생**　자, 이제 시간이 다 되었습니다. 여러분들이 쓴 것을 같이 한 번 확인해 보겠
습니다.

## 초성 제시 브레인스토밍

점수 산정 방식에 변화를 주거나 학생의 움직임에 변화를 주는 것 외에도 브레인스토밍
아이디어에 조건을 부여해 변화를 줄 수 있습니다. 예를 들어 글자의 첫 초성을 제시하

여 그 초성으로 시작하는 아이디어를 쓰게 하는 것입니다.

**[주제]   감각적 표현 찾기**

**교사**  지금까지 감각적 표현이 무엇인지 알아보았습니다. 이제 여러분이 감각적 표현을 직접 생각해 보도록 할 것입니다. 여러분 전체가 한 팀이 되어 선생님을 이기는 방식으로 하겠습니다. 조건이 있는데, 반드시 선생님이 제시하는 초성이 들어간 감각적 표현을 제시하여야 합니다. 예를 들어 ㄷ으로 시작하는 감각적 표현으로 무엇이 있나요?

**학생**  '동그랗다'가 있습니다. '덜덜'이 있습니다.

**교사**  네 맞습니다. 제한 시간 안에 초성 조건에 맞는 감각적 표현을 제시하면 여러분이 이기는 것이고, 제시하지 못하면 선생님이 이기는 것입니다.

**학생**  감각적 표현을 말할 때 조금 늦게 말해도 되나요?

**교사**  5초 안에 말하는 것으로 하고, 앉은 순서대로 진행하겠습니다.

14

## 지식 특수화 프로젝트(2)
# 개념을 확장하다

앞서 언급했듯이 개념에 대해 알았다면 개념을 적용하여 문제를 해결하는 것까지 해야 완벽하게 이해한 것으로 볼 수 있습니다. 교과 구분 없이 쉽게 활용할 수 있고 학생들에게 지식에 대한 적용력을 키우는, 또 다른 재창조 과정(특수화)을 경험할 수 있는 3가지 놀이를 소개하고자 합니다.


## 조건 빙고 놀이

빙고 놀이는 놀이 중 가장 많이 사용하는 놀이입니다. 규칙이 쉽고 놀이가 간단하며 운이 많이 좌우되는 놀이라 저학년 고학년 상관없이 선호하는 놀이이지요. 가장 많이 사용하는 빙고 놀이는 각 빙고 칸에 단어 또는 문장을 넣어 한 명이 말하면 칸을 색칠하는 방식인데, 여기에 대상에 대해 '설명하기', '흉내 내기' 등 조건을 다양하게 추가하면 학생들이 좀 더 주체적으로 생각하게 하면서 놀이를 진행할 수 있습니다.

## [주제 1]  상황에 어울리는 몸짓, 표정, 말투로 대화하기

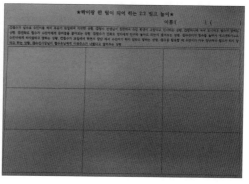

### 빙고 조건

- 빙고 판에 안내된 상황을 골라 쓴다.
- 카드를 뽑고, 짝과 상황에 어울리는 몸짓, 표정, 말투로 실감 나게 대화하
  면 빙고 칸을 색칠할 수 있다.


## [주제 2]  문장의 짜임 알기

### 빙고 조건

- 빙고 칸을 채울 때 문장이
  이어지도록 첫 번째, 세 번
  째 세로줄에는 '누가'에만
  해당하는 말을 쓴다.

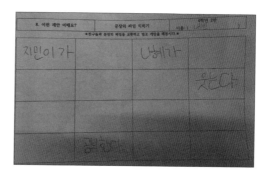

- 두 번째, 네 번째 세로줄에는 '어찌하다(어떠하다)'에만 해당하는 말을 쓴다.
- 부분적으로 채우고 나머지는 돌아다니며 친구와 쓴 내용을 교환한다.
- 빙고 칸을 색칠할 때는 빙고 칸에 쓴 내용이 '누가'인지, '어찌하다(어떠하다)' 인지 말하고 색칠한다.

## 한 줄 서기

한 줄 서서 하는 놀이는 모든 학급 학생들을 한 줄로 세운 다음, 미션을 수행하도록 합니다. 한 줄 서서 하는 놀이는 순서를 배열하는 것이 중요한 수업 주제일 때, 또는 학생들이 어떤 특정 대상을 전달해야 하는 수업 주제일 때 활용 가능합니다. 학급 학생들 협력도를 높일 수 있는 놀이이기도 하지요. 미션을 수행하는 제한 시간을 촉박하게 주어 학생들이 집중력과 긴장감을 높이면 훨씬 재미있게 놀이를 진행할 수 있습니다. 놀이에 필요한 시간이 짧으므로 3판 이상 놀이를 할 수 있도록 하고, 학급 전체 보상 시스템이 있다면 미션을 성공적으로 수행했을 때 보상을 부여합니다.

**수업 속으로!**

**[수업 주제 1]**  소수 크기 비교하기

### 놀이 방법
- 허니컴보드 칠판에 자신이 쓰고 싶은 소수 세 자리 수까지 쓴다.
- 제한 시간 동안 소수가 작은 수부터 큰 수 차례대로 한 줄 서기를 한다.

[주제 2]  고체, 액체, 기체 상태의 특징 탐구하기

**놀이 방법: 번호 순서대로 선다.**

- 미션1−제한 시간 안에 60개의 나무막대 전달하기.
- 미션2−제한 시간 안에 종이컵 이용하여 물 전달하기,
- 미션3−제한 시간 안에 종이컵 이용하여 공기 전달하기

## 진진가 놀이

진진가 놀이는 진짜 2개 문장과 가짜 1개 문장을 만들어 상대방이 가짜를 골라내는 활동 입니다. 학생들이 직접 문제를 만들고 내고 맞히는 과정이 있어 학생들이 스스로 생각할 기회를 줄 수 있습니다. 놀이할 때는 짝이나 전체보다는 모둠 활동으로 진행하는 것이 좋고, 시간적 여유가 있을 때는 모둠원 구성을 바꾸어 문제를 내고 맞추도록 합니다. 문

제는 가짜가 무엇인지 한 번에 드러나는 내용보다는 상대방이 내용을 듣고 한 번은 생각하도록 만드는 주제가 적합합니다. 진진가 놀이는 자신이 좋아하는 것, 싫어하는 것, 경험, 장래희망 등 자신을 소개하는 친교 놀이 활동으로 활용하기도 합니다.

**수업 속으로!**

**[주제]**    원인과 결과가 드러나게 내 경험 말하기

| 활동2: 내 경험 진진가 게임으로 말하기 | 활동2: 내 경험 진진가 게임으로 말하기 |
|---|---|
| 1. 나는 어제 떡볶이를 급히 먹었다.<br>2. 그 다음날 나는 너무 건강했다.<br>3. 그래서 나는 더 맛있는 소고기를 먹을 수 없었다. | 1. 나는 어제 떡볶이를 급히 먹었다.<br>2. 그 다음날 나는 속이 안좋았다.<br>3. 그래서 나는 더 맛있는 소고기를 먹을 수 없었다. |

**교사**    여러분, 진진가 게임이 무엇인지 알고 있나요? 진진가 게임은 진짜, 진짜, 가짜라는 뜻입니다. 진짜가 2개 있고 가짜가 1개 있다는 뜻이지요.

**교사**    그럼 다음 선생님이 쓴 경험 문장들을 읽고 어느 것이 가짜인지 맞춰보세요.

**학생**    두 번째 문장이 가짜인 것 같습니다.

**교사**    왜 두 번째 문장이 가짜라고 생각했나요?

**학생**    세 번째 문장에서 아무것도 먹지 못했다고 했는데 두 번째 문장에서 건강하다고 했기 때문입니다.

**교사**    네. 그럼 원래 어떤 문장이 와야 원인과 결과가 적절할까요?

**학생**    배가 아프다. 배탈이 났다.

**교사**　네, 맞습니다. 여러분도 선생님처럼 원인과 결과가 잘 이어지도록 나의 경험을 세 개의 문장으로 적어보세요. 모둠원들이 모두 문장을 적으면 진진가 게임을 해봅시다.

# 알아두면 쓸모 있는 지식의 재창조 활동 팁

**단계적으로 접근하라! 보이는 것으로 시작해서 점차 일반화로**

초등학교 수준에서 교육과정이나 실제로 학생들이 배우는 내용을 살펴보면 주변 과학 현상이나 사회 현상 등 주변 세계에 대한 이해와 지식을 요구하는 것이 대부분입니다. 이에 따라 교사가 수업 속에서 가르치는 내용은 이미 학생들이 일상생활 속에서 쌓여온 경험(또는 책을 통해 간접적으로 얻은 지식)을 토대로 쉽게 접근하고 이해할 수 있습니다.

그러면 학생들이 비의도적, 무의식적으로 경험하여 얻을 수 있는 것들이기 때문에 교육과정, 수업은 모두 의미가 없는 것일까요? 그렇지 않습니다. 비고츠키에 따르면, 교사의 역할은 수업 속에서 비의도적, 일상적 경험을 의도적, 의식적으로 사고하게 하여 주는 것입니다. 학생들이 당연하게 접하는 과학 현상, 사회 현상이 나타나게 된 과정(원인과 결과)에 대해 스스로 사고하면서 탐구하도록 해야 하지요. 이를 통해서 여러 가지 고등 사고 기능 중 개념적 사고를 형성하도록 해주어야 합니다. 개념적 사고란, 일반화를 말하며 개념적 사고를 여러 가지 현상, 개념의 공통적인 속성을 뽑아내 분류하고 분석하는 것을 말합니다.

학생들이 가진 비의도적, 일상적 경험을 의도적, 의식적으로 사고하여 일반화 과정을 수업 속에서 실현하려면 보이는 것으로부터 시작해서 추상적인 것으로 나아가는 단계적 접근이 필요합니다. 초등학생들은 구체적인 현상을 통해서 추상적인 내용을 이해하는 수준에 있으므로 먼저 눈으로 보이고 관찰 가능한 것에서부터 시작해야 합니다. 사진, 그림, 실물, 모형을 제시하거나 실험 활동을 하거나 조작 및 체험 활동을 하는 것도 같은 맥락이지요. 모든 것은 학생들의 관찰로부터 시작됩니다.


**수업 속으로!**

**[주제]**　우리 고장 사람들의 여가생활 모습 알아보기


**교사**　여가생활이란 무엇일까요?

**학생**　공부하는 시간 외에 노는 시간 같아요.

**학생**　여유가 있는 시간?

**교사**　맞아요. 우리가 해야 하는 일 외에 즐거움을 얻기 위한 생활을 말하지요. 지난 시간부터 우리는 우리 고장의 지도를 보며 공부했어요. 오늘도 이어서 우리 고장의 지도를 살펴보며 공부하려고 합니다.

**교사**　지도와 조금 더 친해지기 위해 선생님이 설명하는 장소가 무엇인지 잘 들어보고 우리 고장의 지도에서 찾아 맞춰볼까요?

**교사**　이번에는 짝과 함께 지도를 보고 우리 고장에서 여가생활을 할 만한 장소를

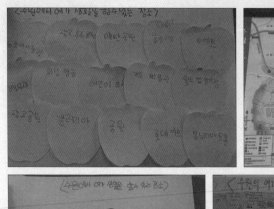

찾아봅시다. 찾아서 포스트잇에 붙여주세요.

**교사** 여러분이 쓴 내용을 보면 대부분 어떤 장소들이 많은가요?

**학생** 공원이 많습니다. 백화점 같이 물건을 사는 곳도 있어요. 월드컵 경기장이나 도서관도 있어요.

**교사** 여러분이 포스트잇에 쓴 것들을 살펴보면 주로 인문환경을 이용해 여가생활을 즐기나요, 아니면 자연환경을 이용해 여가생활을 즐기나요?

**학생** 인문 환경입니다.

**교사** 맞습니다. 그렇다면 만약 농사를 짓거나 산이 많은 지역에서는 인문 환경과 자연환경 중 어떤 것을 이용해 여가생활을 즐길 것 같나요?

**학생** 자연환경일 것 같아요.

**교사** 그렇다면 고장마다 사람들이 즐기는 여가생활은 어떻게 달라질까요? 배움 공책에 정리해 봅시다.

고장마다 가지고 있는 환경의 특수성으로 인해 여가생활을 즐기는 모습 또한 다르다는 것이 이번 배움 문제의 중요한 내용입니다. 이를 구체적으로 생각하기 위해 여가생활을 즐길 수 있을 만한 장소를 알아보는 것으로 내용을 추출했습니다. 이를 위해 우리 고장의 장소를 나타내는 지도를 활용했습니다.

지도는 구체적 자료이면서도 동시에 관념적인 자료이기 때문에 지도와 친숙해지는 활동으로 묻고 답하기 활동을 했습니다. 친숙해지는 시간을 가지고 나서 본 활동으로 들어가 지도에 제시된 장소를 다시 살펴보며 우리 고장 사람들이 어떤 장소에서 여가생활을 할 수 있는지 추출하는 활동을 통해 사고하도록 했습니다.

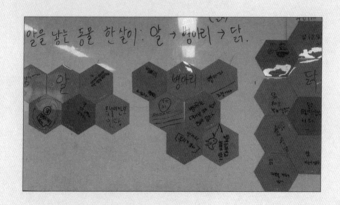

| 5부 |

참여參與
: 설명을 줄이고 활동을 키우다

## 토의, 공동체

# 참여하는 기쁨을 아는 2가지 키워드

우리나라는 그동안 획일적이고 수동적인 교사 주도 학습이 주로 사용되다가 2000년대 후반부터 교육과정 개편에 있어 '능동적인 학습자'를 이상적인 학습자로 보고 자기 주도 학습을 강조해왔습니다(교육심리학, 휴먼북스, 송인섭 외 7인). 이에 따라 수업 방식도 학생 중심, 활동 중심 등으로 다양하게 연구되고 실천되고 있습니다.

유대인의 전통 교육 방법인 두 명 또는 그 이상으로 짝을 지어 서로 질문·대화·토론·논쟁하며 진리를 찾는 방식을 도입한(네이버 지식 백과) 하브루타 질문 수업, 실제 학생들이 만날 수 있는 문제 상황에 직면하게 하여 그 문제를 해결하기 위해 계획부터 결과물 제작까지 학생들이 주도적으로 프로젝트를 수행하도록 이끄는 PBL 수업 등 다양합니다.

수업 방식은 단순히 정답(正答)을 찾기 위한 목적이 아닐뿐더러, 정답을 잘 찾는 것이 오늘과 미래를 살아갈 학생들에게 필요한 교육도 아닙니다. 학생들이 직면할 수많은 문제들에 대해 가장 적절한 선택을 찾고, 학생들의 사고 기능과 태도, 과정을 강조하는 것이 오늘날 우리 학생들에게 필요한 교육입니다. 다양한 학생 중심 수업 방식은 학습자의 능동성에 대한 믿음을 바탕으로 학생들이 다른 사람들과 협업하고 의견을 공유하면서 지식의 폭이 확장되고 깊어지도록 하는 것입니다. 이러한 과정에서 비판적 사고력, 문제해결력, 협력 등 미래 인재들에게 요구되는 사고 기능이 향상됩니다.

지금까지 2장, 3장에 소개했던 방식들도 가르침을 줄이고 학생들의 능동성과 사고에 대한 믿음을 바탕으로 이루어진 방법들입니다. 이 장에서는 그에 대한 연장선에서 전통적으로 교사의 역할이라고 여겨졌던 설명 과정을 바꾸어 학생들의 대화, 토론을 중심으로 전개되는 학생 중심 말하기 활동과 친구들과 협업하여 주도적으로 이끌어나가는 공동체 활동을 소개하고자 합니다.


## 1. 사고를 자극하는 학생 중심 말하기

대화와 토론을 중심으로 전개되는 문제제기식 교육을 주장한 프레이리는 《페다고지》에서 말합니다.

"교육은 처음부터 대화적이어야 한다. …(중략)… 오직 비판적 사고를 필요로 하는 대화만이 비판적 사고를 낳을 수 있다. 대화가 없으면 의사소통이 없고, 의사소통이 없으면 진정한 교육이 불가능하다."

프레이리는 교사의 역할로 대화 주제를 제시하고 동등한 비판적 탐구자로서 대화에 참여할 것을 강조합니다. 이러한 점에서 대화, 토론, 토의 등 말하기 활동은 학생들에게 매우 필요한 활동입니다. 물론 학생 수준에 적절한 대화 주제 및 토론 방식을 제시해야겠지요. 중요한 것은 대화와 토론이 학생들의 성장과 교육에 중요한 수단이라는 것입니다.

말하기는 쓰기처럼 자기 생각을 표현하는 과정입니다. 자신의 의견, 지식을 말로 표현하기 위해서 뇌는 활발하게 움직이면서 한 번 더 생각하는 과정을 거치게 됩니다. 학생들은 말하면서 자신이 알고 있던 지식을 스스로 더 잘 이해하는 기회가 되기도 하지요.

말하기 활동의 기본 전제는 말하는 사람과 듣는 사람이 존재한다는 것인데, 이는 곧 다른 사람과의 정보, 의견 교환까지 이어집니다. 즉, 다른 사람과 자신의 생각을 공유하고 나눔으로써 배움이 시작되기도 합니다. 이러한 점에서 학생의 사고를 자극시키고, 나눔과 공유를 통해 배움이 일어나므로, 말하기 활동은 중요합니다.

실제로 교육과정 및 교과서를 살펴보면 말하기 활동에 대한 중요성 및 필요성이 제시되어 있고 학생들이 활발하게 말하기 활동을 할 수 있도록 제시되어 있습니다. 단편적인 예로 국어과 교과서를 보면 학생들에게 학습 문제나 지문과 관련된 경험, 느낀 점 등을 학생들끼리 나누게 하는 활동이 제시되어 있습니다. 그러나 막상 수업에서 학생들에게 말할 기회를 주면 기계적인 응답을 하거나 어떻게 말을 해야 할지 모르는 경우가 많습니다. 이번 장에서는 이러한 애로 사항을 보완하는 5가지 말하기 활동을 소개하고자 합니다.

소개되는 5가지 말하기 활동은 위의 애로 사항을 보완하기 위한 3가지 전제 조건이 충족되는 활동들입니다. 첫 번째 전제 조건은 말하기 활동을 할 때 쓰기 활동을 동반해야 한다는 것입니다. 쓰기 활동은 학생들에게 말할 거리를 생각하거나 정리하기 위한 활동입니다. 즉, 말하기를 위한 보조 수단인 셈이지요. 말을 하기 위해서 또는 말하고 나서 학생들에게 일단 쓰도록 해야 합니다. 쓰면서 말할 거리를 정리하면 다른 사람에게 얼른 말하고 싶어지는 욕구가 생깁니다. 말한 내용을 쓰면서 다시 뇌에서 정리하게 되지요. 정리한 내용은 발표하고 싶어집니다. 그러면서 점차 말하기 활동에 자신감과 기대를 하게 되는 것입니다. 이때 학생들에게 쓰기에 대한 부담감을 갖게 해선 안 됩니다. 자유롭고 간단하게 기록하도록 해야 합니다.

두 번째 전제 조건은 말할 기회가 자주, 동등하게 돌아갈 수 있도록 해야 합니다. 학생들 처지에서는 말하기도 부담스러운데 스스로 말할 기회까지 만들어야 한다면 학생들에게 더욱 학습에 대한 부담을 가중하는 일일 것입니다. 특히, 일상적 대화가 아닌 학습적 대화이기 때문에 더욱더 부담을 느끼지 않아야 학생들은 말하고 싶어집니다. 학생들에게 말할 기회를 자주, 동등하게 돌아갈 수 있도록 하기 위해서는 짝, 모둠 활동 구성을 적극적으로 활용하고 말하기 규칙으로 동등하게 돌아가면서 말할 수 있도록 합니다.

세 번째 전제 조건은 말할 거리가 많은 주제(소재)를 제시해야 합니다. 학생들이 활발하게 말하도록 하기 위해서는 무엇보다도 말할 거리가 많아야 합니다. 말할 거리가 많아야 말하고 싶어지지요. 다양한 아이디어를 제시할 수 있는 주제(소재)를 개발하여 학생들에게 선별적으로 제시해야 합니다.

## 2. 협업하는 또래 공동체

앞에서 비고츠키의 말을 빌려 표현하며 협력은 학생들이 훨씬 더 많은 것을 배우게 함을 강조했습니다. 여기에 연구 결과 한 가지를 더 소개할까 합니다.

NTL(미국행동과학연구소)에서 학습 효율성 피라미드를 제시했습니다. 다양한 방법으로 학습했을 때, 어떤 학습 방법이 두뇌에 오래 기억에 남는지 그 비율을 정리하여 피라미드로 나타낸 것이지요.

전통적으로 '설명'을 하는 주체는 교사였습니다. 학생은 설명을 듣고 '강의 듣기'를 하거나 '읽기', '시청각 수업 듣기'를 하게 됩니다. 그러나 학생에게 학습

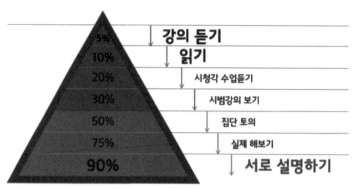

# 학습 효율성 피라미드

| 5% | 강의 듣기 |
| 10% | 읽기 |
| 20% | 시청각 수업듣기 |
| 30% | 시범강의 보기 |
| 50% | 집단 토의 |
| 75% | 실제 해보기 |
| 90% | 서로 설명하기 |

출처 : NTL (National Traning Laboratories)

결과가 기억에 남는 정도는 적게는 5%, 많게는 20%에 불과합니다. 놀랍게도 가장 오래 기억에 남는 학습 방법은 90%로 '서로 설명하기'였습니다. 교사가 했던 '설명'이 오히려 학생들이 주체가 되었을 때 학습 효과가 높다는 것이 아이러니하면서도 어쩌면 당연한 연구 결과일지도 모르겠습니다. 핀란드, 싱가포르 등 이미 세계 여러 나라도 마찬가지로 교사의 가르치는 역할과 비중을 줄이는 대신 학생을 안내하고 촉진하는 역할에 집중할 것을 강조하고 있습니다.

　이러한 점에서 이 장에서는 서로 설명하기처럼 전통적으로 교사의 역할이라고 믿어왔던 부분들을 학생들에게 넘겨주고 교사가 아닌 또래와 협업하며 과제를 수행하는 공동체를 강화한 활동을 소개하고자 합니다.

# 1

## 수다쟁이

# 티키타카가 폭발한다

"(~을 관찰하고) ~의 특징을 2가지 적어보세요."

위의 발문에는 한계점이 있습니다. 학생들이 이 수업에서 알게 되는 것은 결국 자신이 적은 특징 2가지뿐이라는 것입니다. 적은 내용이 틀린 것이 아니라면 말입니다. 그렇다면 학생들이 다른 친구의 생각을 알 수 있도록 "(~을 관찰하고) ~의 특징을 2가지 발표해 보세요"라고 하면 어떨까요? 일반적으로 학생들은 듣기보다 말하기를 더 좋아하고 쓰기보다 말하기를 더 좋아합니다. 그러나 본디 말하기를 좋아하는 인간에게 학습적 대화 상황, 예를 들어 발표나 토의 및 토론을 해야 할 때는 다릅니다. 평소보다 더 어려워하고 부담스러워합니다.

학습적 대화 상황에서 학생들이 말하기를 어려워하지 않고 부담스럽게 느껴지지 않으려면 어떻게 해야 할까요? 말할 거리가 많을 때 그리고 말로 표현할 기회가 쉽게 주어졌을 때입니다.

말할 거리가 많다는 것은 학생들이 아이디어를 떠올리기 쉽다는 뜻이겠지요. 또 말로 표현하는 것이 부담스럽지 않다는 것은 말로 표현하기 쉽고 모든 이의 주목을 받게 되는 발표가 아닌 주고받는 자연스러운 대화 상황이 만들어졌을 때입니다. 적극적으로 발언권을 얻지 않아도 말할 기회가 고루 분배되었을 때 학생들이 부담감을 덜 느끼겠지요.

말로 의사소통하는 것을 부담스러워 하는 학생들이 많다면, 학생들이 서로 티키타카 하며 아이디어를 활발하게 교환하게 하고 싶다면 첫 단추로 이 활동을 추천합니다.

### 활용할 수 있는 수업

❶ 대상에 대한 다양한 아이디어나 특징, 예시 등을 떠올리는 수업을 할 때.

❷ 특정 문제에 대한 원인 및 문제해결 방법을 찾는 수업을 할 때.

❸ 시청각 자료를 관찰 및 탐구한 결과를 공유하고자 할 때.

❹ 교사의 제시가 아닌 학생들의 생각과 아이디어를 중심으로 전개되는 활동을 중심으로 수업을 할 때.

### 활동 순서

❶ 교사가 의견을 교환할 주제를 제시합니다.

❷ 의견 교환 시 규칙을 설명해 줍니다.

- 말하기 순서는 자유롭게 정할 것.
- 하나씩 돌아가며 번갈아 말할 것.
- 상대방이 이미 말한 것은 말하지 않을 것.
- 제한 시간까지 계속 아이디어를 낸 학생이 승리함. (제한 시간까지 모두 아이디어를 내어 말하기가 끊어지지 않으면 모두 승리 또는 비긴 것으로 간주함.)

❸ 1분 정도 자신이 말할 내용을 미리 생각해 봅니다. 쓰는 것도 허용해 줍니다.

❹ 제한 시간 동안 짝과 번갈아 말하기를 합니다.

❺ 제한 시간 동안 앞뒤 친구와 2:2로 마주 앉아 번갈아 말하기를 합니다. 1:1:1:1로 번갈아 말하게 하는 것도 가능합니다. 이때 토킹피스를 활용하면 더 원활하게 아이디어 교환이 이루어지게 할 수 있습니다.

❻ 2:2로 같이 활동했던 친구들과 지금까지 떠올린 아이디어들을 정리합니다.

❼ 말하기를 끝내고 나면 어떤 아이디어가 오고 갔는지, 어떤 아이디어가 기억에 남는지 등 교사가 질문하여 학급 전체에 공유가 이루어질 수 있도록 하고 주제에 대해 다시 한번 정리해 줍니다.

### 활동 팁

❶ 주제를 선정할 때 학생들이 아이디어를 쉽고 다양하게 떠올릴 수 있는 주제여야 합니다.

❷ 번갈아 '말하기' 대신 번갈아 '쓰기'도 가능합니다. 쓰기 활동을 할 때는 침묵

이 원칙입니다. 단, 입모양이나 제스처를 활용한 대화는 허용해 줍니다.

❸ 아이디어를 떠올리게 할 때 도움이 되도록 사진, 그림 등의 자료를 제시
해주면 좋습니다.

❹ 번갈아 말하기 전, 아이디어를 떠올리기 위한 쓰기 활동은 권장합니다.
경쟁이 아닌 학생들이 스스로 생각하고 말하게 하는 것이 목적이므로 쓰
기도 허용해 줍니다.

❺ 학생들에게 교과서를 볼 수 있는 찬스를 주는 것도 좋습니다. 자연스럽게
교과서를 집중하여 볼 기회도 생기고, 말하기 활동을 더 이어나갈 수 있
기 때문입니다.

❻ 제한 시간은 너무 길게 주지 않는 것이 좋고 번갈아 말하기가 끊어지지
않고 일정 수준 이상 아이디어가 오고 갔다면 칭찬해줍니다.

❼ 폭탄 돌리기, 007 놀이를 활용하여 토킹피스를 전달하며 시간이 끝났을
때 토킹피스를 갖고 있는 학생이 걸려 가볍고 귀여운 벌칙(?)을 수행하는
규칙을 추가할 수도 있습니다.


**수업 속으로!**

[주제]  알을 낳은 동물의 한살이 알아보기

교사   오늘은 알을 낳는 동물의 한살이를 알아보려고 합니다. 알을 낳는 동물로 어떤 동물이 사진으로 제시되어 있나요?

학생   닭이 나와 있습니다.

교사   닭은 어떤 한살이 과정을 거쳐 성장할까요?

학생   처음의 알이었다가 병아리가 되어 점점 성장합니다.

교사   그렇다면 지금부터 짝과 번갈아 말하기 놀이를 할 것입니다. 번갈아 말하기 주제는 알, 병아리, 닭의 차이점입니다. 예를 한 번 들어볼까요? 그림을 보고 어떤 차이점을 말할 수 있을까요?

학생   병아리나 닭은 움직일 수 있지만, 알은 움직일 수 없습니다.

교사   맞습니다. 놀이를 시작하기 전에 차이점을 생각할 수 있는 시간을 2분 주겠습니다. 자유롭게 배움 공책에 미리 써놓아도 됩니다.

교사   그럼 이제 '번갈아 말하기'를 해볼까요? 선생님이 제한 시간을 4분 주도록 하겠습니다.

학생   (짝과 번갈아 말하기 놀이를 한다.)

교사   알, 병아리, 닭은 차이점으로 어떤 생각들이 나왔는지 발표할 수 있나요?

학생   알은 털이 없고 병아리는 솜털, 닭은 깃털 같은 것이 있습니다.

교사   병아리는 노란색 털이 있고 닭은 갈색 털이 있습니다.

학생   닭은 벼슬이 있는데 알과 병아리는 벼슬이 없습니다.

학생   닭은 알을 낳을 수 있는데 병아리는 알을 낳을 수 없습니다.

교사   여러분이 지금까지 말한 내용을 바탕으로 알을 낳는 동물의 한살이를 정리해 봅시다.

# 2

## 파트너십 토의

# 시간의 빈틈이 없다

학생들 개별 활동으로 돌리기에는 어려운 과제이고, 모둠 활동보다는 정돈된 분위기에서 토의 활동을 진행하고 싶다면 '파트너십 토의 활동'을 추천합니다.

파트너십 토의 활동은 4명, 5명 등 모둠이 아닌 짝과 단 두 명이서 함께 생각하고 이야기하고 정리하는 활동입니다. 짝을 이루어 활동하면 1:1로 대화하는 상황에 놓여 있어서 서로 이야기를 하지 않을 수 없게 되는 구조가 만들어지지요. 아무것도 하지 않거나 장난치는 무임승차 학생을 방지할 수 있습니다. 여기에 다양한 아이디어를 요구하는 주제이거나 2개 이상의 주제에 대해 생각해야 하는 수업이라면 시간의 여유를 두고 짝을 바꾸어 같이 파트너십 토의 활동을 해보는 것은 어떨까요? 같은 짝과 계속 토의하는 것보다 짝을 바꾸어 토의하면 집중력이 환기되고 새로운 아이디어를 공급받을 수 있기 때문입니다.

어떤 수업 주제는 학생들이 정확하게 개념을 이해하여 이를 적용해 정확한 답을 골라내야 하는 일도 있습니다. 교사가 바로 답을 가르쳐주는 경우가 가장 낮은 단계이고, 교사가 답을 가르쳐주기 전에 먼저 학생 스스로 생각하고 적어보게 한 뒤 답을 가르쳐주는 경우가 중간 단계입니다. 그렇다면 높은 단계는 무엇일까요? 먼저 학생 스스로 생각하고 적어보게 한 뒤, 친구 답과 비교하여 자신의 답을 다시 한번 점검하고 고치게 한 다음 교사가 답을 가르쳐주는 방식입니다. 학생 스스로 재발견할 기회를 주는 것이지요. 학생 자신이 쓴 내용을 친구와 비교하여 점검하게 할 때도 파트너십 토의 활동을 활용할 수 있습니다.

활용할 수 있는 수업

❶ 독서 토론, 온 책 읽기 활동으로 이야기에 대한 질문을 만들고 서로 묻고 답하기 활동을 할 때.

❷ 교사가 아이디어 발산형 과제를 제시하고 학생들이 직접 브레인스토밍하여 의견을 내고자 할 때.

❸ 교사와 함께 주제에 대한 정확한 답을 알아보기 전에 친구들과 비교하며 자신의 생각이나 의견을 수정할 기회를 주고 싶을 때.

**활동 순서**

❶ 먼저 교사가 토의할 주제, 또는 과제를 제시합니다.

❷ 교사가 짝과 의견을 나눌 수 있는 시간을 제시하면 학생들은 주제에 대해 생각해보고 짝과 이야기를 나누며 배움 공책이나 활동지에 정리합니다.

❸ 제한 시간이 다 되면 교사가 미리 정한 자리 바꾸기 순서에 따라 학생들이 자리를 이동하도록 합니다.

❹ 새로운 짝을 만나 주제에 관해 이야기를 나누고 정리합니다.

❺ 주제, 아이디어 등 상황에 따라 3, 4번 순서를 반복합니다.

❻ 다시 자기 자리로 돌아와 교사가 학생들의 활동을 관찰하며 좋았던 의견을 칭찬하거나 학생들에게, 학급 친구들에게, 소개하고 싶은 내용을 발표하도록 하며 마무리합니다.

**활동 팁**

❶ 자리 바꾸기는 혼란이 없고 빠르게 움직일 수 있도록 미리 규칙을 세워놓는 것이 좋습니다. 예를 들어 오른쪽에 앉은 사람이 한 칸씩 앞으로 이동하거나 왼쪽에 앉은 사람이 한 칸씩 뒤로 이동합니다.

❷ 주제가 무엇인지에 따라 몇 명의 짝을 만날 것인지 미리 정하도록 합니다.

❸ 배움 공책이나 활동지에 정리할 때 한 명의 짝과 만날 때 최소 몇 가지의 아이디어를 내야 하는지 구체적인 목표치를 말하는 것이 좋습니다.

❹ 필요하면 토킹피스를 활용하여 학생들끼리 말하기와 경청의 순서를 번갈아 가며 수행하도록 합니다.

❺ 학습자료(이야기, 시, 그림, 사진 등)에 대해 서로 묻고 답하기 활동을 할 때는 미리 질문을 제시하고 학생들이 각자 자신의 의견을 적게 한 다음, 짝과 함께 서로의 의견을 공유하게 하는 것이 좋습니다. 또는 교사가 질문을 제시하지 않고 서로 하고 싶은 질문을 만들게 한 다음, 인터뷰처럼 번갈아 짝과 자기가 하고 싶은 질문을 하면서 답하게 하는 것도 가능합니다.

❻ 자신이 생각한 내용을 짝과 비교, 점검할 때 짝에 자신이 왜 이러한 답을

적었는지 이유를 설명하도록 합니다. 짝이 설명한 내용을 듣고 타당하다고 생각하면 자신이 쓴 내용을 고치는 것도 허용해 줍니다. 만약 내가 고른 답이 맞다고 생각하면 그대로 두면 되고 새로운 짝과 만나 위의 과정을 반복합니다.

**수업 속으로!**

### [주제 1]   집의 변화로 달라진 사람들의 생활 모습 탐구하기

**교사**   지난 시간에 여러 가지 주거 형태를 알아보았는데 어떤 것들이 있었나요?

**학생**   움집, 귀틀집, 초가집, 기와집, 아파트가 있었습니다.

**교사**   오늘은 주거형태별로 어떤 특징들이 있는지 여러분이 짝과 함께 생각해 보는 시간을 갖도록 파트너십 토의 활동을 해보도록 하겠습니다. 주거 형태가 5가지면 모두 몇 명의 짝을 만날 것 같나요?

**학생**   5명의 짝을 만날 것 같습니다.

**교사**   네 맞습니다. 짝이랑 함께 각 주거형태별 특징을 찾아 배움 공책에 쓰도록 합니다. 특징은 사진을 관찰하고 집의 모양, 사용한 재료, 장점이나 단점을 쓰면 됩니다. 최소 2가지 이상은 꼭 써주세요. 제한 시간은 2분 30초를 주겠

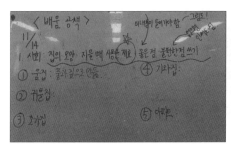
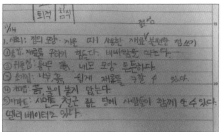

습니다. 먼저 첫 번째 짝과 어떤 주거 형태에 대해 정리해야 할까요?

**학생**  움집입니다.

**교사**  시간이 다 되었습니다. 다음 짝을 만나세요. 이번에는 어떤 주거 형태에 대해 정리해야 할까요?

**학생**  귀틀집입니다.


## [주제 2]  지문에서 문단별로 중심 문장 찾기

**교사**  지난 시간에 중심 문장과 뒷받침 문장에 대해서 배워보았고, 교과서에 나온 글을 함께 읽고 내용을 확인하는 시간을 가졌습니다. 문단별로 중심 문장이 무엇인지 밑줄 쳐 보세요.

**학생**  (문단별로 중심 문장에 밑줄을 친다.)

**교사**  문단별로 중심 문장이 무엇인지 선생님과 확인하기 전에, 파트너십 토의 활

출처: 국어과 3학년 국정교과서(교육부)

동으로 친구와 중심 문장이 무엇이고 왜 그 문장을 골랐는지 설명하는 시간을 가져보도록 하겠습니다. 모두 몇 개의 문단이 있나요?

**학생**  4문단이니까 4명의 짝과 만날 것 같아요.

**교사**  그럼 첫 번째 짝과 1문단에서 찾은 중심 문장과 왜 그 문장이 중심 문장인지 설명해 볼까요? 시간이 다 되면 두 번째 짝과 2문단에서 찾은 중심 문장과 왜 그 문장이 중심 문장인지 설명해 봅시다.

## 3

## 판결을 내려주세요

# 내가 판사가 된다

학생들의 의사소통 능력, 논리적 사고 등을 키워주기 위해 토의토론 활동은 수업 속에서 많이 활용되고 있는 수업 방식 중 하나입니다. 자유롭게 자신의 의견을 논리적으로 말하는 이상적인 토의토론의 모습을 기대하고 도전하지만, 막상 처음 토의토론 활동을 도입했을 때 원했던 이상적인 토의토론 모습을 찾아보기 어렵지요. 게다가 학급 인원수가 많거나 저학년 학급이라면 토의토론 활동이 더욱 망설여지기도 합니다. 지금부터 소개할 토의토론 방식은 처음 해보는 저학년 학생들도 소외되는 학생 없이 성공적으로 토의토론 활동을 할 수 있습니다. '판결을 내려주세요!' 토의토론은 판사 역할을 하는 학생이 토의토론 과정을 보고 어느 쪽 의견이 타당한지 판결을 내려주는 방식입니다.

❶ 토의토론 할 수 있는 주제가 있는 모든 수업.

❷ 온 책 읽기 독후 활동으로 독서 토론 활동을 하고자 할 때.

❸ 국어, 도덕, 사회, 과학 등 교과에서 올바른 문제해결 방법에 관해 토의토론을 하고자 할 때.

❹ 학생들이 처음 토의토론 활동을 접해보고, 학급 인원수가 많아 모든 학생이 토의토론에 참여시키기 어려울 때.

❶ 토의토론을 할 모둠 구성을 3명 또는 4명으로 정합니다.

❷ 모둠별로 판사 1명, 토의토론 참여자 2명으로 역할을 정하도록 합니다. 토론 활동으로 4명을 구성했다면 찬성, 반대를 제외한 1명은 관찰자 역할을 하도록 해도 됩니다.

❸ 토의 활동으로 4명을 구성했다면 판사를 제외한 나머지 학생들은 모두 토의자가 되도록 합니다. 토의는 다양한 의견이 오고 갈 수 있는 방식이므로 3명이 토의자로 참여 가능하기 때문입니다.

❹ 주제를 제시하고 주제에 대한 자신의 견해를 정하고 그렇게 생각한 까닭을 잘 생각하여 배움 공책이나 활동지에 써보도록 합니다.

❺ 토의토론 규칙을 알려준 뒤, 정해진 시간 내에 판사의 진행 하에 토의토론을 진행합니다.

❻ 시간이 충분하다면 역할을 돌아가면서 맡게 하거나 토의 주제를 여러 가지를 제시하여 토의토론 활동을 2~3회씩 하도록 합니다.

❼ 토의토론이 끝난 후, 판사 역할을 했던 모든 학생에게 어떤 판결을 내렸는지, 그 이유는 무엇이었는지 말하게 하고, 관찰자 역할의 학생들이 있다면 어떤 참여자가 잘 자신의 의견을 주장했는지, 토의토론을 관찰하면서 원래 자신이 갖고 있던 생각이 바뀌게 되었는지 등을 질문하여 대답하도록 합니다.

❽ 토의토론에 참여하면서 어떤 친구를 칭찬하고 싶은지 발표하도록 합니다. 칭찬할 때는 어떤 점을 칭찬하고 싶은지 자세하게 말하도록 합니다.

**활동 팁**

❶ 자신의 생각을 정리하는 쓰기 활동 없이 바로 토의토론 활동을 시작한다면 학생들이 자신의 의견을 내는 것을 어려워할 수 있습니다. 미리 생각해 보고 정리하고 토의토론을 하는 것과, 이러한 과정 없이 토의토론을 하는 것은 차이가 있습니다. 정리할 시간을 주고 그 시간이 끝나고 나면

오히려 학생들이 시간을 조금 더 달라고 할 정도로 몰입하는 모습을 볼 수 있습니다.

❷ 토의자, 토론자뿐 아니라 판사와 관찰자도 자신은 어느 입장인지 생각해 보고 정리하도록 합니다. 토의토론 과정을 지켜보고 나서 의견이 바뀌었는지 질문할 수 있습니다.

❸ 판사 역할을 하는 학생들이 책임감 있게 자신의 역할을 수행할 수 있도록 일어서서 선서하도록 합니다. 선서는 친한 친구의 말만 듣지 않고 모든 친구의 말을 듣고 공평하게 판단할 것을 약속하는 내용으로 교사의 말을 따라 하게 합니다.

❹ 토의토론을 하다 보면 학생들이 상대방의 말을 듣지 않고 말을 끊거나 자신의 말만 하는 일도 있으므로 이를 대비하여 판사가 발언권을 주어 차례대로 말하게 해야 합니다.

❺ 서로 존댓말을 쓰면서 토의토론 시간과 토의토론이 아닌 시간을 분명하게 구분하는 것이 좋습니다. 처음에는 학생들이 어색해하지만 오히려 역할놀이를 하는 것처럼 즐겁게 몰입하게 되고 존댓말을 사용할 때 상대방을 조금 더 존중하도록 노력하기 때문입니다.

❻ 토의토론에 익숙하지 않은 학생들이라면 무엇보다도 상대방의 말을 잘 듣는 것이 토의토론을 잘 할 수 있는 비결임을 학생들에게 미리 설명해 주는 것이 좋습니다. 상대방의 말을 논리적인 근거를 들어 반박하며 자신의 의견을 주장해야 함을 알려주도록 합니다.

❼ 미리 교사가 토의토론 시간을 제시하고 시간을 재도록 합니다.

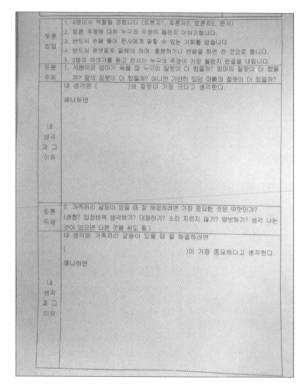

표 안의 내용:

| 토론 방법 | 1. 4명이서 역할을 정합니다 (토론자1, 토론자2, 토론자3, 판사) |
|---|---|
| | 2. 토론 주제에 대해 누구의 주장이 옳은지 이야기합니다. |
| | 3. 반드시 손을 들어 판사에게 말할 수 있는 기회를 얻습니다. |
| | 4. 반드시 존댓말로 말해야 하며, 흥분하거나 반말을 하면 진 것으로 합니다. |
| | 5. 3명의 이야기를 듣고 판사는 누구의 주장이 가장 옳은지 판결을 내립니다. |

토론 주제 1. 서현이와 엄마가 싸울 때 누구의 잘못이 더 컸을까? 엄마의 잘못이 더 컸을까? 말의 잘못이 더 컸을까? 아니면 가만히 있던 아빠의 잘못이 더 컸을까?

내 생각은 (        )의 잘못이 가장 크다고 생각한다.

왜냐하면

내 생각과 그 이유

토론 주제 2. 가족끼리 갈등이 있을 때 잘 해결하려면 가장 중요한 것은 무엇인가?

(경청? 입장바꿔 생각하기? 대화하기? 소리 지르지 않기? 양보하기? 생각 나는 것이 있으면 다른 것을 써도 됨.)

내 생각은 가족끼리 갈등이 있을 때 잘 해결하려면

(                    )이 가장 중요하다고 생각한다.

왜냐하면

내 생각과 그 이유

수업 예시. '엄마 출입 금지' 온
책 읽기 독후 활동_독서 토론

**수업 속으로!**

**교사**  오늘은 판사 판결 토의 활동을 해보도록 하겠습니다. 먼저 역할을 정해봅시다. 한 사람은 판사 역할을 하고 다른 사람들은 모두 토의자가 되도록 합시다.

**학생**  (역할을 정한다.)

**교사**  역할을 다 정했나요? 그렇다면 토의 주제를 같이 살펴봅시다. 첫 번째 토의 주제는 서현이와 엄마가 싸울 때 누구의 잘못이 더 컸을지에 대해 생각해 보는 것입니다. 토의자1은 엄마의 잘못이 가장 크다고 생각하는 입장입니다. 토의자2는 서현이의 잘못이 가장 크다고 생각하는 입장입니다. 마지막으로 토의자3은 적극적으로 엄마와 서현이를 중재하지 않은 아빠의 잘못이 가장 크다고 생각하는 태도입니다. 토의자들은 각각 어떤 관점을 맡을 것인지 정해주세요.

**학생**  (입장을 정한다.)

**교사**  입장을 정했다면 왜 그렇게 생각하는지 그 까닭을 활동지에 정리해 봅시다. 시간은 3분을 주겠습니다. 판사도 함께 자신의 입장을 정리해 주세요.

**학생**  (자신의 입장과 그 까닭을 활동지에 정리한다.)

**교사**  다 썼나요? 판사는 일어나서 선생님이 말하는 내용을 따라 말하며 선서를 합시다. 그럼 토의를 시작하세요.

**교사**  (첫 번째 토의가 끝난 후)두 번째 토의 주제로 넘어가 보겠습니다. 먼저 역할을 바꾸어 다시 정해보세요.

**학생**  (역할을 다시 정한다.)

4

## PMI 토의

# 장점, 단점, 그리고 흥미로움을 발견하다

여러 교과, 특히 도덕과, 사회과 수업을 살펴보면 가장 적절한 문제해결 방법에 대해 토의하고 선택하게 하는 수업이 많습니다. 다양한 가치가 공존하고 셀수 없는 정보의 홍수 속에 가장 적절한 판단을 내리는 문제해결 역량은 미래 인재가 되기 위한 학생들에게 꼭 필요한 역량이기도 합니다. 하지만 학생들에게 적절한 문제해결 방법을 선택하는 방법을 가르쳐주지 않고 가장 옳은 선택을 내려보라고 한다면 분명 학생들은 어려워할 것입니다. 적절한 문제해결 방법을 직접 가르쳐주기보다 어떻게 하면 잘 선택할 수 있을지 가르쳐주는 것이 바로 교사의 역할이 아닐까요? 이를 위해서 PMI 토의를 활용할 것을 추천합니다.

PMI 토의 활동은 P-Plus, M-Minus, I-Interesting의 약자로 어떤 대상(방법)에 대해 장점, 단점 그리고 흥미로운 점에 대해 생각해 보면서 학생들의 창의적사고를 길러주는 토의 방식으로 많이 활용되고 있습니다. 여기서 더 나아가 학생들이 장점, 단점, 흥미로운 점에 대해 생각하고 기록한 것을 바탕으로 가장 적절한 대상(방법)을 선택하는 과정으로까지 나아간다면 문제해결 사고와 비판적 사고를 기르는 데 훨씬 도움이 될 것입니다.

무엇보다도 PMI 토의 활동은 학생들에게 토의 주제에 대한 사고 기준을 분명하게 제시해준다는 점에서 학생들에게 말할 거리는 제공해 주어 토의 활동이 활발하게 일어나게 합니다. 장점, 단점, 흥미로운 점과 같이 기준을 분명하게 제시해주면 학생들은 생각하기 더 쉬워지기 때문이지요.

## 활용할 수 있는 수업

❶ 사회, 도덕 등 문제해결 방법을 선택하고자 할 때.

❷ 특정 대상에 대한 학생들의 생각을 자극하고 정리하는 수업 주제일 때.

❸ 이야기에 등장하는 인물을 분석할 때.

❹ 글쓰기 후 글에 대한 평가할 때.

❺ 찬반 토론을 위한 전제 활동으로 브레인스토밍하고자 할 때.

## 활동 순서

(문제해결 방법을 선택하게 할 때)

❶ 모둠을 구성하고 PMI토의를 할 주제를 제시합니다.

❷ 다양한 문제해결 방법을 떠올립니다.

❸ 각 문제해결 방법별로 장점, 단점, 흥미로운 점을 생각하여 적습니다.

❹ 대상에 대한 장점, 단점, 흥미로운 점을 고려해 최종 선택과 그 이유를 정리합니다.

❺ 각 모둠에서 어떤 해결 방법을 선택했는지 그 이유와 함께 발표하도록 합

니다.

❶ 토의할 때 모둠별로 토킹피스를 나누어 주어 토킹피스를 가진 사람만이 말할 수 있게 하면 토의 과정에 집중하고 정제된 진행을 유도 할 수 있습니다.

❷ 해결 방법이 학생들 스스로 생각해 내기 어려운 주제라면 교사가 여러 가지 해결 방법을 제시할 수도 있습니다.

❸ 흥미로운 점이라고 하면 학생들이 어려워할 수 있으므로 적절하게 바꾸어 제시할 수 있습니다. 예를 들어, 이 해결 방법을 선택했을 때 궁금한 점을 적거나 창의적인 점, 단점을 보완하는 방법을 적게 하는 것입니다. 흥미로운 점을 적는 것은 학생들에게 장점과 단점이 아닌 새로운 시각이나 관점을 제시하기 때문에 학생들이 문제해결 방법을 선택하는 데 도움을 줄 수 있습니다.

❹ PMI 토의 활동 외에도 비슷한 토의 방법으로 육색 사고 모자, SWOT 등 다양한 관점에서 학생들이 생각하도록 하는 것들이 있습니다. 다양한 관점에서 학생들이 생각하도록 하게 하여 비판적 사고력을 기르고 가장 적절한 판단을 내리는 연습을 하도록 한다면 학생들의 문제해결 능력 향상에 더욱 도움이 될 것입니다. 위의 방법은 뒷장의 〈스페셜 페이지〉에서 자세하게 이야기하겠습니다.

**[주제]** 우리 지역의 문제해결하기

**교사** 우리 지역의 문제로 은행나무 악취가 심하다는 주제로 여러 가지 문제해결 방법에 대해 알게 되었지요? 이번에는 모둠별로 각 문제해결 방법에 대해 다양한 관점에서 생각해 보는 PMI 토의 활동을 하는 시간을 가지도록 하겠습니다. PMI는 각각 무엇이라고 했나요?

**학생** P는 장점, M은 단점, I는 흥미로운 점입니다.

**교사** 맞습니다. 흥미로운 점은 그 해결 방법을 선택했을 때 드는 생각, 궁금한 점을 적어보도록 하겠습니다. 그럼 모둠 친구들과 이야기하여 정리해 보세요.

**학생** (모둠끼리 의견을 나누어 정리한다.)

**교사** 모두 정리해 보았지요? 여러분이 쓴 것을 다시 한 번 살펴보면서 우리 모둠은 최종적으로 어떤 해결 방법을 선택할 것인지, 그 이유는 무엇인지 뒷장에 정리하여 봅시다. 그리고 발표하는 시간을 가져보도록 하겠습니다.

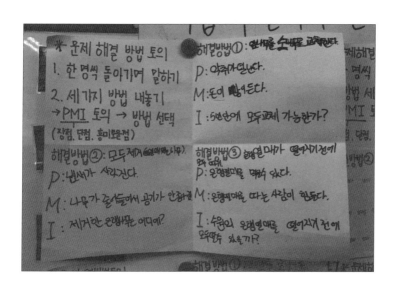

## 5

# 디자인마케팅

# 나도 이제 디자이너야

　학생들이 흥미롭게 문제해결에 참여하면서 그 아이디어가 다양하고 창의적으로 나오게 하는 방법은 없을까요? 그 방법으로 학생들의 숨겨진 창조적 본능을 일깨워주는 디자인마케팅 활동을 추천합니다.

　디자인이란, '실용적인 목적을 가진 조형 작품의 설계나 도안(네이버 지식백과)'를 말합니다. 그 범위는 시각 디자인, 건축 및 공간 디자인, 제품 디자인, 패션 디자인, 여행 및 패키지 설계 등 다양합니다. 마케팅이란 무엇일까요? 마케팅은 '생산자가 상품 또는 서비스를 소비자에게 유통시키는 데 관련된 모든 체계적 경영 활동'으로 마케팅도 그 범위가 역시 매우 다양합니다. 디자인은 상업적인 목적도 동시에 갖고 있기에 디자인과 마케팅은 뗄 수 없는 존재입니다.

　이 디자인은 앞에서 언급한 인공지능에는 없는 인간의 고유한 사고인 직관적 사고와 관련이 있는 활동이며 동료 간 협업 능력 및 창의성을 성장시킬 수 있다는 점에서 유의미합니다. 앞으로는 디자인적 사고가 실제 여러 가지 문제를 창의적으로 해결하기 위해 더욱더 요구되어 질 것입니다.

❶ 학생들이 문제를 해결하기 위해 아이디어를 내고 결과물을 만들어내는 모든 수업.

❷ 시각, 건축 및 공간, 제품, 패션, 여행 및 패키지 등의 디자인 종류가 수업 소재로 활용할 수 있는 모든 수업.

## 활동 순서

❶ 모둠이 필요한 해결해야 할 문제 또는 과제를 제시합니다.

❷ 문제를 해결할 수 있는 아이디어를 브레인스토밍하고 구체화합니다.

❸ 문제해결 아이디어를 잘 표현할 수 있는 프로토타입을 만듭니다.(만들기, 그리기, 글쓰기 등)

❹ 만든 프로토타입을 모둠별로 발표 및 공유(설명해주기)가 되게 합니다. 이때 점수(또는 가상 화폐) 지급 산정 방식을 정하여 아이디어 참신성 및 발표 준비도에 따라 점수(또는 가상 화폐)를 지급하도록 합니다.

❺ 디자인한 내용을 배움 문제와 연결 지어 정리합니다.

## 활동 팁

❶ 모둠 활동뿐만 아니라 개인 활동으로도 활용 가능합니다.

❷ 프로토타입을 정할 때는 시각, 제품, 패션, 여행 및 패키지, 건축 및 공간

등 디자인의 종류를 생각하면 선택하기 쉽습니다. 그리기, 만들기, 글쓰기 등 다양한 방식을 활용하도록 합니다.

❸ 모둠별로 발표 및 공유하게 할 때는 스몰 서클 발표를 추천합니다. 또한 박람회 분위기를 조성하여 긴장감과 흥미를 유발하도록 합니다.

❹ 더 나아가기. 디자인씽킹(출처: 디자인씽킹수업): 디자인마케팅 활동은 디자인 씽킹을 단기간에 끝낼 수 있도록 압축한 활동입니다. 디자인씽킹이란, 사람들의 불편함을 해소하려는 실용적인 목적에 집중하여 '사람의 입장에서 사람을 중심으로 생각하고 공감하여 사람의 어려움이나 문제를 해결해나가는 과정'을 말합니다. 디자인씽킹은 '이해하기 → 공감하기 → 문제 정의하기 → 아이디어 생성하기 → 프로토타입 → 공유하기' 활동 순으로 진행됩니다. '디자인마케팅'에서 보다 문제에 대해 더 깊이 공감하며 진짜 문제를 찾기 위해 탐구하기 위해 인터뷰, 설문조사, 관찰 등 추가적인 활동이 더 필요합니다.

**수업 속으로!**

[주제 1]  오늘날 결혼 풍습 탐구하기

수업 주제는 '오늘날 결혼 풍습 탐구하기', 수업 내용은 오늘날 결혼식은 어떤 것들로 구성되어 있는지, 어떤 풍습이 있는지 등을 알아보는 내용이었습니다. 학생들이 듣고 보고 들은 결혼식 경험을 토대로 웨딩플래너가 되어 결혼식 패키지를 디자인해보게 했습니다. 이때 아이디어에 집중할 수 있으면서도 국어 글쓰기 수업과 연계하기 위해 전단지 형태로 프로토타입을 꾸몄습니다.

<에온 웨딩플래너의 결혼식 패키지: 바갓>

1. 총 비용: 8000 만원
2. 결혼식 장소: 하와이 바닷가 (야외)
3. 결혼식 옷: 웨딩 드레스, 턱시도
4. 신혼 여행: 하와이 바닷가 근처에 있는 호텔, 주택
5. 패물: 다이아몬드 반지
6. 피백 없음

PART 2 웨딩플래너가 되어 결혼식 패키지를 만들어 보자!

1. 웨딩플래너란? 결혼식과 관련해 순서, 방법 등을 계획하고 진행하는 직업
2. 사람들이 만족할 만한 결혼식 패키지 상품을 만들어 봅시다.

# 6

## 집단지성 평가단 활동

# 집단지성 힘을 보여주다

설명하기의 학습 효과가 탁월하다는 것을 알고 있으나, 막상 학생들에게 서로 설명해 보라고 하면 설명하기 어려워하고 머뭇거리는 경우가 많습니다. 학생들이 설명하기를 어려워하는 이유는 진짜 이해한 것이 아니기 때문입니다. 교사가 설명하여 학생들이 듣고 이해하는 것과 진짜로 알고 이해하는 것은 다릅니다. 평소에 교사는 설명하기에 익숙하지만, 학생들은 받아들이는 것에 익숙합니다. 받아들이는 것에 익숙한 학생들에게 바로 들은 것을 꺼내 보라고 한다면 학생들이 무척 어려워할 것입니다.

대부분의 학생들은 생각하고 이해한 것을 바로 말로 표현하는 것을 어려워합니다. 자기 생각을 정리하고 기록할 시간을 주어야 설명하는 데 자신감이 생기고 말로 설명할 수 있게 됩니다. 이러한 학생들의 심리를 고려한 집단지성 평가단 활동을 소개합니다.

집단지성 평가단 활동은 짝이 아닌 다른 친구들과 설명 준비 시간을 가진 후에 짝에게 설명해 주는 활동입니다.

❶ 학생들에게 생소했던 개념에 대해 학습했을 때 학생들이 잘 이해했는지 스스로 설명해 보고자 할 때.

❷ 수학의 경우, 계산 과정에 관해 설명하게 하여 계산 과정을 익히게 하고 싶을 때.

❸ 학생들 스스로 공부하게 하고 싶을 때.

❹ 선생님의 가르침 없이 학생들끼리 공부만으로도 충분히 학습이 가능한 수업 주제일 때.

**활동 순서**

❶ 사전에 3명으로 이루어진 팀을 만들어 놓도록 합니다. 2명은 집단지성을 발휘하기 어렵고 4명은 비과제 행동을 할 가능성이 크기 때문입니다.

❷ 자기 자리에서 벗어나 팀 3명끼리 모이도록 합니다.

❸ 짝에게 설명할 내용에 대해 어떻게 설명할 것인지 같이 이야기 나누고, 배움 공책에 정리하며 '작전 타임'을 갖게 합니다.

❹ 제한 시간이 다 되면 다시 자리로 돌아갑니다. 그리고 서로 짝과 순서를 정해 개념이나 지식에 대해 설명해 줍니다.

❺ 설명을 듣는 학생은 친구의 설명을 듣고 설명에 대해 점수를 매겨주거나 칭찬하고 싶은 점이나 인상 깊은 단어가 있으면 서로 배움 공책에 적어줍니다.

❻ 시간적 여유가 있다면 오늘 자신이 한 설명이 이해하기 쉬웠는지 배움 공

책에 정리하며 반성하는 시간을 갖도록 합니다. 또는 손가락으로 오늘 자신의 설명 점수를 표시하여 교사가 점검할 수도 있습니다.

**활동 팁**

❶ 자신이 선생님이 되었다고 생각하고 어떻게 하면 짝에게 이해하기 쉽게 설명해 줄 수 있을지를 이야기하는 시간임을 분명하게 인지시켜 주어야 합니다.

❷ 책상 배치를 변형하기 어려우므로 다른 팀의 방해를 받지 않는 곳을 찾아 함께 교실 바닥에 앉게 할 수 있습니다. 자리를 옮길 때는 자신의 배움 공책을 갖고 함께 이동하도록 합니다.

❸ 제한 시간은 5~7분 정도 주어 설명 준비 시간을 주도록 합니다.

❹ 학생들이 설명하기 어려워할 것이 예상된다면 미리 설명하는 데 필요한 키워드나 설명방향(의미, 예시 등)에 대해서 제시해주면 좋습니다.

❺ 설명할 때 그림이나 사진을 함께 보여주며 설명해도 가능함을 말해주고 자신이 정리한 공책을 읽거나 보여주는 것은 하지 않도록 안내합니다.

[주제] 0.50과 0.25 두 소수의 크기 비교하는 방법을
3가지로 설명하기

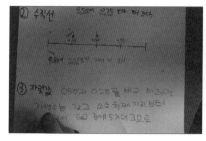

**교사** 두 소수의 크기를 비교하는 방법을 여러분이 직접 설명할 것입니다. 두 소수는 바로 0.50과 0.25입니다. 이 두 소수를 비교하는 방법은 3가지로 설명해야 합니다. 선생님이 힌트를 주자면 모눈종이, 수직선 그리고 자릿값입니다. 이 세 가지를 이용해 소수를 비교하여 어떤 소수가 더 큰지 짝에게 쉽게 설명하는 방법을 찾으면 됩니다. 배움 공책을 가지고 설명팀 3명 모이세요.

**학생** 수직선 같은 건 그림을 그려서 설명해도 되나요?

**교사** 네, 그림을 그려서 설명하면 짝이 더 이해하기 쉽겠지요?

**교사** 이제 다시 자리로 돌아오세요. 설명 순서를 정해볼까요? 설명을 듣는 사람은 무엇을 해야 한다고 했나요?

**학생** 점수를 매깁니다.

**교사** 친구의 설명을 잘 듣고 신중하게 점수를 매겨주세요.

## 7

## 틀린 부분 찾기 활동

# 선생님 이거 틀렸어요?

학생들이 정확하게 알고 있는지 확인하고 주체적으로 생각하게 할 방법은 없을까요? 학생들이 제대로 알고 있는지 확인하려면 맞는 것을 제시하는 것보다 틀린 것을 제시해야 합니다. 맞는 것을 제시하면 있는 그대로를 받아들이기만 하면 되지만 틀린 것을 제시하면 왜 틀렸는지, 무엇이 맞는 지까지 알아야 설명할 수 있기 때문입니다. 또한 틀린 부분을 찾도록 하면 학생들이 더욱 긴장감 있게 자료를 관찰하고 생각하게 됩니다.

**활용할 수 있는 수업**

❶ 국어 높임 표현처럼 학생들이 의식적으로 잘 알고 있는 지식을 가르치는 수업.

❷ 학생들이 오개념을 갖기 쉬운 수업.

❸ 개념 학습 후, 학생들이 제대로 알고 있는지 점검하고자 할 때.

활동 순서

❶ 교사가 틀린 부분이 있는 자료를 제시합니다.

❷ 학생들은 자료를 살펴보고 말로 표현하게 하는 것이 아니라 배움 공책, 활동지에 어떤 부분이 틀렸는지 각자 정리합니다. 그리고 왜 틀렸는지 또는 바르게 고친 내용도 함께 쓰도록 합니다.

❸ 짝, 모둠 친구들과 쓴 것을 설명해 보게 하여 서로 확인하고 비교하게 함으로써 한 번 더 생각하고 자신이 쓴 내용을 고칠 기회를 줍니다.

❹ 교사와 함께 틀린 부분을 확인합니다.

**활동 팁**

❶ 말로 표현하게 하면 지적 순발력이 좋은 학생들만 발표하게 되고 나머지 학생들은 생각할 기회도 없이 수동적으로 따라가게 됩니다. 꼭 각자 정리하도록 합니다.

❷ 틀린 부분을 다양하게 제시함으로써 여러 번 학생들이 생각하고 고칠 수 있도록 합니다.

## [주제] (세 자리 수)÷(몇십) 계산하기

**교사** 다음 네 가지 세로 셈 계산이 있습니다. 먼저 배움 공책에 네 가지 세로 셈 계산을 옮겨 적어 볼까요?

**학생** 다 적었습니다.

**교사** 세로 셈 계산을 보니 어떤 세로 셈이 정답인가요?

**학생** 세 번째 세로 셈입니다.

**교사** 배움 공책에서 세 번째를 제외한 각 세로 셈 계산 밑에 어떤 점이 틀렸는지, 왜 틀렸는지 적어봅시다.

**교사** 첫 번째 세로 셈은 무엇이 틀렸나요?

**학생** 몫이 틀렸습니다. 몫이 9가 아니라 8이 와야 합니다.

**교사** 왜 9가 아닌 8이 와야 하나요?

**학생** 몫을 구할 때 나누어지는 수보다 작은 수가 와야 합니다.

## 8

**문제 만들기 활동**

# 나도 이제는 출제 위원이야

보통 교실에서는 교사가 질문하거나 문제를 만들고 학생이 답을 합니다. 이는 당연한 구조이면서도 때로는 학생들을 수동적으로 만들지요. 학생들이 배운 내용에 대해 스스로 문제를 만들게 하면 주체적으로 생각하게 만듭니다. 또한 문제 푸는 재미가 있어 학생들의 참여도가 높아지지요. 문제를 만들고 푸는 방법은 다양합니다. 상황에 따라 변형하여 다양하게 활용할 수 있습니다.

### 활동 1. 모둠 활동

❶ 학생들에게 모둠별로 활동지와 포스트잇을 나누어 줍니다. 포스트잇에는 문제를 만들어 쓰도록 합니다.

❷ 학생들이 모둠별로 배운 내용에 대해 포스트잇에 문제를 낸 사람의 이름과 문제, 문제의 점수를 적게 합니다.

❸ 문제를 교실 여기저기에 붙여 놓습니다.

❹ 모둠별로 교실 여기저기에 붙어 있는 문제를 가져올 순서를 정합니다. 문제는 같이 풀도록 합니다.

❺ 제한 시간 동안 모둠별로 문제를 가져와 답을 쓰고, 문제를 원래 위치에 가져다 놓도록 합니다.

❻ 제한 시간이 끝나면 학생들은 돌아다니며 자기가 낸 문제를 채점하게 합니다.

## 활동 2 응용: 개인 활동

❶ 학생들에게 활동지와 포스트잇을 나누어 줍니다. 포스트잇에는 문제를 만들어 쓰도록 하고, 활동지는 포스트잇을 붙일 수 있는 공간과 문제의 점수를 적을 수 있는 점수 계산 판이 있도록 합니다.

❷ 학생들이 배운 내용에 대해 포스트잇에 문제를 만들어 보게 하고, 문제를 풀었을 때 점수를 적게 합니다. 포스트잇 뒷장에는 답을 적도록 합니다.

❸ 제한 시간 동안 학생들이 돌아다니며 친구와 만나 문제를 서로 내고 맞히도록 합니다.

❹ 학생들이 친구와 만나 문제를 내고 맞히면 서로 문제를 교환하게 해도 됩니다.

❶ 교과서를 참고하여 활용하게 해도 됩니다. 학생들은 교과서를 다시 들춰 보고 읽어보면서 재학습을 하게 됩니다.

❷ 너무 어려운 문제를 내기보다 배운 내용 중에 중요한 부분을 문제로 내도록 합니다.

❸ 개인별 또는 모둠별로 경쟁하기보다 학급 공동 목표 점수를 제시하여, 모든 학생이 공동 목표 점수에 도달하게 하여 협력하고 도와주는 분위기를 형성합니다.

❹ 목표 점수에 도달하면 개인 보상 또는 학급 전체 보상을 합니다.

<문제를 만들어 친구들과 풀어볼까요?>

| 문제 목록 *포스트잇 앞쪽에는 문제와 점수를, 뒤쪽에는 답을 적어보세요* | | 나의 점수 |
|---|---|---|
| | | |
| | | |
| | | |
| | | |
| | | |
| | | 점수 합계: |

9

## 모둠 공동체 활동

# 모둠끼리 해결해 봐

다인수 학급에서 교사가 모든 학생을 피드백해주기가 쉽지 않습니다. 특히 수학 교과처럼 학습 편차가 많이 차이 나는 수업일수록 더 난감해지지요. 잘하는 학생은 시간이 남고 못 하는 학생은 시간이 부족하고 교사가 피드백해줄 때까지 기다려야 하는 어려움도 있습니다. 수학 교과뿐 아니라 어쩔 수 없이 문제를 풀어야 하는 모든 교과 시간에 교사가 모든 학생을 봐주지 못하여 40분이라는 수업 시간이 아쉽기만 합니다.

이렇게 교사가 한 명으론 모자라는 수업 시간에는 학생들을 믿고 교사의 할 일 맡기는 것이 어떨까요? 교사처럼 친구들을 가르칠 수 있는 권리와 책임을 부여하는 '모둠 공동체 활동'을 추천합니다.

모둠 공동체를 활용하면 때로는 교사보다 학생들이 훨씬 더 잘 설명하는 모습을 보게 됩니다. 모둠원들을 가르쳐 주는 것에 흥미를 느끼기도 하고 책임감도 느끼고 더 적극적으로 문제를 풀게 되지요. 가르쳐 주는 학생은 친구에게 설명해 줌으로써 개념을 더 확실하게 익히고 남는 시간을 더 효율적으로 활용할 수 있게 됩니다. 가르침을 받는 학생은 모르는 문제에 대해 선생님을 기다리지 않아도 되어 시간을 더 효율적으로 활용할 수 있게 됩니다.

## 활용할 수 있는 수업

❶ 국어, 사회, 과학 교과에서 단원이 끝난 후, 단원 정리 문제를 풀게 할 때.
❷ 수학 익힘 책 문제를 해결하게 할 때.
❸ 수업 주제와 관련된 문제를 풀게 할 때.

## 활동 순서

❶ 문제 또는 과제를 제시한 후, 교사가 "모둠 공동체로 움직입시다"라고 말해줍니다.
❷ 모둠원들이 공동체가 되어 서로 모르는 것을 가르쳐주며 문제, 과제를 해결하게 합니다.
❸ 과제를 완수하면 교사가 점검합니다. 교사가 검사할 때는 모든 모둠원들이 풀이를 마쳤을 때입니다.
❹ 모둠 내에서 선생님께 검사를 맡을 순서를 정하고 '도전!'이라고 외치게 합니다.
❺ 교사가 점검했을 때, 과제를 성공적으로 끝냈다면 다음 단계의 과제를 주거나 보상을 줍니다. 만약 과제에 미흡한 부분이 있다면 다시 해결하게 합니다.

❻ 그동안 교사는 다른 모둠으로 가 과제 수행 결과를 점검합니다.

활동 팁

❶ 모둠원들에게 모르는 것을 가르쳐줄 때, 답을 가르쳐주어서는 안 되고 푸는 방법을 설명해 주거나 답을 어쩔 수 없이 말해야 한다면, 왜 그것이 답이 되는지 이유를 설명하게 해야 합니다.

❷ 모든 모둠원들이 통과하면 모둠 공동체 활동을 성공적으로 끝내게 되고 서로 칭찬하고 격려해 주는 시간을 갖게 합니다.

## 10

### 전시 부스 활동

# 우리 전시장에 온 것을 환영해

요즘에는 행사가 있는 특정 장소에 가면 사람들을 위해 전시 부스를 많이 운영하고 있습니다. 스타트업 회사에서 자신의 상품을 홍보하기도 하고, 여러 가지 체험을 원하는 사람들에게 다양한 체험의 기회를 주기도 합니다. 교실 속에서 전시 부스를 운영하는 활동을 한다면 어떨까요?

'전시 부스 운영 활동'은 학생들이 모둠으로 구성하여 각각 전시 부스를 만들어 다른 모둠의 친구들에게 설명을 해주거나 체험을 하게 해주는 활동입니다. 처음부터 끝까지 학생들은 자신들이 소개하기 원하는 내용을 주체적으로 선택하게 하므로 참여도가 높습니다. 또한 다른 친구들을 상대로 전시 부스를 운영하여 소개할 내용을 설명하려면 충분히 많은 내용을 조사하고 알고 있어야 하므로 많은 공부가 되지요. 돌아다니며 다른 친구들 설명도 듣고 직접 체험하거나 재미있게 퀴즈를 풀 시간이 있으니 앉아서 교사 설명을 듣는 것보다 학생들은 훨씬 기억에 남고 즐거워합니다.

부스에서 전시할 내용을 준비하고 설명을 듣거나 체험을 하게 하려면 여러

차시가 소요되므로 가능하면 다른 교과와 주제 통합하는 프로젝트 수업으로 진행할 것을 추천합니다. 전시 부스를 운영하려면 모둠으로 구성해야 하고, 모둠 구성인 만큼 모둠별로 다른 테마를 제시할 수 있는 수업 주제여야 합니다.

## 활용할 수 있는 수업

❶ 홍보와 설득의 말하기가 가능한 수업일 때.

❷ 학생들이 직접 조사하고 설명하는 프로젝트 수업을 하고자 할 때.

❸ 세계 여러 나라 문화 소개하기, 촌락(어촌, 농촌, 산촌)과 도시의 특징 소개 등 모둠별로 다르게 분담할 수 있을 만큼 다양한 테마가 나올 수 있을 때.

## 활동 순서

❶ 수업 주제를 제시하고 모둠을 구성합니다.

❷ 모둠별로 전시 부스를 운영하는 운영자, 홍보자라고 생각하고 소개할 대상을 정합니다.

❸ 구체적으로 계획을 세우도록 합니다. 계획을 세울 때는 역할 분담을 어떻게 할 것인지, 어떤 내용을 소개 할 것인지, 어떤 방법을 이용해 소개할 것인지 자세하게 기록하도록 합니다.

❹ 소개할 내용을 조사해 오게 합니다. 만약 시간의 여유가 있다면 함께 정보 검색 시간을 가져도 됩니다.

❺ 조사한 내용을 바탕으로 전시 부스를 꾸밀 시간을 줍니다.

❻ 전시 부스 운영 활동을 합니다. 설명(홍보, 판매 설득)할 역할, 돌아다니며 설명을 들을 역할을 정하여 돌아가면서 역할을 수행하도록 합니다.

❼ 활동이 끝나고 나면 스스로 적극적으로 참여했는지 자기 평가를 하도록 하고, 전시 부스를 운영하고 관람하면서 어떤 점들을 배웠는지 글쓰기 활동으로 자세하게 기록하도록 합니다.

## 활동 팁

❶ 계획 단계에서 소개 방법은 교사가 다양한 방식을 예를 들어 주어 학생들이 여러 가지 방법을 활용해 소개할 수 있도록 해야 합니다. 그림 또는 사진 자료를 가져와 설명하게 하거나 친구들이 직접 실제로 해보게 하거나 퀴즈를 내는 등 다양한 방법을 활용할 수 있도록 해야 합니다.

❷ 재미와 성취감을 높이기 위해 관람하는 학생들에게 코인을 나누어 주어 관람이 끝나면 자신이 원하는 만큼 코인을 전시 부스를 운영하는 친구들에게 주도록 할 수 있습니다.

❸ 교사가 많은 결정권을 학생에게 이양하는 만큼 학습 목표를 달성할 수 있도록 자주 피드백을 주어 교사가 조력자 역할을 잘 해주어야 합니다.

❹ 전시 부스를 운영하는 시간에는 교사도 손님이 되어 적극적으로 설명을 듣고 질문한다면 학생들은 더욱 재미있어하며 즐겁게 참여합니다.

❺ 교사가 순서를 정해주지 않고 설명을 듣는 사람은 자유롭게 가고 싶은 부스에 가도록 합니다.

**[주제]**　세계 여러 나라의 문화를 알고 문화의 다양성 이해하기

- 1차시: 모둠별로 문화를 소개할 나라 선택하고 계획 세우기

**활동 팁:** 계획을 세울 때, 퀴즈 풀기, 사진 및 그림 자료 보여주기, 전통 의상을 가져와 실제로 입어보기, 음식 맛보기 등 다양한 소개 방법을 활용하도록 했습니다.

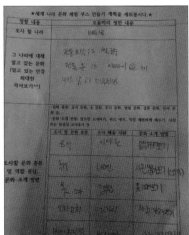

- 2-3차시: 전시 부스 운영 준비하기
- 4차시: 전시 부스 운영 활동하기
- 5차시: 전시 부스 운영 평가하기, 글쓰기

> : 수업 생동감 **톡!** Talk**?** :
>
> # PMI 토의 레벨 업 "문제해결이 쉬워졌어요?"

학생들이 스스로 문제해결 방법을 선택하는 경험과 과정을 수업 속에서 배우게 하도록 PMI 토의를 소개했습니다. PMI 토의는 각자 문제해결 방법에 대해 장점, 단점, 흥미로운 점 등에 대해 세분화하여 생각하게 만든다는 점에서 학생들 문제해결력 및 의사결정 능력을 향상해 준다는 점에서 활용 가치가 높은 방법입니다. PMI 토의처럼 문제해결 방법에 대해 분석적으로 생각하게 만드는 토의 방법 3가지를 소개합니다.

## 1. SWOT 토의

S, W, O, T는 다음을 의미합니다.

| S | Strength. 강점. 이 문제해결 방법이 가진 강점. |
|---|---|
| W | Weakness. 약점. 이 문제해결 방법이 가진 약점. |
| O | Opportunity. 기회. 이 문제해결 방법을 실천하고자 할 때 기회가 될 수 있는 요소. |
| T | Threat. 위협. 이 문제해결 방법을 실천하고자 할 때 위협이 될 수 있는 요소. |

PMI처럼 학생들에게 어떤 문제해결 방법이 있는지 브레인스토밍한 후, SWOT으로 구분된 활동지를 제시하여 각 문제해결 방법에 대해 분석하도록 합니다.

## 2. 나무 토의

나무를 크게 뿌리, 기둥, 나뭇잎으로 나누어 각각을 기반 요소, 방해 요소, 효과로 다음을 의미합니다. 나승빈 선생님의 블로그를 참고했습니다.

| 뿌리 | 기반 요소. 문제해결 방법을 실현하는 데 필요한 요소 |
|---|---|
| 기둥 | 방해 요소. 문제해결 방법을 실현하는 데 방해하는 요소 |
| 나뭇잎 | 효과. 문제해결 방법을 실현했을 때 나타날 수 있는 효과 |

문제해결 방법을 선택하게 하는데 가장 쉬우면서도 적합한 세분된 요소입니다. 각 요소에 대해 분석할 때, 뿌리, 기둥, 나뭇잎이 그려져 있는 활동지를 나누

어 줍니다.


### 3. 육색사고모자 토의

육색사고모자는 하얀 모자, 빨간 모자, 검정 모자, 노랑 모자, 초록 모자, 파랑 모자로 다음을 의미합니다.

| 하얀 모자 | 문제해결 방법과 관련된 중립적, 객관적 사실만을 말한다. |
|---|---|
| 빨간 모자 | 문제해결 방법과 관련된 느낌, 감정만을 말한다. |
| 검정 모자 | 문제해결 방법과 관련된 부정적인 생각, 실패 원인, 실패 가능성만을 말한다. |
| 노랑 모자 | 문제해결 방법과 관련된 긍정적인 생각, 성공 원인, 성공 가능성만을 말한다. |
| 초록 모자 | 문제해결 방법과 관련된 새롭고 재미있는 다양한 생각만을 말한다. |
| 파랑 모자 | 문제해결 방법과 관련된 요약, 정리하고 다른 모자들의 순서를 조직 및 조절·통제를 한다. |

육색 모자이므로 6명으로 토의 인원을 정하나, 필요에 따라 육색 모자가 아닌 사색 모자, 삼색 모자 등으로 줄여서 토의할 수도 있습니다. 다른 토의 방법보다 분석 요소가 많고 어려우므로 저학년 학생들보다는 고학년 학생들에게 더 적합합니다.

## 4. 활동 순서 및 활동 팁

❶ 교사가 문제해결 주제를 제시합니다.

❷ 문제해결 방법에 대해 모둠별로 브레인스토밍합니다. 시간이 충분하지 않을 경우, 교사가 문제해결 방법에 대해 제시하는 것도 가능합니다. 토의에 집중하고 정제된 분위기를 만들기 위해 토킹스틱을 활용하여 토킹스틱을 가지고 있는 학생들만 말하게 합니다.

❸ SWOT, 나무 토의, 육색사고모자 중 한 가지 방법을 선택하여 각각의 문제해결 방법에 대해 분석합니다. 방법에 적절한 활동지를 함께 배부하고 필요하면 MSG 활동을 활용하여 분석한 내용을 공유하게 합니다.

❹ 분석한 결과를 바탕으로 문제해결 방법 중 가장 적절한 1가지 방법과 그 이유를 정리합니다.

❺ 각 모둠이 선택한 문제해결 방법과 그 이유를 공유합니다.

❻ 문제해결 방법 선택과 관련된 수업 주제뿐 아니라 특정 대상에 대해 분석하고자 할 필요성이 있는 수업에도 활용할 수 있습니다.

행복한 교육을 위한
수업 성장 프로젝트, 공유-지식-참여

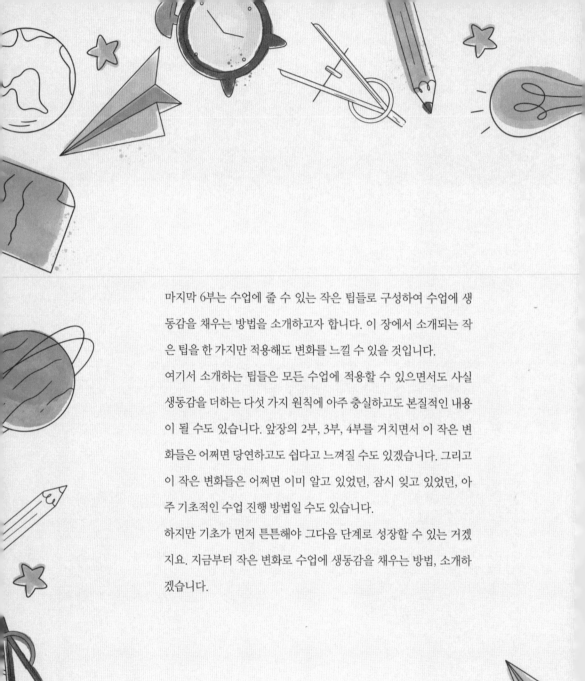

마지막 6부는 수업에 줄 수 있는 작은 팁들로 구성하여 수업에 생동감을 채우는 방법을 소개하고자 합니다. 이 장에서 소개되는 작은 팁을 한 가지만 적용해도 변화를 느낄 수 있을 것입니다.

여기서 소개하는 팁들은 모든 수업에 적용할 수 있으면서도 사실 생동감을 더하는 다섯 가지 원칙에 아주 충실하고도 본질적인 내용이 될 수도 있습니다. 앞장의 2부, 3부, 4부를 거치면서 이 작은 변화들은 어쩌면 당연하고도 쉽다고 느껴질 수도 있겠습니다. 그리고 이 작은 변화들은 어쩌면 이미 알고 있었던, 잠시 잊고 있었던, 아주 기초적인 수업 진행 방법일 수도 있습니다.

하지만 기초가 먼저 튼튼해야 그다음 단계로 성장할 수 있는 거겠지요. 지금부터 작은 변화로 수업에 생동감을 채우는 방법, 소개하겠습니다.

| 6부 |

# 수업 생동감,
# 작은 변화로 수업을 디자인하다

# 1

## 공유 · 나눔
# 협력과 도전의 즐거움을 발견하는
# 2가지 키워드

모둠 및 개인 활동이나 게임 등 활동을 하다 보면 경쟁적인 분위기가 되는 경우가 많습니다. 경쟁하게 하는 것이 학생들에게 긴장감을 주고 흥미를 자극하기 때문에 교사가 이러한 경쟁 분위기를 주도하는 때도 있습니다. 여기에 학생들을 유혹하는 보상이 있다면 경쟁은 더욱 과열되지요.

하지만 항상 경쟁하고 난 분위기는 처음 활동을 시작했던 분위기와 사뭇 다릅니다. 아니 중간에서부터 분위기의 흐름이 바뀐 걸 느끼지 않나요? 학생들은 점수를 얻기 위해 더 예민해지고 다른 팀의 작은 실수도 용서하지 않게 됩니다. 그리고 끝에는 서로를 탓하고 팀과 팀 사이에 기분이 안 좋아지는 상황이 벌어지기도 합니다. 교사가 그냥 게임은 게임일 뿐이라고 마음 상하지 말라고 말해줘도 이미 기분은 상할 때로 상한 뒤이겠지요.

경쟁도 중요하지만 적어도 모두가 함께 배우는 교실 안에서는 경쟁보다는 협력하도록 하는 것이 어떨까요? 비고츠키가 말했듯이, 경쟁도 본능이지만 협력도 본능입니다. 경쟁보다 협력할 때 학생들은 훨씬 더 많은 것을 배울 수 있습니다.

경쟁이 아닌 협력 분위기를 형성하려면 많은 것이 필요하지 않습니다. 규칙을 조금만 바꾸어도 협력하는 분위기로 바꿀 수 있습니다.

점수를 가장 많이 얻는 팀이 승리? NO! 목표 점수에 도달하는 팀 모두가 승리!

점수에 따라 팀의 승리가 결정된다면 당연히 경쟁은 과열될 수밖에 없습니다. 그리고 상대 팀의 점수를 인정하지 않기 위해 항의를 하기도 하지요. 이것은 아이들이 나빠서가 아니라 당연히 그럴 수밖에 없습니다. 누구도 지는 걸 좋아하지 않기 때문이죠.

놀이, 게임, 활동 등을 하는 이유는 물론 재미를 위해서도 있겠지만 교실 속에서 놀이나 게임을 활용하는 목적은 결국에는 무언가를 배우고 성취감을 얻게 하기 위함입니다. 따라서 점수를 '가장 많이' 얻은 '팀만' 이기는 방식이 아닌 '목표 점수'를 제시해주어 도달하는 팀 모두 승리라고 말해주는 것은 어떨까요?

목표 점수를 제시할 때도 열심히 해야 하는 적당히 긴장감 있는 점수를 제시해주어야 합니다. 목표 점수가 너무 낮으면 긴장감이 떨어지고 목표 점수가 너무 높으면 포기해 버리는 학생들이 많아지기 때문이다. "괜찮아! 아직 기회는 있어!"라고 말할 수 있는 목표 점수를 제시해주는 것이 좋습니다.


## 팀 승리보다 훨씬 더 좋은 건 학급의 승리!

여기에 모든 학급 학생들이 모두 승리의 기쁨을 맛보게 하면 더 좋습니다. 모든 팀이 목표 점수에 도달하면 모두가 이긴 것이라고 말해주고 작은 보상을 해주면 좋습니다. 보상이란 아주 작은 것도 괜찮습니다. 5분이라도 수업을 일찍 끝내고 쉬는 시간을 주는 것만으로도 좋습니다. 만약 보상 주는 것을 원치 않는다면 여러분과 선생님의 싸움이라고 말해주면서 모든 팀이 목표 점수에 도달하면 선생님을 이긴 것이라고 말해주는 것만으로도 충분합니다.

학급 전체 목표가 생기면 자연스럽게 다른 팀을 도와주는 분위기도 형성됩니다. 물론 답을 바로 말해주려는 학생이 있을지도 모릅니다. 하지만 교사가 힌트는 괜찮지만, 답을 바로 알려주는 것은 무효로 처리하겠다고 말한다면 학생들은 무효 처리를 받지 않는 선에서 최대한 다른 팀을 도와주려고 노력할 것입니다.

게임이나 놀이 활동을 할 때, 골든벨 퀴즈를 풀 때 등 이렇게 경쟁보다는 서로 협력하는 분위기를 만들고 싶을 때 어느 수업이든 모두 가능합니다. 협력하고 나면 경쟁했을 때보다 훨씬 부드럽고 긍정적인 학급의 분위기를 느낄 수 있을 것입니다.

**수업 속으로!**

[주제 1]   옛날과 오늘날의 결혼 풍습 탐구하기

**활동 1.** 옛날과 오늘날의 결혼 풍습의 차이점 생각나는 대로 적어보기

**활동 2.** 협공(협력 · 공유) 놀이하기

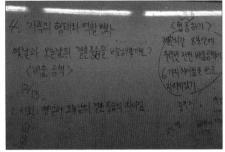

- 가장 많이 적은 학생 조사하기(예: 6개가 가장 많이 적었다.)
- 제한 시간 8분 안에 우리 반 전원 배움 공책에 6가지 차이점 쓰고 자리에 앉기


## [주제 2] '모둠' 골든벨 문제 풀기

- 모두 각자 골든벨 퀴즈에 답을 쓰면서 참여한다.
- 모둠이 한 팀이 되므로 모둠끼리 답을 상의해도 된다.
- 모둠 안에서 모두 정답을 쓰면 2점을 얻고, 모둠 안에서 한 명이라도 정답을 쓴 친구가 있으면 1점을 얻는다. 그러나 모둠 안에서 정답을 쓴 친구가 없으면 점수를 얻을 수 없다.
- 문제는 총 5문제로, 6점 이상 얻으면 팀이 승리한다.
- 모든 팀이 6점 이상의 점수를 얻을 경우, 전체 보상이 주어진다.

# 2

**나도 이제는 작명가**

# 놀이처럼 보이지만 깊은 뜻이 있다

사람들은 자신이 예측 가능한 상황 속에서 예상외의 무언가가 나올 때 더 집중하게 되고 기억에 남습니다. 학생들은 수업을 듣는 입장이지만 선생님이 무슨 말을 할지, 어떤 내용을 배울지, 어떤 활동을 할지 충분히 예상할 수 있습니다. 하지만 수업 속에서 자신이 예상했던 것과 다른 무언가가 나오면 어떨까요?

바로 쉽고 간단하게 학생들의 주의를 환기하고 기억에 남게 하는 방법으로 활동에 재미있는 이름을 붙여주는 것입니다. 관찰하기, 공통점과 차이점 찾기와 같이 활동을 소개하는 것보다 '나쁜 녀석! 착한 녀석! 찾기'와 같이 재미있게 활동 이름을 지어 소개하면 실제로는 비슷한 방식으로 활동이 진행될지라도 학생들은 더욱 재미있게 활동에 참여하게 됩니다.

학생과 함께 배운 내용에 대해 같이 이름을 붙여줄 수도 있습니다. 학생들이 직접 이름을 짓는 과정에서 알맞은 이름을 짓기 위해 대상에 대한 특징을 자연스럽게 생각하고 말하게 되고 학생들에게 개념에 대해 좀 더 오래 기억에 남게 할 수 있습니다.

## [주제1] 글을 읽고 내용 간추리는 방법 알기

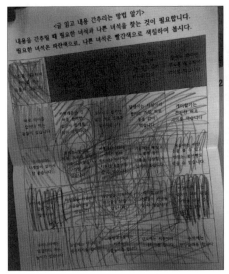 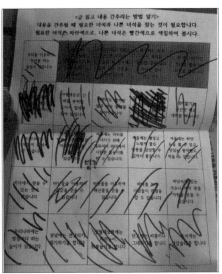

**교사**  오늘은 글을 읽고 내용을 간추리는 방법 중 1가지를 알아 볼 거예요. 이 방법을 전수받기 위해서 여러분이 해야 할 일은 '착한 녀석, 나쁜 녀석 찾기'입니다. 글을 읽고 내용을 잘 간추리기 위해서는 착한 녀석과 나쁜 녀석을 골라내는 것이 필요합니다. 물론 내용을 간추릴 때 필요한 것은 착한 녀석이겠지요. 활동지를 보니 엷게 회색으로 색칠된 곳을 같이 읽어봅시다.

**학생**  부리를 이용하여 먹이를 먹는 동물이 있습니다.

**교사**  여러분이 읽은 것은 착한 녀석입니다. 그럼 그 옆에 짙게 회색으로 색칠된 곳들은 어떤 녀석일까요?

**학생**  나쁜 녀석입니다.

**교사**  맞습니다. 가로 한 줄에 착한 녀석은 하나이고 나머지는 나쁜 녀석입니다. 선생님이 준 힌트를 이용해 착한 녀석과 나쁜 녀석을 더 찾아봅시다. 착한 녀석은 파란색으로, 나쁜 녀석은 빨간색으로 색칠해 주세요.

교사   색칠하고 나서 착한 녀석들의 특징이 무엇인지 발견했나요?

학생   모두 맨 왼쪽에 있어요. 뭔가 나쁜 녀석들을 설명해 주는 것 같아요. 전체를 나타내는 것 같아요. 가장 중요해 보여요.

교사   네 맞습니다. 우리는 이런 문장을 뭐라고 부르나요?

학생   중심 문장입니다.

교사   나쁜 녀석들을 우리는 뭐라고 부르나요?

학생   뒷받침 문장입니다.

교사   정리하면 글을 읽고 내용을 간추릴 때 우리에게 필요한 녀석인 착한 녀석을 무엇인가요?

학생   중심 문장입니다.


## [주제 2]   들은 내용 메모하기


교사   국어책을 보면 메모하는 방법이 두 가지가 나와 있어요. 하나는 어떻게 메모했나요?

학생   마인드맵처럼 그려서 메모했어요.

교사   다른 하나는 어떻게 메모했나요?

학생   그냥 중요한 것만 골라서 문장으로 메모한 것 같아요.

교사   그럼 첫 번째 메모 방법의 이름을 붙인다면 어떤 이름이 좋을까요?

학생   마인드맵처럼 생겼으니까 마인드맵 메모를 줄여서 마메라고 불러요.

교사   그럼 두 번째 메모 방법의 이름을 붙인다면 어떤 이름이 좋을까요?

학생   줄줄이 문장으로 썼으니까 줄메모, 줄여서 '줄메'라고 불러요.

3

**넌 내 짝이야**

# 최고의 파트너를 찾았다

　수업할 때, 대부분 개인 또는 모둠으로 활동을 진행하는 경우가 많습니다. 개인 활동은 지루하고 어려운 과제를 수행할 때 시간이 오래 걸리기도 하지요. 모둠 활동은 무임승차 학생이 생길 확률이 높고 비과제 행동이 많아지며 서로 잘 맞지 않으면 갈등이 생기는 일도 있습니다. 짝 활동을 잘 활용하면 개인 활동할 때만큼 집중력과 책임감을 높이면서도 모둠 활동할 때만큼 즐겁고 서로 협력할 수 있도록 만들 수 있습니다.

　항상 짝끼리 서로 확인하게 합니다.

　먼저 수업이 시작될 때부터 끝날 때까지 의식적으로 짝과 서로 확인하는 습관을 들이게 합니다. 교과서를 폈는지, 배움 공책이나 활동지에 자기 생각을 정리했는지 등 점검하고 안 쓴 부분이 있다면 손을 들고 교사에게 알리도록 합니다. 짝이 정리한 부분에 대해 교사 대신 동그라미를 쳐주고 채점도 짝과 바꿔 채점하도록 합니다. 때로는 짝과 이야기하거나 정리한 부분을 서로 바꿔 읽고 짝이 생각한 부분을 발표하게 하여 의식적으로 서로 확인하고 공유하도록 합니다.

같이 찾고 같이 답을 쓰게 합니다.

학생들에게 수행할 과제를 제시했을 때, 짝과 같이 답을 찾게 합니다. 짝과 함께 답을 찾게 하면 부담감 없이 부드러운 분위기에서 과제를 수행하게 할 수 있습니다. 이때 어떤 학생들은 짝과 친하지 않아서, 혼자 하고 싶어서 짝과 상의하지 않고 혼자 답을 써버리는 경우가 있습니다. 이럴 때는 반드시 쓴 답이 짝과 같아야 한다고 말해줍니다. 답이 짝과 같게 써야 하니 의무적으로 짝과 답을 공유할 수밖에 없는 상황이 만들어지기 때문입니다.

짝 → 모둠으로 나아가기 공유 범위를 넓힙니다.

의견 공유 활동을 할 때는 먼저 짝과 이야기를 나누게 하는 것이 좋습니다. 그리고 모둠과 공유하게 하는 것이지요. 더 나아가 학급 전체로 공유되게 합니다. 가장 기본적이고 먼저 공유할 대상은 짝입니다. 공유 활동을 할 때는 반드시 상대방의 의견을 배움 공책이나 활동지 등에 기록하는 것을 잊지 않도록 합니다.

4

**마법의 판서**

# 수업의 휘발성을 방지하다

한비야 선생님 말씀 중에 '뚜렷한 기억보다 희미한 연필 자국이 낫다'는 말이 있습니다. 지금은 비록 뚜렷하고 선명한 기억일지라도 시간이 지나면 희미해지기 마련이고 희미하더라도 직접 쓰면서 기록했다면, 그때의 기억을 다시 되살릴 수 있을 것입니다. 수업도 마찬가지가 아닐까요? 칠판에 쓰인 교사의 판서는 학생들이 수업을 놓치지 않고 따라가는 데 많은 도움이 됩니다. 교사의 발문만으로 모든 수업이 수업 시작부터 끝까지 완벽하게 이루어질 수 없습니다. 말은 휘발성이 강하기 때문에 그때 듣고 사라지게 되지요. 각자 집중력이 다른 다수의 학생이 모인 교실이라면 교사의 판서는 더욱 큰 힘을 갖게 됩니다.

### 칠판은 수업에서 보이는 로드맵

칠판에 가장 먼저 써야 하는 것은 오늘 학생들이 배워야 할, 공부 할, 주제와 활동 흐름입니다. 오늘 공부할 주제에 대해 배우기 위해 학생들은 활동 순서에 따라 40분 동안 직접 만져보고 읽고 쓰고 듣고 말하게 됩니다. 공부할 방향을 모르면 40분 동안 교사와 학생들이 기울였던 노력은 그 진가를 발휘하지 못합니다. 학생들이 공부할 방향에 대해 정확하게 알고 있으면 학생들이 수업 내용을 이해하는 데 도움이 되지요.

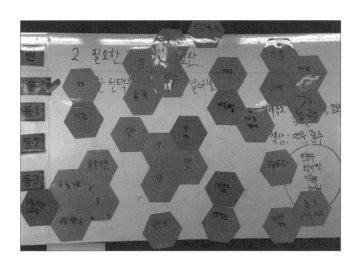

판서는 선생님만의 것이 아니다

활동 순서별로 교사가 판서해야 할 내용은 학생들이 알아보기 쉽게 왼쪽에서 오른쪽으로 기록하는 것이 좋습니다. 학생들에게 칠판을 내주어 학생들의 기록으로 칠판을 가득 차게 합니다. 칠판으로 자신을 포함한 친구들의 기록을 한눈에 보고 비교할 수 있도록 해야 합니다. 칠판은 서로의 생각을 알아볼 수 있는 매개체가 되기도 합니다. 학생들에게 칠판을 내어줄 때는 칠판에 직접 기록하게 하거나 개인 칠판을 주어 미리 자리에서 기록하게 하고 붙이게 해도 됩니다.

5

**배움공책**

# 수업에 참여함을 기록하다

앞서 언급했듯이, 비고츠키는 '학령기 수준의 아동들에게 필요한 것은 아동들 개개인이 갖고 있는 무의식적, 경험적, 일상적 개념을 수업을 통해 과학적, 의식적 개념으로 정리하는 활동'이라고 보았습니다. 이런 점에서 저는 수업을 할 때 가장 중요한 것은 공책 쓰기라고 생각합니다. 교과서로 수업하다 보면 교과서에 너무 친절하게 제시되어 있다 보니 학생들이 스스로 생각할 시점에서 학생들이 교과서를 보고 대답하니 학생들에게 생각할 기회를 주지 못할 때가 많습니다. 공책 쓰기는 학생들의 사고를 자극하고 자기 나름대로의 생각을 정리하고 표현하게 하며 다른 사람과 나누고 배운 내용을 정리하는 최고의 수업 매개체입니다. 수업은 바로 공책 쓰기에서부터 시작된다고 볼 수도 있겠습니다.

공책 쓰기를 수업 시간에 하기로 했다면 가장 먼저 할 일은 학생들에게 공책 쓰는 방법을 지도하는 일입니다. 어른이 보았을 때 공책을 정리할 때 간단하고 쉬우면서 당연한 것이 의외로, 학생들에게는 간단하지 않고 쉽지도 않으며 당연하지 않습니다. 따라서 학생들에게 공책 쓰는 방법을 하나씩 자세하게 알려주는 것이 필요합니다.

공책 쓰는 방법을 알려줄 때 가르쳐줄 내용은 다음과 같습니다.

## 1. 한 공책을 수업에 쓸 배움 공책으로 정했다면 이 공책을 절대 다른 용도로 쓰지 않을 것을 약속해야 합니다.

공책 쓰기는 공책의 용도를 구분하며 사용하는 것에서부터 시작해야 합니다. 가끔 어떤 학생은 한 공책에 모든 목적을 담아 사용하기도 합니다. 배움 공책으로 쓰기도 하고, 그림 그리거나 수학 문제를 계산할 때 쓰기도 하며, 독서록을 안 가져온 날에는 독서록을 배움 공책에 쓰기도 하지요. 한 공책에 목적이 다른 여러 가지 글과 그림을 담다 보면 어느새 그 공책은 도저히 정리하기 어렵고 별로 보고 싶지 않은 공책이 되어버립니다. 따라서 공책의 용도를 분명하게 구분하여 사용하도록 해야 합니다. 필요하다면 교사가 학생들의 배움 공책만 따로 책꽂이에 보관하고 아침에 배움 공책을 자기 자리에 가져오고 하교할 때는 원래 자리에 갖다 놓도록 해도 됩니다. 처음에는 번거로운 일로 느껴지지만 학년 초부터 학급 일과로 연습하고 일상이 된다면 그리 어렵지 않습니다.

## 2. 공책에 하나의 목적을 담기로 약속했다면 그다음 약속해야 할 일은 공책을 한쪽씩 차례대로 기록하도록 해야 합니다.

어떤 학생은 이쪽저쪽 왔다 갔다 자신이 우연히 펼친 공책의 한 면에 두서없이 기록하기도 합니다. 교사에게는 한쪽씩 넘기며 차례대로 기록하는 것이 아주 당연하지만 의외로 학생들에게는 당연하지 않은 규칙입니다. 따라서 미리 이 부분에 대해 짚고 넘어가는 것이 좋습니다. 필요하다면 공책을 쓸 때 반으로 접어 사용하도록 지도합니다. 반으로 접어서 사용하지 않을 때보다 반으로 접어 사용할 때 훨씬 정돈된 느낌으로, 공책을 꼭꼭 채워가며 정리를 하게 됩니다.

### 3. 배움 공책을 쓸 때는 맨 먼저 날짜와 요일, 배움 주제를 꼭 쓰도록 합니다.

특히 배움 주제를 써 놓으면 나중에 학생들이 공책을 다시 볼 때도 어떤 내용이었는지 좀 더 쉽게 파악할 수 있습니다. 또한 배움 주제를 쓰면서 학생들이 오늘 배울 내용이 무엇인지 다시 한번 확인하게 되지요. 되도록 활동 순서까지 함께 쓰도록 하는 것이 좋습니다. 활동 순서에 따라 교사의 질문에 대한 자기 생각을 적고 친구들과 공유하고 나누게 하는 것이지요. 활동 순서를 정리하지 않으면 수업의 흐름을 제대로 이해하지 못하기 때문입니다. 교사가 쓰라고 해서 쓰는 것보다 오늘 배울 내용이 무엇인지 알고 그 내용을 탐구하기 위해 어떤 순서로 수업이 진행되는지 알게 하여야 학생들에게 제대로 주체적으로 수업에 참여하는 것이라 볼 수 있습니다.

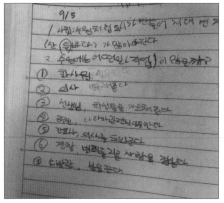 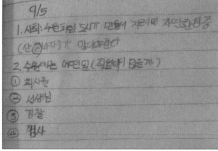

### 4. 교사는 배움 공책에 쓴 내용을 적극적으로 피드백을 합니다.

배움 공책을 학생들이 쓰고 있을 때, 교사가 수시로 순시하며 쓴 내용을 확인하고 잘 쓴 내용은 칭찬해 주고 부족한 내용은 설명을 추가해줍니다. 활동지로 수업을 진행했을 경우, 배움 공책에 붙이게 하여 잘 정리해두도록 하는 것이 좋겠지요.

배움 공책을 잘 활용하면 학생들이 생각하도록 만드는 지점과 표현하고 정리하는 지점, 다른 사람과 생각을 공유하고 나누는 지점을 교사가 효과적으로 조절할 수 있습니다. 이때 주의할 점은 학생들이 생각하고 표현하고 정리하는 데 분명히 시간이 걸린다는 점이고, 무엇보다도 교사는 수업에 여백을 두어 학생들이 충분히 자기 것을 만들어나가도록 기다려야 한다는 것입니다.

# 6

## 안녕! 나의 교과서
# 교과서를 활용하다

교과서는 친절한 학습 매개입니다. 교사가 많은 수업 자료를 준비하지 않아도 교과서에 있는 그림이나 삽화, 사진, 글만으로도 생각할 내용, 토의할 내용이 무궁무진하고 학생들이 배워야 할 내용을 잘 정리해 놓았습니다. 막상 교과서를 활용하려고 하면 교과서의 흐름대로 따라가며 다소 수동적이고 생동감 없는 교과서 중심 수업이 되기도 합니다. 교과서 흐름에 끌려다니지 않고 주도적으로 교과서를 활용할 수 있는 방법은 없을까요?

### 스스로 읽고 찾아 쓰게 한다.

학생 스스로 읽고 찾아 쓰게 하면 학생들을 좀 더 능동적으로 움직이게 할 수 있습니다.

1. 먼저 교사가 질문합니다. 설명하거나 가르쳐주는 것이 아닙니다.

2. 교사가 질문한 내용을 교과서에서 찾아 쓰게 합니다.

이때 질문에 대한 답을 찾을 수 있는 교과서 쪽수를 분명하게 이야기 해주어야 하고 질문에 대한 답을 찾았을 때는 바로 말로 하는 것이 아니라 배움 공책에 쓰도록 해야 합니다. 바로 말로 하게 되면 미처 답을 찾지 못한 학생들에게 스스로 답을 찾고 공부할 기회를 빼앗는 것이 되기 때문입니다.

3. 제한 시간을 두어 긴장감을 느끼고 답을 찾도록 합니다.

예를 들어, 사회 수업에서 사람들의 욕구에 비해 자원이 제한되어 있음을 설명하는 단어를 아는 것이 수업 목표라고 하겠습니다. 이때 교과서를 같이 읽히게 하는 것보다 교사가 설명하는 단어가 무엇인지 질문하고 교과서에서 찾아 쓰라고 합니다.

질문의 난이도가 높을 경우, 교과서 쪽수를 먼저 제시하여 교과서를 읽고 질문한 뒤, 답을 찾아 쓰도록 해도 됩니다. 여기에 교사가 먼저 답을 제시하기 전에 MSG 활동으로 학생들끼리 쓴 답을 서로 확인하는 과정을 더 거친다면 학생들이 다시 한번 자신의 답을 점검할 기회를 얻게 되겠지요. 더 나아가 순간적인 암기 능력을 발휘하여 외우게 하고 싶을 때는 교과서를 볼 시간을 충분히 주고 교과서에 제시된 내용에 대한 퀴즈를 내어 답을 확인하게 해도 좋습니다.

**수업 속으로!**

[주제]   물질의 종류와 의미 알기

교사   교과서 26쪽을 펴세요. 26쪽에 있는 설명이 보이나요? 26쪽의 설명을 2분 동안 읽을 시간을 주겠습니다.

교사   시간이 다 되었군요. 선생님이 두 가지 질문을 할 예정입니다. 두 가지 질문에 대해 답은 26쪽에 나와 있고 배움 공책에 답을 써야 합니다. 26쪽을 보고 써도 되며 제한 시간은 3분입니다.

> 1. 물질의 의미가 무엇인지 쓰시오.
> 2. 물질의 종류 9가지를 찾아 쓰시오.

## 교과서 자료 복사하여 제시한다.

교과서는 가장 친절한 학습자료입니다. 한 권의 교과서에 모든 학습 내용을 넣다 보니 학생들이 스스로 사고하고 정리해야 할 부분도 너무 친절하게 제시되는 경우도 있습니다. 학생들이 먼저 생각하고 대답했으면 좋겠는데 수업 주제와 밀접한 관련이 있는 중요한 질문을 학생들이 교과서를 미리 읽고 대답할 때가 있습니다. 이럴 때는 교과서 자료 중 필요한 부분만 복사해서 학생들에게 나누어 주고, 같이 생각해보고 공유하는 시간을 가지는 것이 좋습니다. 물론 이 시간만큼은 학생들에게 교과서를 꺼내지 않도록 미리 안내를 해주어야겠지요. 필요한 부분만 복사해서 자료로 제시하면 교사가 원하는 방향으로 수업을 이끌어나가기 쉽습니다.

**수업 속으로!**

## [주제 1] 글을 읽고 중심 생각 찾는 방법 알기

교과서 뒷장을 넘기면 중심 생각을 찾는 방법이 아주 자세하게 나와 있습니다. 교과서를 따라가다 보면 학생들의 생각은 없어지고 기계적으로 사고 과정 없는 쓰기 활동을 하게 됩니다. 학생들에게 스스로 중심 생각을 찾는 방법에 집중하게 하도록 교과서 읽기 지문만 복사하여 제시한 뒤, 중심 생각을 찾을 수 있는 단서를 제공하여 직접 밑줄 치며 찾게 했습니다. 그리고 파트너십 토의 활동을 넣어 교사가 직접 답을 제시하기 전에 다시 한번 자신이 생각한 답을 점검해 보게 했습니다.

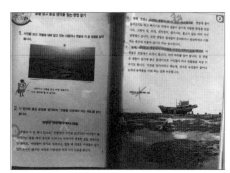 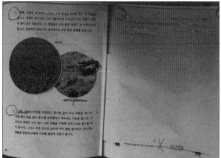

출처: 국어과 3학년 국정교과서(교육부)

[주제 2]   자연에서 얻은 도구를 사용하던 옛날 생활 모습 탐구하기

사회 교과서를 보면 다음 삽화와 함께 삽화에 대한 설명이 아주 자세하게 나와 있습니다. 교과서를 따라가다 보면 학생들의 생각은 없어지고 기계적으로 사

출처: 사회과 3학년 국정교과서(교육부)

고 과정 없는 읽기 활동을 하게 됩니다. 학생들이 직접 삽화를 관찰하고 생활 모습의 차이점을 스스로 발견하도록 하기 위해 교과서 삽화 부분만 복사하여 제시한 뒤, 생활 모습의 차이점을 찾을 수 있는 단서를 제공하여 직접 배움 공책에 정리하여 찾게 했습니다.

## 7

## 교사의 여유

# 지름길과 돌림길의 미학

새로운 활동을 설계하면 얼른 학생들과 즐겁게 활동할 기대감에 부풀어 오릅니다. 하지만 막상 실제로 새로운 활동을 학생들과 하다 보면 제대로 이해하지 못하여 기대와 다른 활동이 되어버리기도 하지요. 새로운 활동일수록 학생들에게 여유를 갖고 소개하는 것이 필요합니다.

### 하나씩 차근차근 순서대로 발문하기

학생들은 교사의 의도를 다 알지 못합니다. 또한 새로운 것에 따라가고 적응하기 위해서 이해하는 시간도 필요합니다. 교사는 하나씩 차근차근 순서대로 발문하는 것이 필요합니다. 하나의 지시 사항을 먼저 안내하고, 학생들이 지시 사항을 따르는 것을 확인한 뒤 새로운 지시 사항을 안내하는 것입니다. 예를 들어교사가 다음과 같은 지시 사항을 말했다고 하겠습니다.

"원 색종이를 두 번 접어서 원의 중심과 원의 지름과 반지름을 표시하세요."

대부분 교사는 위의 발문이 무엇을 의미하는 것인지, 어떻게 지시 사항을 이행해야 하는지 정확하게 알고 있습니다. 그러나 문제는 이 지시 사항을 이행하는 대상은 초등학교 3학년 학생이라는 것입니다. 교사로서는 아주 쉬운 발문이지만 학생들은 다음과 같은 질문들이 쏟아져 나오게 되지요.

"먼저 무엇을 하라고요?"

"색종이를 어떻게 두 번 접어요?"

"연필로 표시하나요?"

"지름이랑 반지름을 한 개만 표시하나요? 아니면 더 찾아서 표시해야 하나요?"

따라서 다음과 같이 하나씩 차근차근 순서대로 발문해야 합니다. 하나의 발문에 하나의 지시 사항이 들어가야 합니다.

"먼저 원 색종이를 반으로 한 번 접으세요."

"(한 번 접은 것을 확인한 뒤) 또 한 번 더 원 색종이를 반으로 접으세요."

"그리고 색종이를 다 펴보세요."

"연필로 원의 중심이 되는 부분을 점으로 찍으세요."

"원의 반지름과 지름 각각 1개씩 찾아 연필로 선을 그어 표시하세요."

늘 학생의 수준과 입장을 생각해서 교사는 차근차근 하나씩 발문해야 합니다.


### 연습과 훈련으로 새로운 활동에 익숙해지도록 하기

한 번 쓴 활동은 그다음 여러 번 사용할 수 있는 활동들이 있습니다. 예를 들어 앞에서 제시한 놀이나 발표 방법처럼 말이지요. 처음에 활동할 때만 연습하여 익숙해지게 하면 그다음부터는 학생들이 기억하고 쉽게 활동을 진행할 수 있습니다. 특히, 새로운 활동을 공개 수업에서 활용하고자 한다면 미리 학생들과 연습과 훈련으로 익숙해지는 과정이 필요하겠지요.

**수업 속으로!**

[주제]    박수 도미노 발표 소개하기

**교사**    지금부터 여러분에게 새로운 발표 방법을 소개하려고 합니다. 이름은 박수 도미노입니다. 방법은 번개 발표처럼 순서대로 돌아가며 발표하면 됩니다. 여기에 한 사람이 발표하고 나면 모두 반드시 박수를 두 번 쳐야 합니다. 그리고 그다음 사람이 발표합니다. 그다음 여러분이 해야 할 일은 무엇인가요?

**학생**    손뼉을 치는 것입니다.

**교사**    그러면 한 번 연습해 보겠습니다. 발표 주제는 내가 좋아하는 과일 이름 대기입니다. 서현이부터 박수 도미노를 시작해서 한 번 연습해 볼까요?

**학생**    (좋아하는 과일 이름 대기로 박수 도미노 발표를 연습한다.)

**교사**    그렇다면 이제 우리가 배움 공책에 쓴 내용을 박수 도미노로 발표해 봅시다.

## 8

### 교사의 교수&학습
# 교사와 학생의 생각 차이

수업에서 교사가 질문했을 때, 학생들이 선뜻 대답하지 못하는 경우가 있습니다. 먼저 학생들의 반응을 끌어내려면 쉬운 반응으로 바꾸어 질문해야 합니다. 학생이 어려워하는 질문은 교사의 질문이 추상적일 때입니다. 학생에게 추상적, 일반적 사고를 하게 하는 것이 교사의 역할입니다. 교사가 추상적으로 질문한다고 해서 학생에게 추상적, 일반적 사고를 일으킬 수 없습니다. 오히려 학생들은 어렵다고 생각하겠지요. 따라서 학생들에게 구체적으로 질문하고 학생들이 추상적 사고를 할 수 있도록 도와야 합니다.

❶ 추상적인 질문을 구체적인 질문으로 바꾸는 방법은 '왜'로 질문하는 것을 '무엇'으로 바꾸어 질문하는 것입니다.

'왜'로 시작하는 질문은 학생들에게 현상에 대한 원인을 질문하는 것입니다. 현상에 대한 원인을 알고 이해하는 것이 수업 주제인데, 학생들에게 바로 원인과 관련된 질문을 한다면 학생들은 어려워할 수밖에 없습니다. 반면 '무엇'으로 시작하는 질문은 학생들을 구체적으로 생각하게 만들어 쉽게 느껴지지요. 같은 의도를 갖고 던진 질문이지만 '왜'로 시작하는지와 '무엇'으로 시작하는지에 따라 학생들의 반응은 달라집니다.

❷ 학생들에게는 선택권을 부여하여 답을 말하게 해야 합니다.

쉬운 발문으로 질문했음에도 다양한 답이 나올 수 있는 때도 있습니다. 이럴 때는 선택권을 주어 답을 정하도록 해야 합니다. 예와 아니오로 답하게 하거나 객관식처럼 다양한 선택지를 주어 선택하게 하면 됩니다. 그렇다면 학생들이 생각하고 답하기 훨씬 쉬워집니다.

❸ 학생은 답에 대해서 바로 직접 말로 표현하지 않도록 해야 합니다.

말로 표현하지 않고 배움 공책, 활동지, 교과서 등에 자신이 생각한 답을 쓰도록 해야 합니다. 말로 표현하게 하면 소수의 지적 순발력이 좋은 학생들이 먼저 대답하기 때문에 그 외 학생들은 생각할 기회가 없어지기 때문이지요. 반드시 먼저 쓰게 하고 그다음 어떤 답을 선택했는지 거수로 확인하도록 합니다. 이후에는 다양한 활동과 추상적 사고 과정을 거쳐 일반적 개념으로 정리하게 합니다.

**수업 속으로!**

**[주제]** 광고풍선 만들기를 통해 공기의 성질 정리하기

**교사** 사진과 같이 직접 광고풍선을 만들어보겠습니다. 사진에는 물이 담긴 수조 안에 비닐장갑을 연결한 페트병을 넣을 겁니다. 페트병을 누르면 광고풍선처럼 축 늘어졌던 비닐장갑이 부풀어 오르게 되는 현상을 여러분이 관찰할

수 있습니다. 여기서 비닐장갑이 부풀 수 있었던 이유가 무엇일까요? 선생님이 부르는 내용을 배움 공책에 옮겨 적고 답을 적어봅시다.

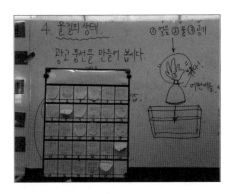

> 비닐장갑이 부풀려진 이유는 페트병을 눌렀을 때, 비닐장갑 안으로 ( 무엇 )이 들어갔기 때문이다.
> ① 얼음                    ② 물                    ③ 공기

**교사** 여러분이 생각한 답을 포스트잇에 옮겨 적고 생각 정리판에 붙여봅시다. '페트병을 눌렀을 때 왜 비닐장갑이 부풀려졌을까?'라고 질문했다면 예습했거나 지적 순발력이 빠른 학생들이 먼저 대답했을 것입니다. '공기'라는 대답을 학급 학생 모두에게 이끌어내고 공기는 이동하는 성질이 있고, 공간을 차지하는 성질이 있음을 이끌어내는 것이 좋습니다.

# 9

### 교사의 문제 풀이

# 왔다 갔다, 왁자지껄, 그리고 문제 풀기

문제 풀이는 학생들에게 배운 내용을 복기하고 적용하는 데 도움이 됩니다. 그러나 학생들에게 기계적, 반복적으로 문제를 풀게 하는 것은 경계해야 합니다. 또 너무 많은 양의 문제를 학생들에게 제시한다면 오히려 독이 될 수도 있습니다. 특히, 초등학생의 경우 기계적으로 많은 양의 문제를 풀게 하는 것은 학생들이 공부에 대한 흥미를 떨어뜨릴뿐더러 발달론적 측면에서 보았을 때도 학생들에게 별로 도움이 되지 않습니다. 따라서 문제 풀이는 다음 학습과 연계될 만큼 꼭 필요한 경우에 도입해야 합니다. 예를 들어, 수학은 계열성이 강한 학문이기 때문에 학생이 본 학습 내용을 어느 정도 학습 수준이 되어야 그다음 학습 단계로 넘어갈 수 있습니다. 사회 중 역사 영역도 흐름이 있으므로 이전 학습, 본 학습, 다음 학습까지도 연결 지었을 때 더 잘 이해할 수 있게 됩니다.

학생들에게 문제 풀이 활동을 할 때는 다음을 활용하면 학생들이 주도적으로 재미있게 문제를 풀게 할 수 있습니다.

## 1. 문제를 풀 때, 움직임을 만들어줍니다.

자유롭게 돌아다니면서 문제를 풀게 하거나, 교실을 특정 영역들로 구분하여 움직이게 하는 것입니다. 움직임을 부여함으로써 문제를 풀게 한다면 문제 풀이에 대한 지루함을 덜 수 있고, 학생의 주의력 환기에도 도움이 됩니다. 문제 풀이를 목적으로 하는 움직임은 학생들에게 외적, 내적 생동감을 부여하게 되는 것이지요.

## 2. 학생들에게 문제를 선택하여 풀게 하는 선택권을 부여합니다.

교사가 제시하는 문제를 풀게 하면 학생들은 수동적인 입장으로 받아들이게 됩니다. 수동적인 학습 입장이 되면 문제를 해결하고자 하는 의지가 떨어지고 기계적으로 습득할 가능성이 큽니다. 하지만 문제 선택권을 부여한다면 학생이 선택했다는 의지와 책임감이 부여되기 때문에 능동적으로 문제를 바라볼 가능성이 큽니다. 이때 교사는 다양한 수준의 문제를 제시하는 것이 좋습니다. 그리고 학생들에게는 너무 쉽거나 어려운 문제만을 선택하지 않고 다양한 수준의 문제를 골고루 풀 수 있게 합니다. 여기에서 더 나아가 교사가 문제 만들기에 대한 권한을 이양하여 학생들이 스스로 문제를 만들어 서로 문제를 교환하고 풀이를 하고 나누게 한다면 더욱 능동적인 학습자가 되게 할 수 있습니다.

**3. 수업을 진행할 때 문제 푸는 시간을 미리 제한하고 타이머를 보여주어 학생들이 제한 시간 안에 풀 수 있도록 합니다.**

제한 시간을 부여하면 수업 시간은 효율적으로 관리하면서 학생들에게는 긴장감을 만들어 주기 때문이지요. 또한 문제를 모두 해결한 학생들은 문제를 해결하지 못한 친구들을 도와주도록 하여 서로 설명해 주면서 학습력은 키우고 노는 학생이 없도록 합니다. 이때 그냥 도와주라고 하는 것보다는 모둠 공동체 방식으로 같은 모둠 친구들을 도와주거나 몇 명의 친구를 도와주어야 하는지 수치로 제시하는 것이 좋습니다. 여기에 학급 전체 목표를 부여하면(예를 들어, 학급 전체 보상 지급하기) 문제를 해결하지 못한 친구를 도와주는 협력적 분위기를 만들 수 있습니다. 개인이 문제를 풀고 해결하게 하는 것보다 협력적 분위기를 형성하고 자극해 주어 서로 돕고 협력하도록 만든다면 시간을 효율적으로 관리할 수 있을 뿐 아니라 서로 더 큰 배움이 될 수 있습니다.

**4. 문제 풀이가 다 끝난 뒤, 교사가 직접 답을 바로 제시하지 않고 학생들이 직접 스스로 깨닫도록 합니다.**

미러링 산책으로 자신과 같은 문제를 푼 친구를 찾아 답을 확인하게 하거나 모둠 친구들과 답과 맞춰보게 하는 것입니다. 충분히 학생들 사이에 공유가 이루어지면 교사가 질문하여 학생들 입에서 답이 나올 수 있도록 하고, 필요하면 교사가 제시하고 안내합니다.

## [주제 1]  소수의 덧셈과 뺄셈 문제 풀기

교사  지금까지 소수의 덧셈과 뺄셈 원리와 계산 방법에 대해 알아보았습니다. 여러분이 계산 방법에 대해 알고 있는 것을 바탕으로 문제를 해결해 보는 시간을 가질 것입니다. 여러분이 눈을 감고 있으면 선생님이 여러 가지 문제들을 교실 주변에 붙여 놓겠습니다.

교사  눈을 떠보세요. 선생님이 문제들을 교실 곳곳에 붙여 놓았는데, 어려움 수준은 상, 중, 하가 있습니다. 여기서 문제를 풀 때 조건이 있습니다.

---

1. 자신이 풀고 싶은 5문제 골라 풀기
2. 어려움 수준의 상, 중, 하 문제가 1문제 이상 들어가 있어야 함
(예를 들어, '상' 수준의 문제만 풀거나 '하' 수준의 문제만 풀어선 안 됨)

---

교사  여러분이 5문제를 해결하는 데 몇 분 정도의 시간이면 충분할 것 같나요?

학생  8분이면 될 것 같아요.

교사  그러면 일어나서 문제를 풀어볼까요?

## 10

### 교사의 성취기준

# 수업과 수업의 아이디어 옹달샘

앞 장에서 언급했던 것처럼 학생들이 기존에 자신들이 갖고 있던 경험, 사실적 지식 등을 바탕으로 정신적 활동(사고 활동)을 거쳐 나온 결과물은 새로운 지식 체계로 원리원칙·사고일 것입니다. 브루너식으로 해석하면 지식의 구조이겠지요. 그 새로운 지식 체계란 것이 배움의 목표이며 교사가 교수학습을 계획할 때 미리 염두에 두어야 할 부분이겠지요.

이 새로운 지식 체계를 어디서 찾아야 할까요? 그 새로운 지식 체계를 습득하게 하려면 어떻게 수업을 설계하면 좋을까요? 그 해답은 교육과정에 제시된 '내용체계표'와 '성취기준'에서 찾을 수 있습니다. 내용체계표는 핵심 개념, 일반화된 지식, 내용 요소와 기능을 정리해 놓은 표를 말합니다. 성취기준이란, '교육을 통해 학생들이 성취할 것으로 기대되는 것을 명시한 것'을 말합니다. 성취기준은 또한 내용기준과 수행기준으로 구분되기도 합니다. 내용기준은 학생들이 획득하여야 할 지식과 기술 등을 서술해 놓은 것이며, 수행기준은 학생들이 실제로 알고 할 수 있어야 할 것을 구체적인 사례와 명확한 정의로 제시한 것을 의미

합니다. (출처: 네이버 지식백과) 즉, 성취기준을 살펴보면 구체적이고 단편적인 지식보다는 지식과 기능, 태도가 종합적인 형태로 제시되어 있습니다.

따라서 성취기준 및 내용체계표를 참고하면 학생들이 해당 단원에서 배워야 할 지식, 기능, 태도를 가르칠 수 있는 수업 및 활동을 디자인하는데 참고할 수 있습니다. 특히 3장의 지식의 재창조 활동을 수업의 주요 활동으로 활용하고자 할 때 성취기준을 참고하면 유용합니다.

교사가 성취기준을 어떻게 해석하느냐에 따라서 수업의 방향이 결정되는데, 이런 부분을 볼 때 교사의 자율성이 더욱 강화되고 교사의 역량 또한 더욱 강조되는 것이 현재 교육의 흐름입니다. 따라서 교사는 구체적인 수업을 구상할 때, 반드시 성취기준을 확인하고 학생들이 단원을 통해 알아야 할 내용이 무엇인지 목표를 분명히 해야 합니다.

[초등학교 3~4학년]
⑴ 우리가 살아가는 곳
〈우리 고장의 모습〉

> [4사01-01] 우리 마을 또는 고장의 모습을 자유롭게 그려 보고, 서로 비교하여 공통점과 차이점을 찾아 고장에 대한 서로 다른 장소감을 탐색한다.
> [4사01-02] 디지털 영상 지도 등을 활용하여 주요 지형지물들의 위치를 파악하고, 백지도에 다시 배치하는 활동을 통하여 마을 또는 고장의 실제 모습을 익힌다.

사회과 3~4학년 성취기준 중 [4사01-01]을 통해 뽑아낼 수 있는 활동, 학생들에게 요구되는 사고 기능 및 지식은 다음과 같습니다.

1. 활동: 우리 마을 또는 고장의 모습 그리기◇〉수업 디자인: 구현 활동을 통한 지식의

재창조) → 서로 공통점과 차이점 찾기(수업 디자인: MSG 활동 또는 발표를 통한 의견 공유하기)

2. 요구되는 사고 기능: 파악하기, 비교하기, 분석하기, 기록하기, 평가하기 등

2015 개정 교육과정 사회과 내용 체계 및 성취기준

| 영역 | 핵심 개념 | 일반화된 지식 | |
|---|---|---|---|
| 장소와 지역 | 장소 | 모든 장소들은 다른 장소와 차별되는 자연적, 인문적 성격을 지니며, 어떤 장소에 대한 장소감은 개인이나 집단에 따라 다양하다. | • □ |
| | 지역 | 지표 세계는 장소적 성격의 동질성, 기능적 상호 관련성, 지역민의 인지 등의 측면에서 다양하게 구분되며, 이렇게 구분된 지역마다 고유한 지역성이 나타난다. | • |
| | 공간 관계 | 장소와 지역은 인구, 물자, 정보의 이동 및 흐름을 통해 네트워크를 형성하고 상호작용한다. | • |

3. 활동을 통해 학생들이 알아야 할 수업 목표: 고장의 모습은 다양하고 사람마다 고장에 있는 장소에 대한 중요도, 경험, 기억 등이 다르다. → 수업 목표들을 달성하여 성취기준 [4사01-01]을 달성하게 되고 최종적으로 학생들은 내용 체계에 제시된 일반화된 지식을 습득하게 됩니다.

| | 내용 요소 | | |
|---|---|---|---|
| | 초등학교 | | 중학교 |
| ...학년 | | 5-6학년 | 1-3학년 |
| ...소감 | | | • 우리나라 영역<br>• 국토애 |
| 기능, 경관 특성 | | • 국토의 지역 구분과 지역성<br>• 우리와 관계 밀접 국가의 지리적 특성<br>• 우리 인접 국가의 지리 정보 및 상호 의존 관계 | • 세계화와 지역화 |
| ...의존 관계 | | • 우리 인접 국가의 지리 정보 및 상호 의존 관계 | • 인구 및 자원의 이동<br>• 지역 간 상호작용 |

출처: 국가교육과정정보센터

# 교과별 생동감을 더해주는 특별한 비법

# 국어

## 1. 시 수업, 시집 읽히기

학생들은 시를 접할 기회가 별로 많지 않습니다. 학생들이 읽는 책은 대부분 이야기책이나 정보를 전달하는 책, 만화책이 대부분이어서 거의 유일하게 시를 접할 수 있는 시간은 문학 수업입니다. 또는 시를 개별적으로 읽히려고 해도 시는 이야기보다 함축적으로 의미를 담고 있어 교사나 다른 동등한 협력자가 있어야 시 내용을 공유하며 더욱 깊게 이해할 수 있으므로 시를 활용한 문학 수업은 더욱 소중하게 느껴집니다.

이때 시를 더욱 음미할 수 있는 시간을 갖게 하도록 시집을 읽도록 하는 것이 좋습니다. 하나의 시에 대해 집중적인 해석을 요구하는 수업이라면 교과서에 있는 시로 충분하지만, 시에서 발견할 수 있는 다양한 감각적 표현, 비유적 표현을 탐구하는 수업, 마음에 드는 시를 골라 공유하며 시가 주는 감동을 하는 수업, 직접 시를 써서 내 느낌이나 생각을 전달하는 수업이라면 시집을 직접 읽히게 하고 친구들과 공유하게 하는 것이 좋습니다.

교과서에 제시된 시를 같이 읽는 것보다 시집의 시를 읽는 것이 학생들에게 자유와 선택권, 참여 의지를 보장해 줍니다. 시집을 활용하면 다양한 시적 표현을 접하고 시에 대한 영감을  얻을 수 있으며 친구와 공유하는 즐거움이 있습니다. 여러 가지 시를 읽으며 표현 방법을 배울 수 있으므로 학생들이 직접 시를 쓸 때도 유용합니다. 교사가 직접 제시하는 시는 학생들을 수동적으로 따라가게 만들지만 시집에서 읽는 시는 학생들을 주체적으로 생각하게 만듭니다. 학생들에게 시라는 문학이 주는 즐거움을 깨닫게 하고 싶다면 시집을 활용한 시 수업을 적극적으로 추천합니다.

**수업 속으로!**

[주제]　시를 읽고 재미있거나 감동적인 부분 찾기

시를 읽고 각자 재미있거나 감동적인 부분은 다릅니다. 동일한 하나의 시를 읽고 재미있거나 감동적인 부분을 찾게 하는 것이 진정으로 학생들이 재미있거나 감동적으로 느낀 것일까요? 각자 시집을 읽고 진짜 자신이 재미있거나 감동적인 부분을 찾게 합니다. 그리고 왜 재미있거나 감동적이라고 느꼈는지 쓰게 합니다. 친구들과 공유하면서 사람마다 좋아하고 공감되는 시가 다르고 재미있고 감동적인 부분이 다름을 자연스럽게 느끼게 합니다.

## 2. 다양한 읽기 방법으로 소설, 지문 읽히기

교과서 지문을 읽힐 때, 온 책 읽기로 수업할 때 학생들의 음독과 묵독을 골고루 넣어 이야기를 읽히도록 해야 합니다. 음독은 다수의 학생이 뒤처진 학생들 없이 같이 읽히게 하는 데 좋습니다. 또한 대사가 있는 이야기라면 더욱 실감 나게 문장을 음미할 수도 있습니다. 돌아가면서 읽기 때문에 지루하지 않습니다. 묵독은 학생들이 혼자서 의미를 깊게 생각하고 음미하게 만들 수 있습니다. 음독만 하다 보면 학생들이 소리 내 읽기에만 치중하여 의미를 깊게 헤아리지 못하는 때도 있기 때문입니다. 그 때문에 다양한 읽기 방법을 활용해 이야기를 읽도록 하는 것이 좋습니다.

먼저 가장 많이 쓰이는 방법은 돌아가며 소리 내어 읽는 것입니다. 앉은 순서 대로 소리 내어 읽거나 번호대로 읽게 합니다. 학급 학생들 전원이 돌아가며 소리 내어 읽으니 혼자 뒤처지는 학생이 없습니다. 읽다가 딴생각을 하다가도 읽을 차례가 오면 다시 집중하게 됩니다.

소리 내어 읽게 할 때 짝과 번갈아 읽게 하거나 모둠끼리 읽게 하는 방법도 있습니다. 학급 전체가 돌아가면서 읽다 보면 집중력이 떨어질 수도 있으므로 집중력이 떨어질 틈 없이 짝 또는 모둠끼리 돌아가며 읽게 하는 것입니다. 단, 다른 모둠 친구들에게 피해가 가지 않도록 서로 들릴 수 있는 목소리 크기로 읽게 해야 합니다.

지문이 짧으면 혼자 다시 묵독하게 합니다. 지문이 길면 교사가 지정하는 일정 부분을 묵독하게 합니다. 묵독할 때는 늘어지지 않도록 시간제한을 주는 것이 좋습니다. 시간이 남은 학생들은 다시 그 부분을 읽게 하거나 다른 친구들에게 방해를 주지 않게 조용히 기다리게 합니다. 또는 지문을 읽으며 든 생각이나 질문을 쓰게 해도 좋습니다.


### 3. 재미있는 쓰기 활동하기

쓰기 활동은 학생들이 국어 활동 중 가장 힘들어하는 활동입니다. 쓰기 활동은 학생들에게 말하기, 읽기 활동보다 어렵고 지루하게 느껴질 수밖에 없습니다. 자기 생각을 글로 정리하고 표현하는 일은 학생들에게 고차원적인 사고 기능을 요구하기 때문이지요. 하지만 학생들의 역량을 키워주고 학생들의 무의식적, 비의도적 경험과 단어를 의식적, 의도적 경험과 단어로 바꿔주는 데 필요한 활동입니다. 다음 팁을 활용하면 쓰기 활동을 좀 더 재미있고 생동감 있게 진행할 수 있습니다.

#### 재미있는 쓰기 소재 선택하기

학생들에게 쓰기 활동에 대한 흥미를 자극하기 위해서 가장 필요한 일은 학생들이 관심 있어 하고 재미있어하는 쓰기 소재를 선택하는 일입니다. 학생들에게 익숙하면서 많이 알고 있는 관심사여서 글로 표현하기 쉬운 흥미로운 소재를 선택하는 것이 좋습니다. 학생들의 관심사는 학생들의 대화나 설문지를 통해서 쉽게 파악할 수 있습니다. 또한 학생들 자신에게 초점화된 주제가 좋습니다.

예를 들어 자신의 의견을 제시하는 글을 쓸 때, 과자를 소재로 과자를 선택할 때 어떤 선택 기준을 갖고 선택하는 것이 좋은지, 청소년 유튜브 사용을 제한하는 것이 좋은지 등을 주제로 정합니다. 문장의 짜임이 알맞게 문장을 만들 때,

그동안 학교생활을 하면서 찍었던 학생 사진들을 보여주고 알맞은 짜임으로 문장을 만들어보게 하는 것이지요.

### 실물 활용하기

쓰기 소재가 될 실물을 가져오게 한다면 학생들은 더욱 쉽고 재미있게 쓰기 활동에 집중하게 할 수 있습니다. 예를 들어 '감각적 표현을 활용한 시 쓰기'가 수업 주제라면 시 쓰기의 소재가 될 만한 과일, 학용품, 장난감 등을 가져와 그 실물의 특징을 먼저 파악하고 시를 써보게 하는 것입니다. 학생들이 좋아하는 과자도 실물을 가져와 글쓰기에 활용하면 더욱 재미있게 글을 쓸 수 있겠지요.

### 쓰기 결과물 다양화하기

쓰기 활동을 할 때 주로 교과서에 제시된 줄글 칸을 많이 활용합니다. 또는 붙임 자료로 제시된 활동지에 쓰기도 합니다. 교과서에 제시된 활동지를 활용하면 일관성이 있어 정돈된 상태로 자기 생각을 정리하게 할 수 있는 장점이 있으나 학생들에게는 동기 유발이 잘되지 않는 단점이 있습니다. 쓰기 활동의 빈도수가 꽤 높기 때문이지요. 학기마다 두 개의 단원 이상 쓰기 단원이 있고 쓰기 단원에는 2회 이상 학생들이 자기 생각을 쓰기로 정리하는 차시가 있습니다. 쓰기 단원이 주가 아닌 단원일지라도 문학, 문법, 듣기와 말하기, 읽기 등에도 쓰기 활동이 들어가지요. 많은 쓰기 활동을 하다 보니 학생들에게는 지루할 수 있습니다.

따라서 쓰기 결과물을 다양화하여 학생들에게 제시하는 것이 필요합니다. 교과서에서 벗어나 쓰기 활동에 집중할 수 있도록 하는 것이지요. 학생들이 자신의 아이디어나 창의성을 발휘할 수 있는 여지를 줄 수 있는 것이라면 더욱 좋습니다. 여기에 교실에 게시하거나 학생들끼리 공유할 수 있는 시간이 있다면 더욱 좋습니다.

**[주제 1]  글의 흐름에 유의하며 우리 고장을 소개하는 글쓰기**

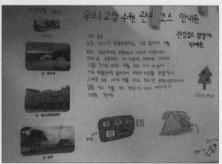

　해당 단원은 시간, 공간, 일순서 등에 따라 글을 정리하고 마지막 차시로 시간, 공간, 일하는 순서에 따라 우리 고장을 소개하는 글을 쓰기로 되어 있습니다. 교과서에 제시된 예시는 학생들이 스스로 시간, 공간, 일하는 순서에 따라 정리하기 어려워 보이고 붙임자료로 제시된 활동지는 지루해 보입니다. 그래서 우리 고장을 소개하는 글을 우리 고장 관광 안내 코스 안내문으로 한정 짓고 학생들이 소개하고 싶은 곳은 시간과 공간 순서에 따라 글을 쓰도록 했습니다. 그리고 도화지에 글을 쓰고 스티커를 활용하여 안내문을 꾸미도록 했습니다.

**[주제 2]  내가 읽은 전기문 소개하는 글쓰기**

　전기문 소개하는 글을 파워포인트를 활용하여 정리하게 했습니다. 형식은 시대

| 소개할 인물: 정약용 | <정약용> |
|---|---|
| • 내용을 입력하십시오 | 1. 시대 상황: 백성들이 살기 어려웠음.<br><br>2. 한 일:<br>①거중기를 만들어 화성을 건설하는 데 큰 일을 함.<br>②암행어사가 되어 못된 지방관리를 찾아내어 벌을 내림.<br>③관리가 어떻게 살아가야 하는지목민심서 책을 씀.<br><br>3. 가치관: 백성들을 위하는 삶을 살았고, 정의로운 가치관을 지님. |

상황, 한 일, 인물이 지닌 가치관으로 정해주었고, 발표하는 시간을 가졌습니다.

### 쓰기 결과물을 공유할 때는 '퀴즈'와 '평가'로!

쓰기 결과물을 학생들끼리 공유하게 할 때는 그냥 듣게 해서는 안 됩니다. 듣는 학생들도 안 들어서는 안 되는 장치를 만들어 주어야 합니다. 단 한 명의 노는 아이가 없도록, 단 한 명의 친구 의견이라도 들을 수 있도록 해야 합니다. 학생들의 시야를 넓혀주려면 다른 사람의 의견에도 귀를 기울이게 해야 합니다.

듣는 학생에게 필요한 장치를 부여할 때는 너무 부담스럽지 않은 과제를 주는 것이 좋습니다. 부담스럽지 않은 과제로 '퀴즈 맞히기' 또는 '평가하기'를 추천합니다. 퀴즈 맞추기는 글을 소개한 학생이 자신의 글에 관한 내용으로 퀴즈를 내는 것입니다. 친구가 소개한 내용을 듣지 않으면 맞출 수 없는 내용으로 구성합니다. 또는 평가하기로 소개한 글의 칭찬할 점 또는 부족한 점을 적게 하는 것도 좋습니다.

평가하기는 친구가 소개하는 글뿐 아니라 교과서에 제시된 지문에 대한 평가를 스스로 내리게 하는 것도 좋습니다. 글에 대한 평가를 자꾸 하다 보면 좋은 점은 본받아 쓰게 되고 부족한 점은 스스로 하지 않으려고 노력하게 됩니다. 교과서는 학생들이 이해하기 쉽고 정제된 글이 제시되기 때문에 학생들이 본받아도 좋을 글이 많기 때문입니다.

**[주제]**　내 의견과 까닭이 드러나게 글쓰기

　학생들에게 내가 기르고 싶은 좋은 습관에 대해 자신의 의견과 그 까닭이 드러나게 글을 쓰게 했습니다. 그리고 어떤 습관인지 말하지 않고 짝에게 까닭만 설명합니다. 그리고 짝이 내가 기르고 싶은 좋은 습관이 무엇인지 맞추게 합니다. 짝, 모둠끼리 퀴즈를 내거나 전체 학급을 대상으로 돌아가며 퀴즈를 내게 해도 됩니다.

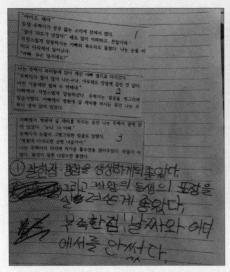
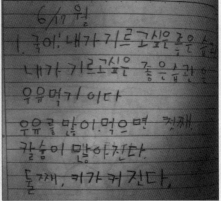

# 수학

## 1. 조작 활동으로 수학 개념 형식화하기

수학 교과는 학생들이 가장 어려워하는 교과입니다. 숫자 자체가 실체를 추상화하여 표현한 기호인데, 이렇게 추상화된 기호를 활용해 분수, 소수처럼 다른 수학적 개념을 표현하거나 사칙연산처럼 계산해야 하니 가장 어려워하는 교과일 수밖에 없습니다. '구체적 조작기'에 있는 학생들에게 수학 교과에서 조작 활동은 필수적입니다.

실제로 교과서를 보면 수와 연산 영역의 경우, 수모형, 수직선, 모눈종이 등 다양한 모델이 제시되어 있습니다. 이러한 모델을 소홀히 여기지 않고 충분히 연습하게 한 뒤 형식화하는 것이 좋습니다. 특히, 도형 영역에서 각 도형의 성질을 발견하는 수업, 측정 영역에서 표준 단위의 사용과 필요성을 발견하는 수업 등은 조작 활동이 필수적이지요. 사람들이 개념을 발견하는 과정과 절차를 따라가며 스스로 발견하게 하는 것이 더 오래 기억에 남기 때문입니다.

**수업 속으로!**

### [주제 1]  삼각형 내각의 크기의 합 알아보기

직접 색종이를 자르고 접어보며 삼각형 내각의 크기의 합이 180도임을 설명하게 한다.

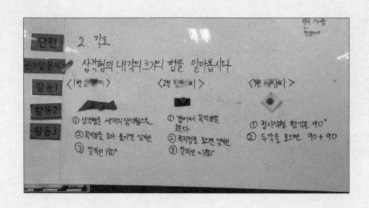

## [주제 2] 분수의 의미 알기

색종이를 자르고 붙이거나 그리고 표현하게 하여 분수의 의미를 알게 한다.

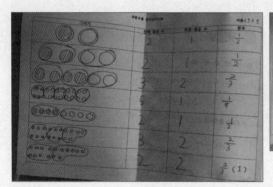 

## [주제 3] 표준단위의 필요성 알기

직접 측정 활동에 참여하면서 표준 단위가 나올 수밖에 없었던 이유를 깨닫도록 한다.

| 5. 길이와 시간 | 우리 교실의 물건 길이 재기 | 3학년 5반 이름:( ) | |
|---|---|---|---|
| ◆cm막대를 이용해 우리 교실의 물건의 길이를 재어 봅시다.◆ | | | |
| 물건 이름 | 길이(cm) | 물건 이름 | 길이(cm) |
| | | | |
| | | | |

## 2. 학생들에게 교사의 권한 이양하기

수학은 학생들에게 여러 가지 수학적 개념에 대해 조작 활동을 통해 알게 하고, 설명하며 가르치는 것 외에 학생들이 문제 풀고 나서 어떤 부분이 미흡한지 피드백을 주는 것도 중요합니다. 이때, 학생 인원수가 많은 학급에서는 교사가 한 명, 한 명 피드백하고 가르쳐주는 것이 매우 힘듭니다. 모든 학생을 교사가 한 명, 한 명 가르쳐 주기보다 잘하는 학생들에게 교사의 역할을 넘겨주면 훨씬 효율적으로 수학 수업 시간을 관리할 수 있습니다.

저의 경우, 수학 교과서 채점은 '수학 선생님(줄여서 수쌤)'에게 맡깁니다. 수학 연습 문제를 가장 빠르게 푼 친구 3명을 수학 선생님으로 임명하여 채점하게 하는 것이지요. 분단 별로 한 명씩 수학 선생님을 두어 채점하게 하고 가르쳐 주게 합니다. 교사도 같이 수학 연습 문제를 채점하여 빠르게 수업이 진행되도록 하거나 이해가 부족한 학생을 더 가르쳐 줄 수 있습니다. 교사가 한 명, 한 명 채점해 주다 보면 노는 학생들이 생기기 마련이고, 매우 시간이 오래 걸리기 때문이지요.

수학 익힘책은 모둠 공동체 제도를 활용하여 공동 책임으로 자기 모둠 친구들을 책임지고 가르쳐주게 합니다. 모든 모둠원이 다 풀어야 교사가 채점해줍니다. 만약 틀린 답을 적으면 같이 문제를 풀게 합니다. 한 학생이 잘 이해를 못 해도 같은 모둠원 학생이 가르쳐주니 교사의 할 일이 적어지고 부족한 학생들에게 더욱 집중할 수 있게 됩니다.

계산 과정, 수학적 개념에 대한 이유를 설명하게 할 때도 모든 것을 교사가 가르쳐주기보다 스스로 설명하게 하는 과정이 필요합니다. 때로는 교사의 설명보다 나의 설명, 친구의 설명이 더 잘 이해가 될 때가 있기 때문입니다.


### 3. 스스로 수학적 용어 정리하게 하기

앞에서 언급했었던 것처럼 수학이라는 교과는 추상화된 기호를 다루는 학문이기 때문에 학생들이 가장 어려워하는 교과입니다. 그에 따르는 어려움이 바로 용어 정리입니다. 국어, 사회, 과학 교과의 경우, 일상생활과 밀접한 관련이 있으므로 학생들이 용어에 대한 정의를 기본적으로 쉽게 이해하고 잘 정리해내는 편입니다. 하지만 수학은 학생들이 용어를 정리하기 어려워하고 용어를 이미지화한 것과 문장으로 설명된 것을 매치시키기 어려워합니다. 따라서 학생들이 새로운 수학적 용어를 배울 때는 용어를 스스로 정리하는 시간을 주도록 합니다.

이때 교사든 학생이든 용어에 대해 말로 설명하지 않습니다. 먼저 교사가 분절적으로 여러 가지 단어를 제시하여 용어 정리를 쉽게 합니다. 또한, 용어를 배움 공책이나 교과서, 활동지 등에 자기 생각을 잘 정리하도록 합니다. 말로 하는 것보다 쓰게 하는 것이 훨씬 학생들이 자신의 사고를 정리하는데 쉽습니다.

[주제]   원의 중심, 지름, 반지름 용어 정리하기

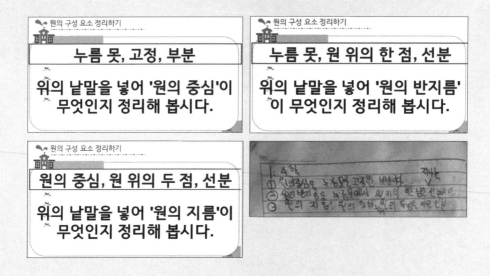

# 사회

## 1. 직접 깨닫는 수업하기

사회는 그 어떤 교과보다도 학생들이 지루해하는 교과입니다. 사회와 과학 중 어느 교과가 더 좋으냐고 물으면 대부분 학생은 과학이 더 좋다고 대답합니다. 과학은 실험처럼 직접 실험하기 때문에 동기 유발이 잘 되는 편이지요. 게다가 실험이 학생들의 오개념을 깨는 반전이 있는 내용이거나 주제를 다루니 학생들이 과학 교과를 더 좋아할 수밖에 없습니다. 반면 사회는 사회 현상에 대한 이해를 다루는 학문이기 때문에 상대적으로 주제나 학습자료가 지루할 수 있습니다. 그렇다면 학생들에게 사회 교과에 흥미를 느끼게 하려면 어떻게 해야 할까요?

사회도 과학과 마찬가지로 사회 현상을 단순화시켜 학생들이 직접 체험하고 느끼도록 해야 합니다. 특히, 사회 현상에 대한 필요성이나 중요성을 깨닫게 하는 정의적 영역에 초점이 맞춰진 수업이라면 더욱더 학생들이 직접 체험하고 느끼는 과정이 필요하겠지요.

**수업 속으로!**

[주제]　주민 참여의 중요성 알기

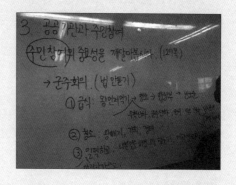

교사　오늘 사회 수업 시간에는 우리 반 규칙을 바꿔볼 거예요. 단, 먼 옛날에 왕이 통치하던 시대처럼 우리 반도 왕을 뽑아 우리 반 규칙을 정하도록 할 것입니다. 먼저 왕이 될 학생 한 명을 뽑아야겠지요?

교사　왕이 된 친구는 한 가지 조건이 있습니다. 친구들을 배려하지 않고 무조건 왕이 유리한 쪽으로 규칙을 정해야 합니다. 먼저 급식 순서는 어떻게 바꾸면 좋을까요?

학생　왕 먼저 먹고 그다음 저랑 친한 친구들을 먹게 할 거예요. 그다음 번호대로 급식 순서를 정할 거예요.

교사　그럼 청소는 어떻게 할까요? (중략)

**교사** 왕이 정한 규칙대로 한다면 여러분은 어떨 것 같나요?

**학생** 공평하지 않아요. 시위해서 왕을 몰아내고 규칙을 바꾸게 할 거예요.

**교사** 맞아요. 그래서 옛날부터 오늘날까지 사람들은 불공평한 제도를 바꾸기 위해 다양한 방법으로 적극적으로 자기 의견을 전달했답니다. 만약 우리가 법이나 제도, 규칙 등을 정하는 데 무관심하고 참여하지 않는다면 어떻게 될까요?

**학생** 법을 정하는 사람 마음대로 법을 바꾸겠죠. 우리는 불공평하고 불리한 상태로 지낼 것 같아요.


## 2. 다양한 방식으로 표현하게 하기

생동감 있는 사회과 수업을 위해 직접 깨닫게 하는 사회과 수업을 만드는 것 외에 한 가지 무기가 더 있습니다. 배운 내용을 적용하거나 정리할 때 다양한 방식으로 표현하게 하는 것입니다. 단, 표현 방식이 학생들의 흥미를 유발하고 자신의 상상력을 발휘하는 방법이어야 합니다. 단순히 배운 내용을 옮겨 적고 정리하는 방식이라면 학생들은 지루해할 것입니다. 여기서 4장의 지식의 재창조-구현 활동과 5장의 참여-모둠 공동체 활동을 잘 활용한다면 사회과 수업도 매우 흥미롭고 재미있는 수업으로 만들 수 있습니다.

**[주제 1]**  우리 고장 사람들의 계절별 생활 모습 탐구하기

우리 고장 사람들이 계절별로 어떤 장소에서 무슨 일을 하는지 막대에 쓰고 해당 장소가 있는 곳에 나무막대 장승을 세워 표시했습니다.

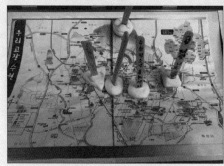 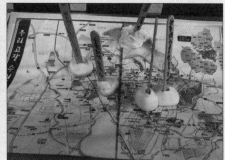

**[주제 2]**  오늘날 교통수단의 발달로 인해 달라진 사람들의 생활 모습 탐구하기

오늘날 교통수단의 발달로 달라진 사람들의 생활 모습을 사람들의 직업, 생겨난 건물 등을 그리고 붙여 표현했습니다.

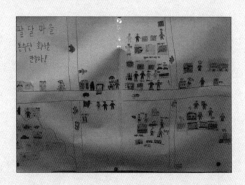

## [주제 3]  우리 고장 문화유산 소개 자료 만들기

우리 고장 문화유산을 조사하고 이를 입체로 그림을 세워서 붙이고 소개말을 써서 표현했습니다.

## [주제 4]  우리 고장 사람들의 여가생활 모습 탐구하기

우리 고장 사람들의 여가생활 모습을 탐구한 뒤, 자신이 추천하고 싶은 여가 생활 장소를 추천하는 카드를 만들었습니다.

## [주제 5]  의식주의 의미 알기

만약 무인도에서 구조대가 올 때까지 생존하기 위해 필요한 것이 무엇인지 직접 그리고 이유를 써보게 함으로써 의식주의 의미를 알게 했습니다.

### 3. 친절한 안내로 사회 탐구하자

사회과 수업에서 많이 활용하는 수업방법의 하나는 탐구입니다. 학생들이 꼬마 사회학자가 되어 직접 사회 현상에 대해 관찰하고 이를 바탕으로 정의하고 일반화하며 탐구해 보는 것이지요. 탐구 방식으로 사회과 수업을 할 때 교사는 수업의 진행 방향과 학생의 반응을 예상하지만, 학생들은 교사의 의도와 방향을 다 알지 못하여 교사가 의도하지 않았던 반응이 나오기도 합니다. 교사가 의도한 방향으로 학생을 이끌어가기 위해서는 친절한 안내가 필요합니다. 탐구 활동을 할 때 관찰 관점, 기준 등을 제시하는 것입니다. 예를 들어 '옛날과 오늘날의 달라진 통신수단에 따른 사람들의 생활 모습'을 주제로 수업할 때 정보의 빠르기, 정보의 양처럼 어떤 점이 달라졌는지 기준을 제시합니다. 교사는 지도서를 통해 학생의 반응을 예상하고 질문하지만 실제로 학생들의 반응은 아주 다양합니다. 따라서 탐구 수업을 할 때는 기준을 분명히 제시하여 친절하게 안내해 주어야 합니다.

# 과학

## 1. 활동할 때 미션 주기

과학 활동을 수행할 때 미션을 부여하면 학생들의 적극적인 참여를 유도할 수 있습니다. 거창한 미션이 아닌 작고 간단한 미션이라도 있다면 학생들의 동기가 유발되고 미션을 달성하고자 노력하게 됩니다. 미션은 학생들이 부담스러워하지 않도록 달성하기 쉬운 것으로 제시하면 좋습니다. 여러 번 다양한 실험 활동을 수행할 때도 단계별로 나누어 미션을 부여하면 학생들이 생각하면서 실험 활동을 하게 할 수도 있습니다. 미션을 해결하기 위해 학생들은 다양한 방법을 찾고 해보게 하니 학생들에게 더욱 기억에 남게 할 수 있습니다.

**수업 속으로!**

[주제]    그림자가 생기는 조건 알아보기

**교사**  여러분에게 선생님이 세 가지 미션을 줄 것입니다. 미션 주제는 공 그림자가 나타나게 하는 것입니다. 여러분이 그림자를 만들기 위해서는 어떤 준비물이 필요합니까? 교과서에는 어떤 준비물이 나와 있나요?

**학생**  교과서를 보니까 공, 손전등, 흰 종이가 필요해요.

**교사** 맞습니다. 모둠별로 공, 손전등, 흰 종이를 줄 것입니다. 여러분은 다음 세 가지 미션을 성공하면 됩니다. 미션을 성공적으로 수행한 장면을 사진으로 찍어 선생님에게 보여주면 통과입니다.

> 미션 1: 공 1개로 원 그림자 1개 나타나게 하기
> 미션 2: 공 1개로 원 그림자 2개 나타나게 하기
> 미션 3: 공 2개로 원 그림자 4개 나타나게 하기

**교사** 미션을 수행하면서 그림자를 생기게 하려면 어떤 준비물이 꼭 필요했는지 배움 공책에 적어보세요.

공과 손전등, 흰 종이를 이용해 그림자를 생기게 해보라고 말하는 것보다 단계별로 미션을 수행하게 하면 학생들이 주체적으로 사고하도록 만들 수 있고 더욱 적극적으로 참여하게 하며 수업 주제에서 핵심인 그림자가 생기는 조건에 초점을 맞추어 교사가 정리하기 쉬워집니다.

## 2. 실험과정을 사진, 동영상 촬영하게 하기

실험 활동을 하다 보면 대개 모둠으로 구성하여 실험을 진행하는데, 교사는 역할을 돌아가면서 실험 활동을 하게 하거나 4명 이하로 모둠을 구성하여 노는 학생 없이 실험 활동에 다 같이 참여하도록 힘씁니다. 그럼에도 불구하고 실험 활동에 참여하지 않거나 실험과정이 빠르게 진행되어 제대로 관찰하지 못한 학생을 발견하게 됩니다. 이때 학생들에게 실험과정을 사진 또는 동영상으로 촬영하는 역할을 부여하도록 합니다.

사진, 동영상으로 촬영하는 역할을 부여하면, 먼저 노는 학생의 수가 줄어들게 됩니다. 핸드폰을 이용해 촬영하는 것 자체에 학생들이 흥미를 느끼기 때문이지요. 또한 실험과정을 정확하게 촬영하고자 해서 더욱 집중해서 참여하게 됩니다. 어떤 때는 정확한 촬영을 위해, 우리가 보고자 하는 실험 현장을 포착하기 위해 실험을 여러 번 수행하기를 원하기도 합니다. 학생들은 여러 번 실험을 해보니 더 오래 기억에 남게 됩니다. 또한 사진이나 동영상을 통해 다시 실험과정을 볼 수 있으니 기록의 역할을 톡톡히 하는 셈이지요. 학생들에게 모둠 안에 돌아가면서 촬영 기회를 주도록 해야 하며, 학생들이 촬영할 때 촬영 영상을 교사와 공유하게 합니다. 나중에 실험을 정리할 때 다시 사진이나 동영상을 보여주며 기억을 상기시키고 실험과정에 대해 복습할 때도 유용하게 활용할 수 있습니다.

**수업 속으로!**

[주제]　공기가 있다는 것을 어떻게 알 수 있을까?

공기가 있음을 증명하기 위해 물이 든 수조 속에서 주사기의 피스톤과 페트병을 눌러 기포(공기)가 생기는 순간을 포착하여 사진과 동영상을 촬영하게 했습니다.

## 3. 실험 활동을 놀이로 바꾸기

실험 활동을 약간 변형하면 학생들이 배워야 할 과학 현상이나 개념을 적용한 놀이로 바꿀 수 있습니다. 실험 활동이 짧아서 시간이 남거나 교과서 및 지도서에 제시된 실험 활동이 학생들에게 흥미로운 방식으로 다가가지 못할 때, 과학 현상

※ 수업 예시

| 수업 주제 | 실험 활동 | 놀이로 변형한 활동 |
|---|---|---|
| 공기의 성질 알아보기 | 주사기와 코끼리 나팔을 고무관을 이용해 연결하여 공기가 이동하는 성질을 알아보는 실험 | 실험 활동에서 공기가 이동하는 성질을 이용한 종이컵 쓰러뜨리기 놀이로 변형했다. |
| 자석에 다른 자석을 가까이 가져가면 어떻게 되는지 알아보기 | 나무 막대 두 개를 서로 가까이 가져다 대보아 같은 극, 다른 극끼리면 어떻게 달라지는지 알아보는 실험 | 자석의 미는 힘, 당기는 힘을 활용하여 주어진 선까지 자석을 이동시키는 경주 놀이로 변형했다. |
| 과학자의 의사소통 방법 알아보기 | 다음 그림을 짝에게 설명해보세요 | 한 명에게 사진을 보여주고 상대방에게 말로만 설명하여 사진이 무엇인지 맞춰보게 함으로써 사진, 그래프 등을 활용한 의사소통 방법과 필요성에 대해 알도록 했다. |

이나 개념을 더 확실하게 익히게 하고 싶을 때 놀이로 바꾸어 진행해 봅니다.

운과 경쟁 요소를 넣으면 실험 활동을 놀이와 접목시켜 활동을 진행할 수 있습니다. 승부가 예측 불가능하고 자신의 능력과 관계없이 약간의 노력과 운에 의해 놀이의 승패가 결정되었을 때, 다른 사람과 겨루는 경쟁 요소가 있으면 놀이에서 느낄 수 있는 흥미와 긴장감을 조성할 수 있습니다. 마지막에는 놀이 활동과 과학 현상 및 개념을 연결 짓는 발문으로 학생들에게 놀이 활동의 의도를 파악하게 하고 정리합니다.

# 성장을 꿈꾸는 선생님,
# 당신이 주인공입니다

콩나물 키워본 적 있나요? 콩나물은 하루만 지나도 크기와 길이가 자라는 걸 쉽게 볼 수 있을 정도입니다. 하지만 사람을 키우는 교육이란 눈에 보이는 것도 아니고, 그 과정을 정량적으로 파악하기도 어려우며, 사람마다 가지고 있는 기질과 성격 등이 모두 달라 같은 교육 방식이라도 교육 효과가 다르게 나타날 수 있지요. 이런 점에서 누군가를 가르치고 성장을 돕는다는 건 참 어려운 일입니다.

'교육은 백년지대계'라는 말이 있습니다. '먼 장래까지 내다보고 세우는 큰 계획'이라는 뜻인데, 현장에 있는 선생님, 아이를 키우는 학부모님이라면 공감하는 말일 거예요. 지금 당장은 그대로인 것 같아도 한 해가 지났을 때 아이들이 훌쩍 성장했다는 것을 실감하니까요. 몇 년, 몇십 년이 흐른 뒤 부모님이나 교사가 했던 말이나 행동, 신념까지 아이에게 영향을 주었다는 것을 깨닫게 되기도 합니다. 이렇게 성장한 아이들이 한 명, 한 명 모이고 성장해서 미래 우리 사회를 이끌어갈 어른이 되면 그때야 진짜 교육의 효과가 나타나겠지요.

그래도 가끔은 지금 당장 내가 교사로서 아이들을 바르게 가르치고 있는 것인지 확인하고 싶을 때가 있습니다. 그런 생각이 들 때쯤 음악 전담 선생님께서 저희 반에 대해 이런 말씀을 하셨습니다. "선생님 반 아이들은 참 긍정적이고 사고가 유연하고 창의적이야." 그때 처음 제가 아이들에게 쏟고 있는 노력이 다 헛된 것은 아니라고 느꼈습니다.

드라마 〈병원선〉에서 송은재 의사(극 중 하지원 분)가 한 대사가 있었습니다.

"의사는 실패를 통해 성장해요. 그 대상이 인간을 통해서라는 게 무섭지만."

의사가 하는 일은 사람의 생명을 좌우하니 그 책임감과 무게감이 막중합니다. 의사처럼 물리적으로 사람의 생명을 좌우하는 일은 아니지만, 교사도 정신적으로 한 사람의 인생에 크게 영향을 줄 수 있는 일을 하기에 그 대사에 깊이 공감했습니다. 교사가 하는 모든 수업 및 생활지도가 올바른 것이었음을 수년이 지나야 깨닫게 되니까요. 교사의 언행, 심지어 의도적으로 드러내지 않은 교사의 생각까지도 학생들에게 영향을 주기도 합니다. 브루너는 잠재적 교육과정을 언급했는데, 잠재적 교육과정이란 '학교의 물리적 조건, 지도 및 행정적 조직, 사회 및 심리적 상황을 통하여 학교에서는 의도하고 계획 세운 바 없으나 학교생활을 하는 동안에 은연중에 가지게 되는 경험'을 말합니다.

저 역시도 수 없는 실패를 통해 성장한 교사입니다. 여러 가지 수업방법, 생활지도를 고민하고 연구했으며 아이들에게 적용하고 실천했습니다. 실패를 경험했고 그때마다 늘 성찰하고 매일 기록하며 같은 실수를 반복하지 않으려고 노력했습니다. 그 많은 시도와 생각과 고민했던 흔적들이 교사로서 밑거름이 되었고, 몇 년이 지나니 저도 아이들처럼 한 뼘 성장했다는 것을 느낄 수 있었습니다. 이러한 성장은 저에게 교사로서 자존감이자 현장에서 즐거움과 성장 욕구를 자극해주는 촉진제가 되었습니다. 선생님께서도 제가 느낀 이 기분을 함께 느껴보셨으면 좋겠습니다.

저 혼자의 노력만으로는 절대 이루어질 수 없었겠지요. 제가 만난 모든 인연에 감사하고 또 감사합니다. 함께 한 해, 한 해를 보내면서 선생님을 믿고 따라준 우리 팔달초등학교 아이들도 정말 고맙습니다. 담임교사를 믿고 아이들을 맡겨준 학부모님께도 진심으로 감사합니다. 많이 가르쳐주신 팔달초의 모든 선생님, 저와 교육철학, 수업, 교육이론에 대해 함께 고민해준 공부 모임 선생님들께 감사합니다. 마지막으로 늘 저의 가능성을 믿고 응원해준 가족들께 감사를 전합니다. 저는 앞으로도 끝없이 시도할 것이며, 계속해서 교사로서 성장을 꿈꿀 것입니다. 성장을 꿈꾸는 모든 선생님, 학생, 학부모님 그리고 독자분들께 이 책을 바칩니다.

**No.01** 김성효 글 | 홍종남 기획

학급경영 멘토링

**No.02** 김성효 글 | 홍종남 기획

기적의 수업 멘토링

**No.03** 이경원 글 | 홍종남 기획

교육과정 콘서트

**No.04** 김성효 글 | 홍종남 기획

행복한 진로교육 멘토링

**No.05** 이성대 외 글 | 홍종남 기획

프로젝트 수업,
교육과정을 만나다

**No.06** 이성대 글 | 홍종남 기획

혁신학교,
행복한 배움을 꿈꾸다

**No.07** 정민수 글 | 홍종남 기획

수업도시락,
성찰과 협력을 담다

**No.08** 조정래 글 | 홍종남 기획

스토리텔링 교육의
모든 것

**No.09** 최무연 글 | 홍종남 기획

나는 수업하러 학교에
간다

**No.10** 정민수 글 | 홍종남 기획

수업성숙도,
교사의 강점을 담다

**No.11** 이현정 외 글 | 홍종남 기획

프로젝트 수업,
배움을 디자인하다

**No.12** 김진수 글 | 홍종남 기획

행복한 수업을 위한
독서교육 콘서트

**No.13** 이성대 글

배움이 없는 학교,
프레임을 바꿔라

**No.14** 최무연 글 | 홍종남 기획

수업은 기획이다

**No.15** 정선아 글 | 홍종남 기획

교사는 아이들과 함께
성장한다

**No.16** 하건예 글 | 홍종남 기획

교사, 교육전문가로
성장하다

**No.17** 이경원 글 | 홍종남 기획

교사의 탄생

**No.18** 김경훈 글 | 홍종남 기획

토의토론수업,
배움을 디자인하다

**No.19** 최무연 글 | 홍종남 기획

교육과정 문해력,
배움을 디자인하다

**No.20** 김진수 글 | 홍종남 기획

교사가 성장하면,
수업도 성장한다

**No.21** 김경희 글 | 홍종남 기획

교사에게는
제자가 있다

**No.22** 엄주하 글 | 홍종남 기획

학교 속의 힐링캠프,
보건교사 사용설명서

**No.23** 권경희·노미향 글

교육연극, 프로젝트 수
업을 만나다

**No.24** 박재찬 글 | 홍종남 기획

학생참여수업, 배움을
디자인하다

**No.25** 최현정 글 | 홍종남 기획

발칙한 성교육,
학교를 품다

**No.26** 김동렬 글 | 홍종남 기획

교사 20년,
배움을 디자인하다

**No.27** 부재율·정민수 글

교육평가 콘서트,
배움을 디자인하다

**No.28** 이경원 글 | 홍종남 기획

학급의 탄생

**No.29** 신지승 글 | 홍종남 기획

교육과정 문해력,
교사 전문성을 완성하다

**No.30** 최무연 글 | 홍종남 기획

학생중심수업,
교육과정을 디자인하다

**No.31** 강하은 글 | 홍종남 기획

나는 1년 차 교사입니다

**No.32** 표혜빈 글 | 홍종남 기획

학생참여수업,
수업 생동감을 만나다

**기획 홍종남**

"학생이 참여하는 수업 생동감의 모든 것을 담았습니다."

[행복한 교육학®] 시리즈를 통해 교사의 이야기를 담고자 하였고, 선생님들이 행복한 수업을 할 수 있는 환경이 되었으면 합니다.

'함께하는 교육, 100년의 약속!!'의 캐치프레이즈에 맞는 인문·역사, 교육학·교육서 분야의 책을 기획하고 있습니다. 〈행복한미래〉 대표이자 출판 기획자로 20년 이상을 책과 함께 살아가고 있습니다. 『교육과정 콘서트』, 『프로젝트 수업, 배움을 디자인하다』, 『수업은 기획이다』 등의 교육서 책을 기획하였습니다. [행복한 교과서®] 시리즈를 총괄 기획하고 있습니다.